L'AUTORITÉ
D'UN CANON PHILOSOPHIQUE
LE CAS DESCARTES

I0658492

BIBLIOTHÈQUE D'HISTOIRE DE LA PHILOSOPHIE

Fondateur Henri Gouhier   Directeur Emmanuel Cattin

Delphine ANTOINE-MAHUT

L'AUTORITÉ
D'UN CANON PHILOSOPHIQUE
LE CAS DESCARTES

PARIS
LIBRAIRIE PHILOSOPHIQUE J. VRIN
6 place de la Sorbonne, V e
2021

© Librairie Philosophique J. VRIN, 2021
ISSN 0249-7980
ISBN 978-2-7116-3020-2
www.vrin.fr

« Descartes, ce mortel dont on eût fait un dieu… »
Jean de La Fontaine, *Discours à Madame de la Sablière*,
livre IX, Fable 20.

« Je n'ai quasi jamais rencontré aucun censeur
de mes opinions, qui ne me semblât ou moins rigoureux,
ou moins équitable, que moi-même ».
Descartes, *Discours de la méthode*, V^e partie, AT VI, 69.

ABRÉVIATIONS ET CONVENTIONS

Les références aux textes de Descartes renvoient généralement aux *Œuvres de Descartes* publiées en onze volumes sous la direction de Charles Adam et Paul Tannery, revues et complétées avec une nouvelle présentation par Pierre Costabel et Bernard Rochot, Paris, Vrin-CNRS, 1964-1974, réimpression au format de poche, Paris, Vrin, 1996. Abrégé AT, suivi du numéro de tome puis de page. On se reportera toujours avec profit, en complément, à l'édition en cours des Œuvres complètes de Descartes sous la direction de Denis Kambouchner, chez Tel-Gallimard.

Œuvres philosophiques, 3 vol., Ferdinand Alquié (éd.), Paris, Garnier Frères, 1963-1973. Abrégé Alq, suivi du numéro de tome puis de page.

The Correspondence between Descartes and Henricus Regius. De briefwisseling tussen Descartes en Henricus Regius. The Leiden-Utrecht Research Institute of Philosophy, Zeno, 2002. Abrégé Bos, suivi du numéro de la page.

Lettres à Regius et remarques sur l'explication de l'esprit humain. Texte latin, traduction, introduction et notes par G. Rodis-Lewis, Paris, Vrin, 1959. Abrégé GRL, suivi du numéro de la page.

René Descartes et Martin Schoock. La querelle d'Utrecht. Textes établis, traduits et annotés par Theo Verbeek. Avec une préface de Jean-Luc Marion. Paris, Les Impressions nouvelles, 1988. Abrégé Verbeek, suivi du numéro de la page. Une nouvelle traduction de la Lettre à Voet et des Écrits polémiques est à paraître en 2022 dans le volume VI de l'édition en cours des Œuvres complètes de Descartes sous la direction de Denis Kambouchner, chez Tel-Gallimard.

Notae in programma quoddam : J'utilise la traduction réalisée par Denis Moreau et ses étudiants dans le cadre d'un cours de latin pour étudiants en philosophie dispensé à l'Université de Nantes en 2011-2012. Je remercie Denis Moreau de me l'avoir communiquée. Elle a été depuis publiée dans *Cheminer avec Descartes. Concevoir, raisonnner, comprendre, admirer et sentir*, Thibault Gress (dir.), Paris, Classiques Garnier, 2018, p. 192-212. C'est cette édition que je cite, sous la forme Moreau, suivi du numéro de page.

Les traductions, du latin au français, de la *Brève explication de l'esprit humain, c'est-à-dire l'âme rationnelle : Réponse aux notes de Descartes*, avec la préface de Carolus Fabricius et les lettres de Robert Creighton, ainsi que du *Traité des affections de l'âme* de Regius, sont de Stéphanie Vermot, docteure en philosophie.

Pour le traité de *L'Homme*, les préfaces de Claude Clerselier et de Florent Schuyl, ainsi que les Remarques de Louis de La Forge, la pagination renvoie à mon édition de *L'Homme* chez Garnier Flammarion, 2018.

Les références au *Traité de l'esprit de l'homme, de ses facultés et de ses fonctions, et de son union avec le corps, suivant les principes de René Descartes*, de Louis de La Forge, sont données dans l'édition présentée par Pierre Clair avec une étude bio-bibliographique, Paris, P.U.F., 1974, sous la forme *TEH*, suivi du numéro de page.

Les références à Malebranche sont données dans l'édition des *Œuvres complètes de Malebranche* publiées sous la direction d'André Robinet, Paris, Vrin, « Bibliothèque des textes philosophiques », 23 vol., 1958-1970, sous la forme OC, suivi du numéro de tome, puis de page.

Autres abréviations utilisées : *RV* pour *De la recherche de la vérité* ; *TM* pour *Traité de morale* et *EMR* pour *Entretiens sur la métaphysique et la religion*.

Pour les autres éditions, ouvrages et articles cités, la référence complète est donnée à la première occurrence, puis elle est abrégée et indique seulement l'auteur, le début du titre et la page.

L'orthographe et la ponctuation ont été modernisées.

Sauf indication contraire, je souligne dans les citations.

INTRODUCTION

> « (…) semblable à la statue de Glaucus
> que le temps, la mer et les orages
> avaient tellement défigurée,
> qu'elle ressemblait moins à un Dieu
> qu'à une bête féroce [1] ».

LE PROBLÈME DE GLAUCUS

Lorsque la statue de Glaucus est retrouvée après un long séjour au fond de la mer, les traits distinctifs de ce simple pêcheur devenu un Dieu restent discernables derrière les multiples déformations. C'est bien Glaucus, oui, chacun le reconnaît. Et pourtant, ce n'est plus complètement lui, ou plus le Glaucus d'origine. Il est à la fois défiguré et immortalisé.

Deux types de réactions sont alors possibles face à cet héritage. Celui ou celle qu'on désignera comme « essentialiste » déplorera les ravages du temps et cherchera à retrouver le « vrai » Glaucus. Il s'agira alors de mesurer les écarts entre les déformations actuelles et le premier état de la statue, parfois pour tenter de comprendre comment on a pu en arriver là ; toujours pour montrer qu'un tel résultat est insatisfaisant car « infidèle » à l'« original » :

---

1. Rousseau, *Discours sur l'origine et les fondements de l'inégalité parmi les hommes*, Préface, Genève, Marc-Michel Rey, 1755.

Glaucus a été dégradé, il faut le restaurer ! Le ou la
« phénoméniste », en revanche, s'intéressera plutôt à ce
que Glaucus est devenu. Il ou elle étudiera les multiples
interactions entre la statue et les flots, la faune, la flore,
les intempéries…, bref, les différents facteurs ayant successivement façonné différents états de cette statue, sans la
dissoudre complètement. Ce qui importera pour elle ou
lui, ce sont les modalités concrètes du façonnage de cette
« grandeur », à différents moments de son histoire, plus
que l'appréciation des différences entre un « avant » : le
pêcheur, et un « après » : la divinité marine.

Le « problème de Glaucus » exige d'interroger très
précisément l'articulation de ces deux perspectives
exclusives. On peut le formuler de la façon suivante :
comment expliquer à la fois que Glaucus continue d'être
reconnu par tous et qu'il diffère de ce que l'on sait, ou
croit savoir, du premier état de la statue ?

Supposons, maintenant, que Glaucus désigne une figure
philosophique canonique, consacrée par les institutions et
enseignée dans des programmes. Il s'agit alors de penser
l'articulation de l'historique et du pérenne dans cette figure.
Le problème devient : comment penser philosophiquement
la canonisation ?

COUPS DE CANON

Si des traits identitaires, attachés au nom d'un auteur
(le pêcheur), demeurent en dépit des tempêtes successives
de ses réceptions (comment le reconnaîtrait-on, sans cela ?),
cela signifie d'abord que l'auteur en question n'est ni tout
à fait responsable, ni tout à fait innocent de ce qu'il est
devenu. Il est un des artisans, non le seul et peut-être pas
toujours le principal, de sa propre statue.

La première étape décisive du processus de canonisation désigne ainsi ce que l'individu, dont le nom a été canonisé, a explicitement souhaité qu'on attache à ce nom. Sa façon de se présenter et de se distinguer des autres a alimenté ses représentations futures. Or l'explicitation de ces « intentions » par le principal intéressé n'est en général ni première, ni univoque. Elle résulte de sélections, de reformulations et de hiérarchisations, par cet individu, dans des circonstances et sous la pression de contraintes données, susceptibles de le défigurer ou de l'amener à se défigurer, d'un ensemble de possibilités initialement indéterminées et dont le devenir philosophique aurait pu être autre, dans sa forme sinon dans son contenu. On pourrait dire en ce sens qu'on ne naît pas « Kant » ou « Marx » mais qu'on le devient et qu'on aurait pu le devenir différemment, avec d'autres « sous-mains »[1]. On ne façonne et on ne rectifie son autoportrait qu'en interaction et par démarcations permanentes avec celles et ceux qui s'y emploient, y contraignent voire tentent de le faire à la place de l'intéressé. De têtes de Turcs en caricatures plus ou moins bienveillantes, on construit, on affine et on affirme sa figure.

Les réceptions de l'œuvre prennent ensuite le relai. Dans cette pluralité concurrentielle, dans cette concaténation toujours renouvelée de « malentendus », une gloire se forme alors « autour d'un nom nouveau »[2]. L'hagiographie et l'iconisation sculptent les contours d'une figure canonique. Et dans ce processus, la marque de certains sculpteurs reste

---

1. *Cf.* P. Loraux, *Les sous-mains de Marx. Introduction à la critique de la publication politique*, Paris, Hachette, 1986.

2. R. M. Rilke, *Auguste Rodin* (1903) : « La gloire n'est peut-être que la somme de tous les malentendus qui se forment autour d'un nom nouveau », cité dans l'introduction de B. Clément, M. Escola (dir.), *Le malentendu. Généalogie du geste herméneutique*, Saint-Denis, PUV, 2003, p. 5.

plus empreinte que celle des autres. Dans le cas d'une statue philosophique, ces médiateurs principaux sont par exemple les biographes, les éditeurs et les traducteurs de l'auteur en question, ou bien encore, les héritiers de ses proches, qui le commentent, s'appliquent à le « justifier » voire à raconter sa vie en choisissant les épisodes les plus significatifs et se présentent comme ses « disciples ». Une galerie de portraits vient décliner l'autoportrait et les copies de ses copies. Elle s'enrichit d'une série d'étiquettes, servant à démarquer la figure canonique de ce qui n'est pas elle, mais aussi à se démarquer d'elle. Le nom de l'auteur est désormais attaché à un ou plusieurs « -ismes », parce que l'hagiographie fonctionne toujours en miroir de la calomnie. Critiquer voire condamner un nom, y compris en lui attribuant ce qu'il n'a pas dit ou écrit, c'est, aussi, lui faire de la publicité. C'est participer, envers et contre soi, à la canonisation de ce nom[1]. Dans un cas comme dans l'autre peut ainsi se fabriquer, par exemple, un « spinozisme sans Spinoza »[2], mais bien au nom de Spinoza.

L'historiographie joue un rôle décisif dans ce processus. Car elle articule, de façon plus ou moins subtile, deux types d'auctorialités. L'auctorialité du nom en question, d'une part. Il s'agit alors, via une impartialité caractéristique d'une certaine pratique de l'histoire de la philosophie, d'exposer la doctrine attachée à ce nom, afin de la transmettre

---

1. Le mécanisme de cette prophétie auto-réalisatrice, qui consiste à faire advenir ce que précisément on craint, est au cœur des analyses que Samuel Lézé consacre à aux jugements moraux portés sur la figure de Freud dans *Freud Wars. Un siècle de scandales*, Paris, P.U.F., 2017.

2. Comme le montre Pierre-François Moreau à propos du rôle attribué à Spinoza dans les Lumières radicales par Jonathan Israël, dans « Spinoza est-il spinoziste ? », *Qu'est-ce que les lumières radicales ? Libertinage, athéisme et spinozisme dans le tournant de l'âge classique*, C. Secrétan, T. Dagron, L. Bove (éd.), Paris, Éditions Amsterdam, 2007, p. 289-298.

aux jeunes générations. L'auctorialité de celui ou de celle qui raconte cette histoire, dans un contexte et avec des enjeux très différents de ceux de l'individu d'origine auquel cette histoire est attachée, d'autre part. Ce qui peut alors être éprouvé, c'est la valeur de vérité des arguments, indépendamment de leur historicité ; ou leur caractère opératoire, pour une autre actualité, dans laquelle celui qui raconte cette histoire se trouve personnellement embarqué.

Objectiver, d'un côté ; juger, de l'autre. La figure canonique conserve toujours quelque chose des « intentions » de l'auteur. Mais celles-ci s'entremêlent étroitement avec celles de celui qui les transmet à son tour à d'autres. Malebranche a judicieusement décrit une des dimensions essentielles de cet entremêlement comme l'« entêtement des personnes d'étude » :

> (…) le dessein de la plupart des commentateurs n'est pas d'éclaircir leurs auteurs, et de chercher la vérité ; c'est de faire montre de leur érudition et de défendre aveuglément les défauts mêmes de ceux qu'ils commentent. Ils ne parlent pas tant pour se faire entendre ni pour faire entendre leur auteur, que pour le faire admirer et se faire admirer eux-mêmes avec lui (…). Ainsi un homme entêté d'Aristote ne peut goûter qu'Aristote : il veut juger de tout par rapport à Aristote : ce qui est contraire à ce philosophe lui paraît faux : il aura toujours quelque passage d'Aristote à la bouche : il le citera en toutes sortes d'occasions, et pour toutes sortes de sujets ; pour prouver des choses obscures et que personne ne conçoit, pour prouver aussi des choses très évidentes, et desquelles des enfants même ne pourraient pas douter ; parce qu'Aristote lui est ce que la raison et l'évidence sont aux autres [1].

---

1. Malebranche, *RV*, II, II, VII, § 1, OC I, p. 305.

Il en résulte qu'un canon philosophique n'a rien de philosophiquement pur. Il est constitué, à toutes les étapes de sa formation, de valeurs (la probité, l'orthodoxie…) et traversé par des affects (la recherche de la gloire, la dénonciation de la haine…). Et ce sont ces valeurs et ces affects qui sont invoqués, soit pour le justifier, soit pour le dénoncer.

Cette dimension évaluatrice a été soulignée avec force dans l'épisode très politisé de la « guerre des canons », qui débuta en littérature et aux États-Unis dans les années soixante et connut une évolution décisive avec les études féministes et postcoloniales. Cette guerre portait principalement sur les critères d'inclusion des figures canoniques. Ses initiateurs se donnaient pour objectif de reconfigurer le canon [1], compris comme l'ensemble constitué par ces noms, ces problèmes et ces textes. L'enjeu pratique était la modification des programmes d'enseignement afin de faire droit à une plus grande variété d'expériences et d'aspirations et d'assurer aux jeunes générations une formation plus en adéquation avec la diversité et les mutations de la société, à l'échelle planétaire.

À propos de cette « tempête sur l'université », John Searle soulignait, le 6 décembre 1990 [2], que le canon critiqué par la « cultural left » avait paradoxalement été, durant sa propre formation, perçu par les étudiants comme une arme d'émancipation. Au lieu de renvoyer dos à dos

---

1. Pour deux perspectives opposées, *cf.* H. Bloom, *The Western Canon. The Books and School of the Ages*, New York, Riverhead Books, 1995 (défense du « Western Canon » et dénonciation de la politisation de la littérature, particularisée, dans *The Anxiety of Influence* (1973), par le cas de Shakespeare) et Peter K.J. Park, *Africa, Asia, and the History of Philosophy. Racism in the Formation of the Philosophical Canon, 1780-1830*, New York, Suny Press, 2013.

2. J. Searle, « The Storm Over the University », *The New York Review of Books*, December 6, 1990, p. 4.

les pros et les contras, Searle leur posait ainsi, surtout, une question commune : qu'est-ce qui, dans les écrits de tel ou tel, est susceptible d'avoir de la valeur, ou de faire autorité, pour soi-même et pour autrui ?

À partir de Searle, on peut alors déplacer la question du critère d'inclusion ou d'exclusion vers celle du contenu du modèle et des lectures canoniques à l'origine de l'attribution d'une valeur à ce contenu. En se donnant pour objectif d'enquêter sur le processus par lequel un auteur historiquement célèbre devient une figure canonique pérenne, on peut éclairer, d'une autre manière, les raisons pour lesquelles il l'est devenu.

Focalisons-nous donc sur la « crème de la crème »[1] : la galerie des six ou sept Glaucus de la période moderne, tellement canoniques qu'il semble suffire de les désigner par deux séries d'initiales : « DSL » d'un côté (Descartes, Spinoza et Leibniz) et « LBH » de l'autre (Locke, Berkeley et Hume), afin que chacun comprenne de quoi et de qui il est question. On y ajoute parfois Malebranche[2] ; on leur accole les étiquettes de « rationalisme » ou d'« empirisme », en séparant, via l'identification d'un problème de nature à la fois épistémologique et métaphysique, le clan des partisans d'une connaissance *a priori* (DSL) et celui des

---

1. C'est l'expression, en français dans le texte, reprise ironiquement par Mary Ellen Waithe pour désigner les six ou sept philosophes mâles, blancs et occidentaux du canon dominant, dans « From Canon Fodder to Canon-Formation : How Do We Get There from Here ? », *The Monist* 98, 2015, p. 21-33.

2. *Cf.* sur ce point les analyses de Lisa Shapiro, « Revisiting the Early Modern Philosophical Canon », *Journal of the American Philosophical Association* 2, (3) 2016, p. 365-383. Le cas de Malebranche, qui fut étudié en France beaucoup plus tôt qu'aux États-Unis, est intéressant en ce qu'il permet de problématiser aussi des traditions canoniques nationales.

défenseurs de l'enracinement de toute connaissance dans l'expérience sensible (LBH)[1]. Enfin, on valorise une courte liste de textes, considérés comme plus philosophiques que les autres, notamment en raison de leurs formes topiques : celles du Traité, de l'Enquête, de l'Essai, de la Méditation ou du Discours.

Dans cette « crème de la crème », sélectionnons encore. Choisissons celui que chacun identifie comme « Le rationaliste-dualiste fondateur de la subjectivité moderne et auteur du *Discours de la méthode* et des *Méditations métaphysiques* », le Glaucus du « Je pense, donc je suis » et de la « distinction réelle ou substantielle de l'âme et du corps » : René Descartes. Et reprenons les choses depuis le commencement.

LA « CRÈME DE LA CRÈME »

Descartes n'a cessé de défendre son nom et d'expliciter à quel contenu philosophique il convenait de l'associer. Mais il l'a fait dans des circonstances très particulières. Avant même de publier quoi que ce soit, alors qu'il n'était encore que le « Sieur du Perron », il s'est trouvé pris dans des polémiques dans lesquelles il a éprouvé la nécessité d'expliciter la différence entre ce qui pourrait venir de lui et ce qui devrait être attaché au nom d'un autre. Il est par exemple très clair dans la lettre de rupture qu'il adresse à Isaac Beeckman (1588-1637) le 17 octobre 1630, après que ce dernier l'a accusé de plagiat :

> (…) quand je voudrai que les hommes sachent quel est le fond de mon esprit, pour petit qu'il soit, il leur sera très

1. Sur ce point, *cf.* A. Vanzo, « Empiricism and rationalism in Nineteenth-Century Histories of Philosophy », *Journal of the History of ideas* 77, (2) 2016, p. 253-282.

aisé de connaître que ces fruits viennent de mon fonds, et qu'ils n'ont point été cueillis dans celui d'un autre » (Alq I, 277).

Mais c'est surtout par la suite, à partir du moment où le nom de « Descartes » entre sur la place publique, que la nécessité de bien délimiter le contenu philosophique qu'il convient d'associer à ce nom se fait pressante. À propos du jugement porté sur « l'utilité » que « les autres » pourraient recevoir de la communication de ses pensées, Descartes met ainsi ses « neveux » en garde contre les calomnies[1] attendues, y compris du côté des personnes apparemment les mieux intentionnées :

> (…) bien que j'aie souvent expliqué quelques-unes de mes opinions à des personnes de très bon esprit, et qui, pendant que je leur parlais, semblaient les entendre fort distinctement, toutefois, lorsqu'ils les ont redites, j'ai remarqué qu'ils les ont changées presque toujours en telle sorte que je ne les pouvais plus avouer pour miennes. À l'occasion de quoi je suis bien aisé de prier ici nos neveux, de ne croire jamais que les choses qu'on leur dira viennent de moi, lorsque je ne les aurai point moi-même divulguées[2].

Il en résulte que le « je » du nom propre ou du propre à soi apparaît surtout dans des circonstances dans lesquelles Descartes est sommé soit de s'expliquer sur ce qu'il a vraiment écrit, soit de répondre à des accusations lui imputant ce qui n'est pas de lui. Or ce « je »-là n'est pas prioritairement celui du *Discours de la méthode* ou des

---

1. Sur la calomnie comme attribution à autrui de ce qu'il n'a pas dit, *cf.* F. Mariani Zini, *La calomnie. Un philosophème humaniste. Pour une préhistoire de l'herméneutique*, Presses Universitaires du Septentrion, 2015. L'essentiel du chapitre 3 est consacré à Descartes.

2. *DM* VI, AT VI, 69-70.

Méditations métaphysiques. C'est celui de la correspondance, des écrits polémiques et des préfaces ajoutées après-coup à ce à quoi elles ont pourtant la fonction d'introduire, dans le but d'en prescrire rétroactivement la « bonne » interprétation[1]. Ce « je »-là est le produit d'interactions constantes avec ce qu'il s'est progressivement agi d'identifier comme son autre, pour le dissocier de son nom propre, étant entendu que celui dont on a le plus besoin de se démarquer publiquement est aussi celui avec lequel on risque le plus d'être confondu.

Or, parmi l'ensemble des autres « noms » dont les études cartésiennes récentes ont repeuplé le canon cartésien, celui du médecin hollandais Henricus Regius (1598-1679) occupe une place absolument singulière. Regius commença en effet par être identifié comme le disciple voire l'ami de Descartes, dans la querelle qui les opposa tous deux aux théologiens d'Utrecht. Regius était alors « cartésien » parce qu'il luttait contre la physique aristotélicienne avec les armes de la physique nouvelle de Descartes et que la légitimité de ce combat était reconnue par Descartes lui-même. Mais ensuite, Descartes rompit avec Regius, au motif principal que ce dernier voulait étendre la critique des formes substantielles aux idées innées de l'âme et de Dieu et que Descartes ne cautionnait pas cette extension.

La relation entre les deux hommes est ainsi un lieu privilégié et sans équivalent pour observer l'évolution d'un ensemble de possibilités cartésiennes initiales qui s'est ultérieurement scindé en deux directions opposées.

---

1. Concernant ce statut très particulier de la préface comme « Hors livre » et « paratexte » auctorial et officiel, *cf.* respectivement J. Derrida, « La préface comme dissémination », dans *La Dissémination*, Paris, Seuil, 1972 et G. Genette, *Seuils*, Paris, Seuil, 1987, *cf.* aussi G. Genette *Palimpsestes*, Paris, Seuil, 1992.

Le dessin progressif de l'autoportrait de Descartes trouve son origine dans l'indistinction de la querelle d'Utrecht, qui pousse Descartes à réclamer qu'on le désigne par son « véritable nom Descartes, [plutôt] que par cet autre qu'on a forgé, Cartesius » [1]. Il se poursuit avec l'ajout de la Lettre-Préface à l'édition française des *Principes de la philosophie* (1647), après que Regius a publié, contre l'accord de Descartes, les *Fundamenta Physices* (1646) qui risquaient de passer pour la version officielle et publique de la philosophie cartésienne nouvelle, dont Descartes identifiait l'achèvement au projet des *Principes*, articulant la métaphysique à la physique. L'image iconique des manuels scolaires, comparant la philosophie à un arbre dont les racines seraient la métaphysique et le tronc, la physique, ne revêt ainsi son sens plein qu'à la lumière de ce souci de démarcation publique avec son alter-ego. Enfin, dans la polémique des *Notae in Programma* (1647-1648), Descartes répond à un « Placard », attribué à Regius, mettant en cause la démonstration de l'immatérialité de l'âme produite dans les *Méditations métaphysiques*. Il a alors besoin de s'affirmer, non seulement comme celui qui prouve la distinction de l'âme et du corps, mais, plus encore, comme le premier à le faire :

> Je suis le premier à avoir considéré la pensée en tant qu'attribut principal de la substance incorporelle et l'étendue en tant qu'attribut principal de la substance corporelle (*Notae in Programma*, commentaire de l'article 1).

L'examen de la première étape de la formation du canon cartésien nous fait ainsi esquisser trois pas de côté concernant le nom, le problème et les textes constitutifs de ce canon.

1. À. Regius, 24 mai 1640, GRL, p. 3.

Le nom, parce que l'affirmation de celui-ci ne se conçoit plus de manière solipsiste. Elle est le produit d'une inter-action permanente avec ceux qu'il s'est efforcé d'identifier comme ses autres, précisément parce qu'ils voulaient parler en son nom. Le rétablissement d'une forme de principe de symétrie entre Descartes et Regius, ici, n'est alors pas motivé par le souci de « réhabiliter » un « vaincu », un « oublié » ou un « minoré » par l'histoire des vainqueurs. Il manifeste plutôt la préoccupation de restituer à la figure canonique elle-même son indétermination initiale et de considérer ce processus d'interaction comme le principal moteur de son façonnage ultérieur.

Le problème s'en trouve du même coup lui aussi modi-fié. Car les étiquettes (« rationalisme » ou « empirisme ») forgées ensuite par l'historiographie pour décrire la relation entre deux types de philosophie ou deux analyses d'un même problème, celui des limites (étendue et bornes) de la connaissance de l'esprit, sont restituées à leur entretis-sage originel. Leur opposition est donc, elle aussi, ramenée à son statut de produit d'une interaction. Il en résulte que le Glaucus sortant des flots ne saurait être un « rationaliste pur ». Il est, tout entier, travaillé et façonné de l'intérieur par l'empirisme[1].

---

1. Dans « Pasteur et Pouchet : hétérogenèse de l'histoire des sciences », dans M. Serres (dir.), *Éléments d'histoire des sciences*, Paris, Bordas, 1989, p. 423-445, Bruno Latour montre que la figure du grand vainqueur de la controverse, le découvreur des microbes et l'inventeur de la « pasteurisation », ne doit pas faire oublier la force des arguments du contemporain sur lequel il l'a emporté et qui est désormais bien oublié. La perspective que j'adopte ici est un peu différente : ce qui m'intéresse est de montrer que les arguments de celui qui a été oublié sont en réalité toujours présents dans le canon lui-même.

Les textes, enfin, parce que ce qui est affirmé dans les écrits canoniques ne peut ni se suffire, ni se comprendre, sans prise en considération de toutes les justifications et rectifications produites par leur auteur dans les marges, publiques et privées, de ces écrits. Plus encore : la genèse d'une figure canonique se donne bien plus à voir dans des lettres, des préfaces, des textes polémiques, des textes oralisés comme des cours, des biographies, des éditions ou des discours, que dans ceux que l'on désigne généralement comme « canoniques ».

C'est pourquoi le critère d'inclusion retenu ici pour la constitution du corpus, depuis Descartes jusqu'à l'historiographie cartésienne, en passant par leurs principales médiations, réside dans la particulière propension des textes choisis à exhiber la fabrique conflictuelle de ce canon.

On pourrait penser les différentes étapes, donc aussi les différentes parties et les différents chapitres de cet ouvrage, comme Descartes a pensé la relation entre les passions primitives et les passions dérivées, au début de la deuxième partie des *Passions de l'âme*. En s'installant au cœur de l'union de l'âme et du corps ou de la troisième notion primitive, il détermine six passions primitives, à partir desquelles on pourra ensuite, en les combinant d'une façon indéfinie, déduire toutes les autres.

Dans mon projet, les deux passions primitives sont Descartes et Regius, ou le « rationalisme » et l'« empirisme ». En sélectionnant, dans l'histoire de leurs réceptions, celles qui m'ont semblé pouvoir assumer la fonction des principales passions dérivées, je formule l'hypothèse que dans leurs variations indéfinies, ces réceptions peuvent toutes être dérivées de cette sélection. Dans la première période,

Claude Clerselier (1614-1684) *dissocie* les deux passions primitives afin d'en immortaliser une seule : le Descartes-dualiste ; Louis de La Forge (1632-1666) les *combine* afin de renforcer le Descartes-dualiste par le Descartes-unitariste ; et Nicolas Malebranche (1638-1715) *incorpore* les arguments empiristes afin de rendre le cartésianisme compatible avec l'augustinisme. Durant la période d'institutionnalisation, Antoine Destutt de Tracy (1754-1836) *restitue* à la métaphysique cartésienne son potentiel empiriste afin de la relier au projet des Idéologues ; Victor Cousin (1792-1854) procède à un méticuleux travail d'*ombragement* qui prend le relai de celui de Clerselier ; enfin, Charles Renouvier (1815-1903) tente de penser un cartésianisme *intègre* venant ressouder, comme les deux faces d'une même médaille, les deux passions primitives.

Progressivement, en suivant les principaux mouvements du balancier, on voit ainsi se dessiner la figure d'un Glaucus-Descartes qui n'est pas tant un Janus bifrons qu'un riche et complexe entrelacs d'arguments parfois divergents, revivifiant en permanence cette drôle de statue.

PREMIÈRE PARTIE

LA FABRIQUE DU CANON
REGIUS *VERSUS* DESCARTES

> Qu'est-ce qui est plus
> semblable à l'œuf que l'œuf?
> Toutefois, l'un n'est pas l'autre [1].

---

1. Carolus Fabricius, *Brevis Explicatio Mentis Humanae*, rééd. 1657, Préface (non paginée).

Chapitre premier

SE DÉMARQUER

Les polémiques suscitées par la parution du premier volume de Descartes : le *Discours de la méthode* et les *Essais* (la *Géométrie*, la *Dioptrique* et les *Météores*), en 1637, nous font entrer dans la fabrique du canon : la « querelle d'Utrecht »[1]. Cette première phase présente trois caractéristiques essentielles pour notre projet : c'est Regius qui la déclenche, en se réclamant de Descartes ; le nom de Descartes est ensuite associé, par leurs adversaires scolastiques communs, à celui de Regius ; enfin, c'est parce qu'il doit prioritairement, avec Regius, défendre la philosophie nouvelle contre les attaques des théologiens aristotéliciens d'Utrecht, que Descartes minore publiquement ses divergences avec celui-ci. Les considérations, fondamentales dans ces textes, sur sa « philosophie » à venir, sont ainsi enchâssées dans deux démarcations. La première est une démarcation explicite et prioritaire avec la philosophie scolastique. La seconde, avec la philosophie de Regius, reste privée (cantonnée aux lettres) parce qu'elle serait susceptible de brouiller la première. Mais les deux s'entremêlent toujours étroitement.

---

1. Sur ce point, le travail de traduction et d'annotation de référence reste celui qui fut coordonné par Theo Verbeek, *La Querelle d'Utrecht*, Paris, Les Impressions Nouvelles, 1988.

Nous allons étudier successivement les modalités de la confusion entre les noms de Descartes et de Regius ; les points communs qui définissent en retour les contours de la philosophie nouvelle ; et les prémisses de la démarcation intra-cartésienne qui opposera cette fois Descartes à Regius ; afin de montrer comment, au gré de ces interactions, Descartes esquisse les principaux traits de son autoportrait philosophique.

LA CHRONOLOGIE

À la fin des années 1620 et au début des années 1630, Descartes travaille à *L'Homme*. La condamnation de Galilée, en 1633, diffère la publication du traité, qui sera posthume (1662 pour l'édition de la traduction en latin par Florent Schuyl et 1664 pour l'édition française de Claude Clerselier).

1637 : parution du *Discours de la méthode* et des *Essais : Dioptrique, Géométrie et Météores.*

Septembre 1638 : Après avoir étudié à l'étranger, notamment à Montpellier et à Padoue, Regius est élu sur la première chaire de médecine théorique et de botanique à l'Université d'Utrecht. Il envoie sa première lettre à Descartes le 16 août 1638. La réaction que Descartes communique à Mersenne est de la surprise, voire de l'ironie : « J'ai reçu cette semaine des lettres d'un Docteur que je n'ai jamais vu ni connu, et qui néanmoins me remercie fort affectueusement de ce que je l'ai fait devenir Professeur en une Université où je n'ai ni ami ni pouvoir » (23 août 1638, AT II, 334).

1640 (juin) : Regius fait soutenir à Utrecht la première dispute sur la circulation du sang. Il avait demandé à Descartes de venir y assister. Celui-ci avait répondu : « (…) je le ferai avec plaisir, pourvu que personne ne le sache, et que je puisse me tenir caché dans les écoutes d'où Melle de Schurmans a coutume d'apprendre vos leçons » (lettre du 24 mai 1640, GRL, p. 33).

La découverte de la circulation du sang par le médecin anglais William Harvey avait été exposée dans le *De Motu Cordis* (*Du mouvement du cœur*) en 1628. Descartes est le premier à s'y rallier publiquement en français, dans la cinquième partie du *Discours de la méthode*. Ce ralliement suscite d'importantes polémiques, notamment entre Descartes et le médecin hollandais Vospicus Fortunatus Plempius (1601-1671). Regius intervient dans cette polémique pour défendre Descartes. Il dénonce l'ingratitude et la mauvaise foi dont fait preuve Plempius dans son ouvrage *De fundamenta Medicinae* (*Des fondements de la médecine*, 1638) et défend l'explication cartésienne du battement du cœur par le mouvement des esprits animaux et la chaleur contre celle de Plempius, qui recourt à une faculté pulsative (AT III, 3). La même année (1640), James-Jacques Primrose (1600-1659), médecin anglais et adversaire de Harvey, combat les thèses de Regius [1]. Ce dernier répond par un pamphlet intitulé *Éponge pour laver les ordures de Primrose* [2]. Et Primrose à son tour, en 1644 [3]. Cette série : *Discours de la méthode*, polémique avec Plempius et polémique avec Primrose, témoigne de la virulence des critiques associant Regius et Descartes sur des questions de physiologie, à cette période.

1. James-Jacques Primrose, *Animadversiones in theses quas pro circulatione Henr. Regius proposuit*, Leyde, 1640.

2. James-Jacques Primrose, *Spongia qua eluuntur Sordes Animadversionum Jac. Primirosii*, Leyde, 1640,

3. James-Jacques Primrose, *Jacobi Primirossi Doc. Med. antidotum adversus Henrici Regii*, Leyde, 1644.

En 1641, Regius publie sa *Physiologia sive Cognitio Sanitatis (Physiologie, c'est-à-dire Connaissance de la Santé)*. Il en soumet le texte à Descartes et ce dernier propose des corrections, que Regius intègre en grande majorité. Puis Regius commence une nouvelle série, plus spécifiquement consacrée aux problèmes de physique : *De Illustribus aliquot Quaestionibus Physiologicis (De quelques Questions célèbres de Physique)*. Cette fois, il n'envoie pas le texte à Descartes avant publication. C'est la Dispute célèbre du 8 décembre 1641, où apparaît la thèse envisageant l'homme comme un « être par accident », ou être dans lequel une âme s'unit accidentellement à un corps. Descartes souligne les mauvaises interprétations possibles d'une telle thèse, par les théologiens, dans sa lettre à Regius de mi-décembre 1641 (GRL, p. 67-69). Dans celle de janvier 1642, il explique en quoi le « véritable homme » est à la fois un être par soi et une âme unie à un corps (GRL, p. 75).

1641 : Descartes publie les *Meditationes de prima philosophia.*

Dans sa lettre de janvier 1642 et à propos de Voetius, Descartes écrit à Regius : « Je vais vous donner en gros le sujet de la réponse que vous devez lui faire, et telle que je la ferais moi-même si j'étais à votre place » (GRL, p. 77). Regius intègre les corrections de Descartes et publie sa *Responsio* en février. 1642 est aussi l'année de publication de la lettre de Descartes au Père Dinet, en appendice de la seconde édition des *Meditationes*. Cette lettre mentionne les attaques de Voetius contre Regius et Descartes. C'est donc par ce texte que Descartes entre en lice dans la querelle en son nom propre.

Mars 1642 : le sénat académique condamne officiellement la philosophie cartésienne. La Municipalité retire la permission donnée à Regius d'enseigner les questions de physique.

1643 : Publication de l'*Admiranda Methodus* (*la Méthode admirable de la nouvelle philosophie cartésienne*). Marten Schoock (1614-1669) revendique d'en être l'auteur.

Mai 1643 : Lettre de Descartes à Voetius.

13 juin 1643 : la Municipalité d'Utrecht proclame un « placard » où Descartes est invité à rendre compte du contenu de ses deux écrits : la Lettre à Dinet et la Lettre à Voetius. Descartes répond par une lettre communiquée à la Municipalité le 1er juillet.

Septembre 1643 : condamnation des Lettres à Dinet et à Voetius par la Municipalité d'Utrecht. L'affaire est transmise à la police correctionnelle.

Octobre 1643 : *Narration historique* (réponse de Voetius).

1644 : *Principia Philosophiae.*

Juin 1645 : *Lettre apologétique aux Magistrats d'Utrecht* (Descartes). Elle sera publiée en mars 1648. Descartes ajoute alors des versions latine et néerlandaise.

1647 : *Méditations métaphysiques* (traduction du Duc de Luynes) et *Principes de la philosophie* (traduction de l'abbé Picot), avec ajout de la Lettre-Préface.

1647-1648 : début de la séquence des *Notae in Programma quoddam.*

LA CONFUSION

Le premier moment de la querelle d'Utrecht se caractérise par une confusion des noms de Descartes et de Regius. Car Voetius et Schoock rassemblent dans un même opprobre les enseignements de la *Physiologia* de Regius, d'une part, et de la *Dioptrique*, des *Météores* puis des *Meditationes*, d'autre part. Regius est ainsi désigné comme le « médecin cartésien » dans L'*Admiranda methodus* ; ce sont ses textes (ceux de la *Physiologia*) surtout qui sont cités comme emblématiques de la philosophie nouvelle qu'il s'agit de critiquer ; on croit d'abord que c'est Regius qui est l'auteur de la Lettre à Dinet [1] ; et on attribue à Regius, donc par ricochet à Descartes, les thèses de Nicolaus Taurellus (1547-1606) et de David Gorlaeus (1591-1612) sur l'homme comme être par accident [2]. Enfin, celui-là même qui commence la série des portraits du « cartésien » (Voetius) agit en tant qu'il « passe pour » [3] théologien et docte, donc en se fondant sur une autorité antérieure lui permettant de dénoncer comme dissimulation et ironie ce qui, chez le cartésien en question, ambitionne de supplanter la philosophie enseignée dans les écoles. Le problème est donc clairement celui des critères identitaires respectifs de ces philosophies en lutte.

Dans de telles conditions, le combat de Descartes doit se porter sur deux fronts principaux. Premièrement, il doit montrer les différences, voire les oppositions, entre deux magistères : celui que Regius incarne à l'Université

1. C'est ce que l'on apprend dans la Lettre à Voetius, Verbeek, p. 342.
2. Verbeek, p. 343-344. Sur Taurellus et Gorlaeus, *cf.* Christoph Lüthy, « The Metaphysical Roots of Physics, and the Alleged Link Between Taurellus, Gorlaeus, Regius and Descartes », dans D. Antoine-Mahut, S. Roux (eds.), *Physics and Metaphysics in Descartes and his Reception*, New York-London, Routledge, 2019, p. 85-112.
3. L'expression est récurrente dans la lettre à Dinet.

d'Utrecht dans son enseignement de principes mathématico-physiques cartésiens appliqués à la physiologie, d'une part ; et celui de Voetius et des siens, qui transmet l'histoire de la philosophie aristotélicienne et confond cette transmission avec un acte philosophique authentique, d'autre part. Cette exigence se traduit notamment, dans les échanges que Descartes entretient avec Regius, par une désignation de la philosophie nouvelle comme leur étant commune [1]. Deuxièmement, Descartes doit distinguer ce magistère universitaire cartésien local, de l'intégrité de la philosophie nouvelle dans son ensemble. Car celle-ci ne se réduit ni à une physico-mathématique ni à une métaphysique. Elle propose une nouvelle articulation des deux.

Le portrait de Regius se focalise ainsi, logiquement, sur les principes physico-mathématiques communs aux partisans de la philosophie nouvelle, en minorant ou en différant l'examen de ce qui fonde métaphysiquement ces principes. Ce délicat équilibre est réalisé dans la Lettre à Dinet et radicalisé dans la Lettre à Voetius.

Dans la Lettre à Dinet, le domaine de ce qui peut être « écrit et pensé par moi », être désigné comme étant « de

---

1. *Cf.* notamment la fin de la lettre de janvier 1642, dans laquelle Descartes propose quelques éléments de précision et de correction pour répondre aux attaques de Voetius. Il se place du côté de Regius pour défendre ce qu'il désigne d'abord comme leur philosophie commune (GRL, p. 101). Puis, une fois que Regius a intégré à ses réponses les corrections proposées, Descartes lui attribue la paternité de la philosophie nouvelle (GRL, p. 109). Enfin, il se flatte régulièrement, auprès de Mersenne (11 novembre 1640, AT III, 231) mais aussi de Regius lui-même, de ce que les cours de ce dernier attireront un jour « plus de monde que tous vos adversaires, à quoi peut-être ne nuira pas *l'édition de la Philosophie que je prépare* » (mars 1642, GRL, p. 113). On recense ainsi au moins un passage où Descartes associe Regius par l'expression « *notre philosophie* », tout en annonçant « *sa* » philosophie à venir, c'est-à-dire les *Principes* (À Regius, fin février 1642, GRL, p. 105).

moi »[1] ou porter « le nom de Descartes », est ainsi, pour la première fois, identifié à des « principes métaphysiques » par lesquels Descartes a « démontré l'existence de Dieu et la réelle distinction de l'âme et du corps chez l'homme ». Ces principes métaphysiques sont plus importants que les principes de physique qui, dans l'enseignement de Regius, ont pris la forme mnémotechnique d'une petite ritournelle raillée par Schoock comme « cette maison de force en forme de pentagone : mouvement, repos, quantité, position et figure »[2].

Cette philosophie intégrale et, pour cette raison, en nom propre, est annoncée comme à venir. Elle sera exposée dans les *Principia philosophiae*. Elle consistera en une articulation particulière de ce que les publications séparées des Essais scientifiques et des *Meditationes* ne constituent pour l'heure, chacun en leur genre, que des « échantillons », d'ores et déjà hiérarchisés : les premiers donnent peu de « souci », là où les secondes sont d'une importance « considérable »[3].

Mais pour l'heure, ce n'est pas cet « ensemble » ou cet ordre formant un « tout » qui sont en question. C'est essentiellement ce qui, dans cet ordre, touche aux principes physico-mathématiques, en impactant non la vraie métaphysique (celle des *Meditationes*) mais la fausse (celle

---

1. *Cf.* par ex. ces extraits des pages 133 et 135 de la Lettre à Dinet : « pas un mot de ce qu'on me reprochait n'a jamais été écrit ni pensé par moi et (…) tout est si manifestement absurde qu'il faut être complètement dérangé pour l'inventer (…). À coup sûr il ne s'agit pas de moi ».

2. *Admiranda Methodus*, Verbeek, p. 177. Sur cette formule et son usage dans l'enseignement de la philosophie cartésienne aux Pays Bas, *cf.* E.-J. Bos, « Regius and the diffusion of Cartesianism in the early 1640 -and beyond- », dans *Les Pays Bas aux XVII*e *et XVIII*e *siècles. Nouveaux regards*, C. Secretan, D. Antoine-Mahut (dir.), Paris, Honoré Champion, 2015, p. 79-88.

3. Verbeek, p. 136.

des scolastiques). Il faut ainsi montrer en quoi Regius-
médecin est un maître acceptable, ou peut être considéré
comme un « médecin cartésien », tout en minorant les
différences éventuelles avec lui sur le plan métaphysique,
afin de bien spécifier la philosophie nouvelle comme un
droit usage de la raison naturelle ne remettant pas
directement en cause la théologie.

LES POINTS DE DÉMARCATION COMMUNS
ET LA PHILOSOPHIE NOUVELLE

Dans la Lettre à Dinet, Regius est ainsi, d'abord, ce
« docteur en médecine » qui sut reconnaître dans les
Météores et la *Dioptrique* « quelques principes d'une
philosophie plus vraie » (que la philosophie scolastique).
À partir de ces principes, il sut faire un usage « assez
diligent » de son *ingenium* pour en déduire un ensemble
de vérités : celles qu'il consigne dans la *Physiologia*. Il
fut en cela d'abord un élève puis un maître, soucieux de
développer « une nouvelle manière d'enseigner », différente
de l'enseignement de « la philosophie et de la médecine
vulgaires » désormais dénoncées comme « fausses ».

Sur le plan métaphysique ensuite, Regius est
innocenté de la paternité de la thèse de l'homme comme
« *ens per accidens* », donc de l'accusation d'être un athée
potentiel. Alors qu'il adresse des mises au point privées
très claires à Regius sur le caractère inutilement provocateur
de ses formulations [1], Descartes insiste en public sur
l'« inadvertance » de Regius au moment de la soutenance

---

1. *Cf.* la lettre de mai 1641, où Descartes explique à Regius qu'il
n'est « pas permis de dire à un catholique romain qu'il y a *trois âmes*
dans l'homme » (GRL, p. 36 et p. 39). Dans sa lettre à Regius de novembre
1641 en outre, Descartes est très clair sur le fait qu'il ne cautionne pas
toutes les explications physiologiques de ce dernier (GRL, p. 51).

de la thèse en question ; sur le rôle décisif de « la fantaisie du répondant » dans l'inflation des formulations au cours de la discussion ; sur le fait qu'il s'agissait uniquement d'une « manière de parler » et non d'une véritable prise de position ontologique sur l'homme ; sur l'acharnement que mirent les opposants à Regius à « faire du bruit » pendant la soutenance, donc à en perturber le déroulement serein ; ou bien encore, sur les rapprochements entre Regius d'une part et Taurellus et Gorlaeus d'autre part, effectués par Voetius pour instrumentaliser l'autorité publique de la Faculté de Théologie au service de ces calomnies.

Cette défense de Regius par Descartes est donc finalisée par la mise au jour de l'importance du noyau métaphysique de la philosophie nouvelle, par opposition avec la philosophie scolastique, donc par la spécification progressive d'un « propre » encore à venir. Il s'agit de préserver un régime d'exception pour l'âme rationnelle ou humaine, non pas contre, mais en corrélation directe avec la négation des formes substantielles des choses matérielles [1]. Ce qu'il s'agit d'éviter, c'est ainsi la déduction, à partir de cette négation des formes, de la nature matérielle de l'âme humaine elle-même [2]. Et ce qu'il s'agit au contraire de penser, c'est l'articulation de ces différents éléments au sein d'un tout qui, seul, pourra alors prétendre au titre de philosophie vraie :

> (…) dans ces quelques Méditations que j'ai publiées sont contenus tous les principes de *la philosophie que je suis*

---

1. Le texte décisif sur ce point se situe en Verbeek, p. 144.
2. Schoock a très explicitement thématisé ce risque (Verbeek, p. 264-265).

en train de mettre au point, tandis que dans la Dioptrique et les Météores, j'en ai en revanche déduit beaucoup de *particularités* qui montrent assez de quel genre de raisonnement je vais me servir : de sorte que, bien que n'ayant pas encore présenté moi-même *l'ensemble de cette philosophie*, je trouve pourtant qu'à partir de ce que j'ai déjà donné, on peut facilement en déduire ce qu'elle sera. Aussi ai-je eu raison, je crois, d'envoyer préalablement ces *quelques essais*, plutôt que de la présenter *tout entière*, avant même qu'on me l'eût demandée » [1].

La lettre à Voetius accentue les points importants de la lettre à Dinet. Elle répond au portrait calomnieux de la philosophie cartésienne, par Voetius, dans son pamphlet intitulé : *Philosophie cartésienne*. Le point notable pour nous est que ce portrait s'accompagne d'une précision de la position de Descartes, par rapport à Regius.

D'une part, le « médecin » devient le « professeur », éventuellement « distingué » [2]. Et c'est par rapport à l'action de professer que Descartes se situe, sans aucune ambiguïté : « je ne suis point professeur » [3]. Professer en effet, c'est transmettre, avoir des élèves et même chercher à avoir des disciples, pour ensuite « se servir » de ces disciples et faire en sorte qu'ils répètent à leur tour les principes supposés fondateurs de la doctrine d'un maître. On est plus proche ici du « babil d'un perroquet » que du « discours d'un philosophe » [4]. Et dans tous les cas, pour professer une philosophie, il faut déjà en avoir une. Or, martèle Descartes :

1. Verbeek, p. 150-151.
2. Verbeek, p. 334.
3. Verbeek, p. 346.
4. Verbeek, p. 387.

« je le répète, je n'ai point encore publié de système de philosophie qui puisse avoir des sectateurs »[1].

Ensuite, il faut associer Regius lui-même à la distinction entre échanges informels (dans des lettres, des cours ou des disputes), d'une part, et écrits publiés, d'autre part. Seuls ces derniers peuvent servir de support commun de discussion et être attribués à quelqu'un en son nom propre. Tout le reste est invérifiable, donc potentiellement calomniateur :

> Dans tout votre ouvrage, vous ne citez pas une seule fois mes *Météores*, ma *Dioptrique* ni mes *Méditations*, seuls écrits où j'aie fait connaître ma philosophie ; on peut en conclure que vous ne les entendez pas, et cependant vous osez faire paraître un gros volume d'injures contre cette philosophie, qui ne vous est pas moins étrangère qu'aux hommes les plus ignorants ; et pour avoir l'air de dire quelque chose, vous attaquez un petit nombre des passages des leçons de Regius, non par des raisons, mais par des mots vides de sens. Ces vains discours auraient pu tout aussi bien se rapporter à tout autre de mes écrits ; mais parce que les leçons de Regius n'ont pas été publiées, vous avez espéré qu'il serait plus difficile et plus rare de découvrir quelle incroyable ignorance se joint à votre méchanceté[2].

L'assimilation de Descartes à Regius, par Voetius, doit ainsi être restituée à son statut précis de synecdoque :

---

1. Verbeek, p. 339. *Cf.* aussi Verbeek, p. 347 : « vous n'avez jamais lu ma philosophie, puisque je ne l'ai pas encore publiée : vous ne pouvez donc la connaître ». Il faut souligner qu'en parlant de « sectateurs », Descartes ne signifie pas pour autant que la publication de sa philosophie lui en apporterait, ou qu'il le souhaiterait. Il explicite seulement, pour mieux le dénouer en ce qui le concerne, le lien que ses adversaires établissent entre la possibilité éventuelle, pour une philosophie, d'avoir des sectateurs, et la disponibilité publique d'une telle philosophie.

2. Verbeek, p. 385-386.

Regius exprime au mieux la partie d'un tout qui l'englobe. Ainsi, si Regius n'a, en physiologie, « rien écrit que (Descartes) ne puisse avouer hardiment »[1], ce n'est pas parce que les principes de la physiologie qu'il enseigne « appartiendraient » à Descartes plus qu'à Regius. Faute de quoi ces principes ne pourraient justement ni être appris, ni être enseignés. Mais c'est parce qu'ils désignent un échantillon ou une partie, parmi d'autres, de la philosophie propre de Descartes qui, elle, ne se professe pas. De ce point de vue et sans que l'on puisse à ce stade éclaircir ce rapport, les principes physico-mathématiques doivent être considérés dans le prolongement d'autres principes, qui leur confèrent leur vérité et dont la possession distingue un simple perroquet d'un *ingenium* autonome.

Logiquement, c'est sur ces principes métaphysiques que se concentrent de nouvelles démarcations, entre Descartes et Regius cette fois.

LES PRÉMISSES DE LA DÉMARCATION
INTRA-CARTÉSIENNE

Lorsqu'on envisage plutôt les discussions entre Descartes et Regius que la manière dont Descartes aide Regius à répondre, en leurs deux noms, aux théologiens d'Utrecht, on s'aperçoit très vite que derrière les questions formelles se dessinent en réalité des divergences de fond. La question, très débattue entre les deux hommes, de l'ordre d'exposition des vérités[2], est de ce point de vue décisive.

---

1. Verbeek, p. 385.

2. Sur le goût des expositions paradoxales, qui choquent par leur nouveauté et leur brièveté, ne prennent pas assez de soin à exposer des preuves et donnent de ce fait à l'adversaire l'occasion de « mordre sur elles », en faisant craindre à Descartes qu'on les lui impute, *cf.* Descartes À Regius, juillet 1645 et à Mersenne, 5 octobre 1646, AT IV, 510.

Les textes permettent de distinguer deux façons de répondre aux scolastiques : une façon risquée et critiquable, en ce qu'elle fait objectivement encourir à celui qui la soutient l'accusation d'impiété ou d'athéisme ; et une façon à tort jugée impie par les adversaires, mais qui consolide en réalité ce que ceux-ci ne parviennent pas à protéger : l'immatérialité et l'immortalité de l'âme humaine. Or, alors que Descartes accuse Regius de s'adonner avec excès voire complaisance à la première, pendant que lui (Descartes) privilégie la seconde ; Regius retourne contre Descartes les termes de l'accusation, de deux manières. D'une part, il se situe lui-même (Regius) du côté de ceux qui sont à tort jugés impies. D'autre part, il déplace Descartes du côté des adversaires à l'origine d'un tel jugement[1]. Il ne s'agit alors plus de savoir comment lutter ensemble contre un même adversaire. Il s'agit désormais de déterminer laquelle, des deux stratégies opposées des deux hommes, est la mieux à même de répondre aux objections de cet adversaire. En ce sens, l'adversité se dédouble. Elle devient intra-cartésienne.

Car la question de l'ordre d'exposition des vérités est intrinsèquement liée à celle de leur ordre d'engendrement. Elle porte avec elle une conception de la philosophie nouvelle. Dans la célèbre lettre de rupture qu'il adresse à Regius en juillet 1645, Descartes identifie les fondements de cette philosophie : il s'agit des questions métaphysiques, aux enjeux théologiques, de l'âme et de Dieu. Il condamne

---

1. Ce retournement est particulièrement manifeste dans la lettre de Regius à Descartes datée du 23 juillet 1645, GRL, p. 136-137. Regius y affirme avoir davantage « affermi l'autorité de l'Écriture en ce qui dépendait de (lui) », là où, en prétendant assurer l'immatérialité et l'immortalité de l'âme par le seul recours à la raison naturelle, les entreprises comme celles de Descartes « trahissent la cause de l'âme et des saintes Écritures ».

sévèrement la thèse, défendue par Regius dans le « chapitre de l'homme » de ses *Fundamenta Physices*, de l'âme comme mode du corps. Enfin, il manifeste, pour la première fois, le souci de se distinguer très nettement de celui qui parle haut, fort, mal et en son nom à lui, Descartes, de questions métaphysiques, alors même que ses compétences ne devraient pas sortir des « bornes de la médecine » :

> De peur que le blâme ne retombe sur moi, je me verrai dans la nécessité de publier partout à l'avenir que je suis entièrement éloigné de vos sentiments sur la métaphysique, et je serai même obligé de le faire connaître par quelque écrit public, si votre livre vient à être imprimé.(GRL, p. 133).

Mais le raisonnement de Descartes fonctionne aussi en sens inverse et c'est bien ce que Regius lui répond. Car si la métaphysique, qui vient après dans l'ordre de publication, modifie en retour le sens des principes qui avaient été divulgués avant, alors on peut conclure que cette modification travestit le sens premier des principes en question, qui doivent rester les seuls véritables. On peut en outre en déduire que l'exploitation de ces seuls principes physiques désigne un devenir possible et légitime, voire le seul devenir cohérent acceptable, de la philosophie cartésienne, là où, au contraire, Descartes aurait viré de bord, par complaisance ou par peur envers certains théologiens. C'est tout le sens de la lettre du 23 juillet 1645. Regius y explicite le clivage, non entre une philosophie nouvelle qui serait cartésienne et une autre qui ne le serait pas ou plus, mais entre *deux philosophies cartésiennes distinctes*, empruntant désormais deux voies divergentes ayant chacune ses défenseurs :

> Vous ne serez pas surpris de ma conduite, lorsque vous saurez que beaucoup de gens d'esprit et d'honneur m'ont souvent témoigné qu'ils avaient trop bonne opinion de

l'excellence de votre esprit, pour croire que vous n'eussiez pas, dans le fond de l'âme, des sentiments contraires à ceux qui paraissent en public sous votre nom. Et pour ne vous rien dissimuler, plusieurs se persuadent ici que vous avez beaucoup discrédité votre philosophie, en publiant votre métaphysique. Vous ne promettiez rien que de clair, de certain et d'évident ; mais, à en juger par les commencements, ils prétendent qu'il n'y a rien que d'obscur et incertain, et les disputes que vous avez eues avec les habiles gens à l'occasion de ces commencements, ne servent qu'à multiplier les doutes et les ténèbres. Il est inutile de vous alléguer que vos raisonnements se trouvent enfin tels que vous les aviez promis. Car ils vous répliquent qu'il n'y a point d'enthousiaste, point d'impie, point de bouffon qui ne pût dire la même chose de ses extravagances et de ses folies. Encore une fois, je consentirai que l'on retranche de mon écrit ce qui peut vous y déplaire, si vous le jugez à propos ; mais, après tout, je ne vois rien qui puisse me faire honte, ou que je doive me repentir d'avoir écrit. Ainsi rien ne m'oblige à refuser l'impression d'un ouvrage, de l'édition duquel on peut espérer quelque utilité. Pour vous, Monsieur, à qui j'ai déjà des obligations infinies, vous me permettrez de vous remercier de la bonté que vous avez eue de lire mon livre, ou pour mieux parler votre livre, puisqu'il est véritablement sorti de vous. (Bos, p. 189-190) [1]

Le point important est ici la reprise, par Regius, des arguments et du lexique par lesquels Voetius et Schoock critiquaient Descartes. Mais il s'agit cette fois de les

---

1. Sur l'argument de la dissimulation dans l'échange entre Descartes et Regius, *cf.* F. Hallyn, « La *Philosophia naturalis* de Regius et l'écriture athée », dans *Libertinage et philosophie au XVIIᵉ siècle*, dossier : « Les libertins et la science », A. McKenna et P.-Fr. Moreau (dir.), Publications de l'Université de St Étienne, n°9, 2005, p. 37-46 et F. Hallyn, *Descartes. Dissimulation et ironie*, Genève, Droz, 2006.

appliquer aux *Méditations*. Il faut montrer que la direction prise par Descartes dans ce texte donne raison à ces accusations, alors que le chemin emprunté par lui, Regius, permet d'y répondre. La véritable philosophie nouvelle passe de ce fait tout entière de son côté à lui, Regius.

À son tour, Descartes n'a alors d'autre choix que celui de retourner la situation. Il faut faire passer Regius lui-même du côté des calomniateurs, c'est-à-dire de ceux qui lui imputent des thèses qui ne sont pas les siennes :

> Et à coup sûr, je m'en souciai peu, tant qu'il n'était question que de mes idées touchant à la physique et aux mathématiques. Dans sa dissertation cependant il s'est avisé de ruiner les principes métaphysiques, par lesquels j'ai démontré l'existence de Dieu et la réelle distinction de l'âme et du corps chez l'homme, et il le fait non par des arguments, mais par des calomnies. Or la connaissance de ces vérités est d'une importance tellement considérable que tous les hommes de bien devront applaudir à ma ferme défense de ce que j'ai écrit sur ces sujets-là. (Lettre à Dinet, Verbeek, p. 136)

Le dessin progressif, par Descartes, de son autoportrait, n'implique pas seulement de faire la tête au carré à ses adversaires. Il implique aussi de tirer soi-même le portrait de ses sosies potentiels. Le travail d'affirmation de soi est avant tout un travail de démarcation, qui identifie et disqualifie les caricatures.

CHAPITRE II

DÉSAVOUER

Descartes entre en « résistance ouverte »[1], non plus contre un ennemi identifiable par tous les adeptes de la philosophie nouvelle : le clan des partisans des formes substantielles ; mais contre un usurpateur d'identité prétendant lui aussi mener ce combat au nom de la philosophie nouvelle : Regius. Afin de laver son nom, Descartes doit, à présent, entreprendre un désaveu complet.

Le sillon est creusé par la correspondance de l'automne 1646 et du printemps 1647 avec Marin Mersenne (1588-1648), Constantin Huygens (1596-1687) et la princesse Elisabeth de Bohème (1618-1680). Le choix de ces interlocuteurs n'est sans doute pas anodin. Mersenne centralise les échanges des principaux représentants du monde savant du moment ; Huygens est un des piliers de ces réseaux scientifiques ; enfin, Elisabeth est entrée en contact avec Descartes sur les conseils de Regius en 1643 et elle entretient avec ce dernier des échanges qui semblent

---

1. « J'ai eu peur que leurs machinations secrètes ne pussent avoir quelque effet et que mon repos n'en souffrît davantage si je restais sur ma décision de ne pas publier ma philosophie au lieu de *leur résister ouvertement*. Je m'avisais donc de faire cela même qu'ils craignent le plus, afin de leur ôter désormais toute raison de crainte » (Lettre à Dinet, Verbeek, p. 138).

réguliers. Désavouer Regius, dans ces premiers petits cercles de confiance, est ainsi pour Descartes un moyen efficace de diffuser ses propres opinions. Mais ces dernières ne deviennent véritablement publiques que dans l'ajout de la Lettre-Préface à l'édition française des *Principes de la philosophie* en 1647. Le mécanisme de radicalisation revêt ici deux formes très nettes. D'une part, il mène à l'explicitation intégrale de l'arbre de la philosophie. D'autre part, il formule, en des termes nouveaux, une sévère accusation de plagiat, sur une question physique : l'explication de la contraction musculaire dans le traité de *L'Homme*, non encore paru. Or cette accusation ne peut se comprendre qu'une fois restituée à sa juste place dans l'arbre de la philosophie nouvelle. La publication de l'intégralité de la philosophie et l'insistance sur l'intégrité de cette dernière, dans les *Principes de la philosophie*, entraîne ainsi l'assimilation de la partie physique au tout de cette philosophie, dans l'en-dehors de cette dernière.

L'ARBRE CANONIQUE DE LA PHILOSOPHIE

La fonction d'une préface, y compris lorsqu'elle est ajoutée après-coup, est de proposer une clef herméneutique contextualisée du texte qui la suit. Elle est un lieu privilégié d'observation de la fabrique du canon, parce qu'elle officialise la façon dont l'auteur lui-même souhaite être lu. Or, lorsque Descartes ajoute une Lettre-Préface à l'édition de 1647, c'est pour rendre publique sa rupture avec Regius et distinguer radicalement le projet des *Principes* de celui des *Fundamenta physices*. Loin de l'image iconique des manuels de terminale, l'arbre de la philosophie peut ainsi s'interpréter comme finalisé par l'efficacité de cette officialisation. Il vient persuader et non seulement convaincre le lecteur de la spécificité de la philosophie cartésienne par rapport à celle de l'« un de ceux qu'on a le plus cru (…) devoir suivre » Descartes. Cette fois donc, les « vrais Principes » doivent explicitement être restitués à leur statut de racines et l'arbre déraciné, remis à sa place de simple tronc mort :

> Je sais bien qu'il y a des esprits qui se hâtent tant et usent de si peu de circonspection en ce qu'ils sont, que, même ayant des fondements bien solides, ne sauraient rien bâtir d'assuré ; et pour ce que ce sont d'ordinaire ceux-là qui sont les plus prompts à faire des Livres, ils pourraient en peu de temps gâter tout ce que j'ai fait, et introduire l'incertitude et le doute en ma façon de philosopher, d'où j'ai soigneusement tâché de les bannir, si on recevait leurs écrits comme miens, ou comme remplis de mes opinions. J'en ai vu depuis peu l'expérience en l'un de ceux qu'on a le plus cru me devoir suivre, et même duquel j'avais écrit, en quelque endroit, « que je m'assurais tant sur son esprit, que je ne croyais pas qu'il eut aucune opinion que je ne voulusse bien avouer pour mienne » [1] : car il publia l'an passé un Livre, intitule *Fundamenta Physicae* (*sic*), où, encore qu'il semble n'avoir rien mis, touchant la Physique et la Médecine, qu'il n'ait tiré de mes écrits, tant de ceux que j'ai publiés que d'un autre encore imparfait touchant la nature des animaux, qui lui est tombé entre les mains, toutefois, à cause qu'il a mal transcrit, et changé l'ordre, et nié quelques vérités de Métaphysique sur qui toute la Physique doit être appuyée, je suis obligé de le désavouer entièrement, et de prier ici les lecteurs qu'ils ne m'attribuent jamais aucune opinion, s'ils ne la trouvent expressément en mes écrits ni ailleurs, s'ils ne la voient très clairement être déduite des vrais Principes (AT IX-2, 19-20).

---

1. Il s'agit d'un extrait de la lettre à Voetius.

Ce « désaveu entier » est ainsi à envisager en miroir de l'Épître dédicatoire faisant le portrait d'Elisabeth. Non seulement le tempérament magnanime et « doux » d'Elisabeth contraste avec la précipitation [1] et l'orgueil de Regius. Mais en outre, « l'excellence de son esprit » exprime deux qualités dont ce dernier est dépourvu. D'une part, Elisabeth est capable d'« apprendre », donc de recevoir un enseignement pour éventuellement le transmettre à son tour, sans prétendre être la seule à le posséder ou la première à l'avoir découvert. D'autre part, elle est capable de prendre avec elle, de « comprendre », aussi bien les principes métaphysiques que les principes mathématiques. En ce sens et pour utiliser un terme que Descartes ne pouvait évidemment pas forger, on peut la désigner comme « cartésienne », *du point de vue de Descartes* :

> (…) Encore que ceux qui n'ont pas le plus d'esprit puissent être aussi parfaitement sages que leur nature le permet, et se rendre très agréables à Dieu par leur vertu, si seulement ils ont toujours une ferme résolution de faire tout le bien qu'ils sauront, et de n'omettre rien pour apprendre celui qu'ils ignorent ; toutefois ceux qui, avec une constante volonté de bien faire et un soin très particulier de s'instruire, ont aussi un très excellent esprit, arrivent sans doute à un plus haut degré de Sagesse que les autres. Et je crois que ces trois choses se trouvent très parfaitement en VOTRE ALTESSE. Car pour le soin qu'elle a eu de s'instruire, il paraît assez de ce que ni les divertissements de la Cour, ni la façon dont les Princesses ont coutume d'être nourries, qui les détournent entièrement de la connaissance des lettres, n'ont pu empêcher que vous n'ayez très diligemment étudié tout ce qu'il y a de meilleur dans les sciences. Et

---

1. En contrepoint de cette précipitation, Elisabeth est aussi caractérisée par Descartes par sa patience. *Cf.* Lettre à Elisabeth, novembre 1643, AT IV, 46.

on connaît l'excellence de votre esprit en ce que vous les avez parfaitement apprises en fort peu de temps. Mais j'en ai encore une autre preuve, qui m'est particulière, en ce que je n'ai jamais rencontré personne qui ait si généralement et si bien entendu tout ce qui est contenu dans mes écrits : car il y en a plusieurs qui les trouvent très obscurs, même entre les meilleurs esprits les plus doctes ; et je remarque presque en tous, que ceux qui conçoivent aisément les choses qui appartiennent aux Mathématiques ne sont nullement propres à entendre celles qui se rapportent à la Métaphysique, et au contraire, que ceux à qui celles-ci sont aisées ne peuvent comprendre les autres : en sorte que je puis dire avec vérité que je n'ai jamais rencontré que le seul esprit de VOTRE ALTESSE auquel l'un et l'autre fut également facile, et que par conséquent j'ai juste raison de l'estimer incomparable (AT IX-2, 23-24).

La Lettre-préface et l'Épître dédicatoire officialisent ainsi la primauté, dans l'arbre cartésien de la philosophie, des racines de l'arbre. Elles systématisent en un tout l'essentiel des affirmations des lettres privées reléguant Regius du côté des métaphysiciens inaptes [1]. Cette radicalisation, au sens étymologique du terme, pousse Descartes à mettre de côté les questions de contenu afin de prioriser, dans la reconnaissance du caractère cartésien ou non d'une démarche philosophique, la question du bon point de départ de la recherche. Celui ou celle qui part des bons principes mais en déduit des connaissances fausses est en ce sens plus « cartésien » ou « cartésienne » que celui ou celle qui emprunte des pans entiers de connaissances à Descartes

---

1. À Mersenne, 7 septembre 1646, AT IV, 497-498 ; À Mersenne, 5 octobre 1646, AT IV, 510-511 ; A. Huygens, 5 octobre 1646, AT V, 517-518 ; À Mersenne, 23 novembre 1646, AT IV, 566-567 ; À Elisabeth, décembre 1646, AT IV, 590 et à Elisabeth, mars 1647, AT IV, 625-638.

en déracinant l'arbre du savoir[1]. Cette distinction passe de nouveau par deux portraits croisés, entre Regius et Cornelis van Hogelande (1590-1662)[2], cette fois :

> Je ne laisserai pas de porter demain à Mademoiselle la P.S. (la Princesse Sophie) un exemplaire de son livre, dont le titre est Henrici Regij fundamenta Physices, avec un autre petit livre de mon bon ami Monsieur de Hogelande, qui a fait *tout le contraire* de Regius, en ce que Regius n'a rien écrit qui ne soit *pris de moi*, et qui ne soit avec cela *contre moi*, au lieu que l'autre n'a rien écrit qui soit *proprement de moi* (car je ne crois pas même qu'il ait jamais bien lu mes écrits), et toutefois il n'a rien qui ne soit *pour moi*, en ce qu'*il a suivi les mêmes principes*[3].

Le portrait public d'Elisabeth en muse ou en reine des Sages et la description plus privée de Hogelande qui fait tout « pour » Descartes alors qu'il ne l'a peut-être même pas lu, participent ainsi de la fabrique du canon cartésien par démarcations successives avec ce qu'il s'agit désormais de considérer comme son autre. La récupération, pour son

1. Il est intéressant que dans l'esprit de celui qui mutile ainsi la connaissance reçue, en pensant se l'approprier, cette mutilation puisse être envisagée comme un « ajout ». C'est ce que Descartes explique à Elisabeth dans la lettre de décembre 1646 (AT IV) à propos de ceux qui, comme Regius, « veulent débiter (de la science) sans la bien savoir ; car, en pensant *corriger ou ajouter quelque chose à ce qu'ils ont appris*, ils la convertissent en erreur. Il me semble que j'en vois la preuve dans le livre de Regius, qui est enfin venu au jour ».

2. Descartes se réfère ici aux *Pensées dans lesquelles l'existence de Dieu, la spiritualité de l'âme, et son union possible avec le corps sont démontrées, avec une brève description de l'économie du corps animal et son explication mécanique* (parues aux éditions Elzevier en 1646). Dans sa préface à la *Vie de Monsieur Descartes* (à Paris, chez Daniel Horthemels, 1691, p. 32-33), Adrien Baillet rappelle que Descartes avait laissé, avant sa mort, un coffre de documents personnels chez Hogelande, qu'il considérait comme un ami.

3. À Elisabeth, mars 1647, AT IV, 627-628.

propre compte, de vertus morales comme la générosité et la patience, opposées à la précipitation téméraire et à la déloyauté, affine l'autoportrait de celui qui choisit lui-même dans quelle galerie et à quelle place il convient de le faire figurer. Le registre des valeurs devient indissociable de celui de la vérité.

Mais la question du statut de ce qui reste commun à Regius et à Descartes : tout un ensemble de vérités physiques, ne s'en trouve pas réglée pour autant. Car ce qui est supposé être plagié : un traité inédit sur les animaux, que Regius aurait eu « entre les mains », reste précisément commun, en tant que plagié. Les développements de la correspondance s'emploient ainsi à disqualifier le contenu même de ce qui est plagié. Il ne doit rien rester de Descartes, dans les développements mêmes que Regius semble partager avec lui. Il faut désavouer tout ce qui pourrait ressembler à un air de famille.

L'ACCUSATION DE PLAGIAT

On peut ici distinguer deux types d'arguments. Descartes commence par accuser Regius de plagiat global, de textes édités et inédits, qu'il lui aurait personnellement communiqués ou que Regius se serait procurés de son propre chef, à l'insu voire contre le gré de Descartes [1]. La charge a ici une lourde portée morale. Il ne s'agit pas seulement de montrer que lui, Descartes, était bien le premier. Il s'agit, en outre, d'exhiber l'ingratitude voire la traîtrise de Regius [2]. La victimisation participe de la probité désirable du canon.

---

1. *Cf.* À Mersenne du 5 octobre 1646, AT IV, 510-511.
2. Elisabeth recode immédiatement en ce sens les accusations de Descartes, dans sa lettre du 19 avril 1647, AT IV, 630.

Puis l'accusation se concentre sur l'explication du mouvement musculaire de l'œil, que Descartes considère comme la pièce la plus aboutie de la description du fonctionnement général de la machine humaine, dans son traité de *L'Homme* encore inédit. C'est lorsque l'argument se particularise que Descartes éprouve le besoin de montrer que Regius l'a mal plagié, en produisant une explication fautive par rapport à la sienne. Le critère épistémologique reprend alors le dessus : la vérité doit triompher et il ne peut y en avoir qu'une. Quelle est en ce cas l'erreur commise par Regius ?

Descartes soutient que Regius a manqué un élément anatomique décisif dans l'explication : l'existence de valvules, qui sont comme de petits clapets, situés à l'entrée des muscles. Mais il ajoute aussi que quand bien même Regius aurait plagié rigoureusement cette explication et aurait figuré les valvules dans ses planches, il en a manqué « le principal », c'est-à-dire la fonction : empêcher la rétrogradation des esprits animaux par le même chemin que celui qui fut emprunté pour entrer dans le muscle. L'incompréhension de cette fonction essentielle rend l'explication d'ensemble de Regius « répugnante » aux « règles des mécaniques »[1]. Elle ne permet pas de comprendre pourquoi un muscle se relâche alors que son antagoniste se contracte[2].

1. Le dérèglement de la machine, dans le cas du mouvement convulsif, est ainsi imputable au dysfonctionnement de ces valvules. Sur ce point, *cf.* la lettre de Descartes à Regius de décembre 1641 (GRL, p. 65).
2. J'ai eu l'occasion de développer ces questions physiologiques dans « Le rôle des expériences dans la physiologie d'Henricus Regius : les pierres lydiennes » du cartésianisme », *Journal of Early Modern Studies*, Volume 2, Issue 1, 2013, p. 125-145. Elles ont en outre été exposées par Tad Schmaltz dans le chapitre qu'il consacre à Regius dans *Early Modern Cartesianisms. Dutch and French Constructions*, Oxford, Oxford University Press, 2017 p. 248-255. J'y reviens ici dans la

Un premier motif de perplexité surgit ici. Car lorsqu'on considère les différentes éditions des *Fundamenta Physices* de Regius, mais aussi la troisième dispute du 30 juin 1641, publiée dans la *Physiologia*, on constate que l'explication est publiquement donnée par Regius, dans ses grandes lignes, bien avant 1646 ; que Regius n'omet pas les valvules ; et qu'il leur octroie bien la fonction dont Descartes affirme qu'il l'a manquée. Le passage le plus clair, dès 1641, se situe au point 11 de la dispute, dans la partie consacrée à la volonté :

> (...) Le muscle est composé de chair, de veines, d'artères, d'un nerf dilaté et *pourvu de valves*, et de tendons qui incluent toutes les membranes telles que la vessie ; aussi, l'esprit animal envoyé par les nerfs, *ne pouvant sortir*, contracte nécessairement le muscle en se gonflant, et met en mouvement la partie à laquelle il est attaché.

Ce premier constat peut s'interpréter de deux manières, toutes deux partiellement insatisfaisantes.

On peut, d'une part, s'appuyer sur la *Physiologia* pour durcir la thèse du plagiat. Regius se serait bien procuré très tôt une copie de *L'Homme* et/ou aurait bénéficié de discussions informelles avec Descartes sur ce point, en s'en attribuant ensuite à lui seul la propriété ou, ce qui revient au même en l'absence de publication de Descartes à ce sujet, en taisant sa dette à l'égard de Descartes. Une telle thèse fut pendant longtemps reprise sans discussion par les commentateurs [1]. Sa fortune atteste de l'autorité de

perspective précise d'expliquer en quoi Descartes considère son explication de la contraction musculaire comme relevant de sa propriété intellectuelle.

1. Y compris par Thomas P. Gariepy, dont le travail portait pourtant sur Regius lui-même et non sur Descartes. *Mechanism without Metaphysics : Henricus Regius and the Establishment of Cartesian Medecine*. Il s'agit de sa thèse doctorale, soutenue à Yale, en 1990. Je remercie Erik-Jan Bos de m'en avoir transmis une copie.

l'accusation formulée par Descartes, dans l'histoire des réceptions de ses textes. Elle valide l'importance de l'explicitation, par l'auteur lui-même, de ce qu'il convient de lui attribuer, dans l'identification de ce qu'on doit effectivement considérer comme lui étant propre. Elle propose un élément d'explication important de la persistance, dans le canon, de traits distinctifs de l'autoportrait initial. Outre son caractère invérifiable, en l'état actuel de nos connaissances historiques, cette thèse présente cependant une limite importante. Car elle ne nous permet pas, en tout cas pas seule, de comprendre en quoi cet « emprunt » serait plus choquant, pour Descartes, que toutes les autres proximités entre les explications mécaniques des deux hommes et que Descartes ne dénonce pas, ou auxquelles il n'associe pas l'explication de la contraction musculaire.

On peut alors tenter d'éclairer la divergence sur le strict terrain des règles des mécaniques. Regius se serait, ici aussi, montré trop pressé dans ses explications. Il aurait du même coup manqué l'objectif principal de persuader son lectorat de la vérité de la physiologie nouvelle. Ou bien il aurait, comme par le passé à propos de la respiration, présenté l'explication du mouvement musculaire dans un mauvais ordre : soit trop tôt, soit trop tard, par rapport à la description des autres fonctions, ou bien d'autres causes de ces fonctions dans le corps. Si cette seconde interprétation n'est pas impossible, il reste qu'elle n'est pas explicitement produite par Descartes. La question du mauvais « ordre » suivi par Regius est, en revanche, directement reliée au rapport de fondation caractérisant les relations entre la métaphysique et la physique nouvelles. L'enjeu devient alors de comprendre en quoi une explication mécanique conforme à celle de Descartes peut cependant être

« répugnante » à ce que ce dernier considère comme lui appartenant en propre.

Il semble qu'il y ait là encore deux façons, complémentaires l'une de l'autre, de répondre.

La première consiste à souligner qu'en l'absence d'une théorie de la distinction réelle de l'âme et du corps, l'âme risque de se voir reléguer au rang de simple effet particulier du fonctionnement autonome de ce corps. La connaissance de l'âme risque de n'apparaître, dans l'ordre d'exposition de l'intégralité de la philosophie en question, que dans un second temps. Et les pensées humaines risquent de ne plus jouir d'aucun statut exceptionnel par rapport aux phénomènes naturels. Or c'est exactement ce qui se produit dans les *Fundamenta physices*, où les connaissances particularisant l'homme, par rapport aux autres animaux, se situent dans le dernier livre (le cinquième), donc dans la continuité et non en rupture avec les développements sur l'animal [1].

La seconde façon de répondre consiste à spécifier encore cette interprétation, en revenant au contexte de sa formulation dans la *Physiologia* : une discussion sur la volonté. Il s'agit alors de souligner que si la contraction musculaire peut se produire de manière a-volontaire (par exemple lorsque la réflexion de l'image du loup dans les yeux de la brebis fait fuir cette dernière) ou in-volontaire (dans le cas de la convulsion humaine, par exemple), elle ne devient pleinement humaine que lorsqu'elle est initiée par une volonté susceptible de déclencher, dans le corps

---

1. C'est précisément pour éviter une telle déduction, à partir du texte de *L'Homme*, que Florent Schuyl (1619-1669) choisit de consacrer la plus grande partie de sa préface, en 1662, à la critique de l'hypothèse de l'âme des bêtes.

auquel elle est jointe et lorsque celui-ci est bien disposé, un mouvement se singularisant par son principe causal immatériel. La bonne explication de la contraction musculaire, autrement dit, est tributaire d'une théorisation du caractère inorganique de la volonté. Or cette théorisation est clairement absente chez Regius. Qu'il ait ou non manqué les valvules signifie alors que dans son inspiration, l'explication régulière qu'il propose de ce mouvement est aussi contraire aux règles des mécaniques que l'explication du mouvement involontaire dans la convulsion.

À partir de là, on peut proposer une interprétation plus complète et à ce titre, peut-être plus satisfaisante, du courroux cartésien. Elle tient en trois points. 1) En toute rigueur, Regius n'a pas manqué l'explication mécanique du mouvement des muscles. Et s'il l'a plagiée, c'est au même titre qu'un élève peut plagier un maître : en réinvestissant une somme de connaissances qui, précisément parce qu'elles peuvent être partagées, n'appartiennent à personne en particulier. 2) Ce qu'il a en revanche manqué, mais à dessein et non par inadvertance ou incapacité, c'est la fondation métaphysique de cette belle pièce de physiologie, à savoir son caractère de paradigme pour rendre raison d'un mouvement spécifiquement humain. De ce point de vue, l'explication de Regius répugne aux règles des mécaniques au sens où elle dissout toute frontière entre les mouvements volontaires et les mouvements involontaires [1].

---

1. C'est une façon d'interpréter la fin du passage consacré à l'explication du « mouvement arbitraire » dans la troisième thèse de la *Physiologie* (point 11, chapitre « De la volonté ») : « (…) chaque paire de muscles, dans ce lieu d'où ils tirent leur origine, sont voisines, et ont un nerf commun et une valve. C'est pourquoi, dans les mouvements singuliers alternés, les esprits animaux déterminés de différentes façons par l'âme ou par quelque autre cause, passent d'un muscle à l'autre ».

Sa pertinence physique doit s'apprécier de la même manière qu'on apprécierait une théorie généralisant à tout mouvement, volontaire y compris, le mode de fonctionnement « contre la règle ordinaire » du mouvement convulsif : elle est tout aussi fausse que si elle manquait véritablement le rôle des valvules. 3) Ce qu'il y aurait de propre à Descartes dans l'explication et ce pour quoi il entrerait en résistance ouverte et publique ne concernerait donc pas au premier chef la « belle pièce du mouvement des muscles », telle qu'elle est envisagée dans *L'Homme*, indépendamment des effets qu'une âme rationnelle serait susceptible de produire dans ce corps. Elle concerne cette belle pièce envisagée dans la continuité des *Méditations métaphysiques* qui la rendent possible et endiguent toute tentation, à partir de *L'Homme* seul, de déduire l'âme de cette machine. Elle est à relier à la célèbre reconstruction, par Descartes, du projet de *L'Homme*, dans la cinquième partie du *Discours de la méthode*, et à la place exceptionnelle que Descartes y accorde, en creux, au pilote en son navire aux commandes des mouvements des membres de ce corps :

> J'avais décrit, après cela, l'âme raisonnable, et fait voir qu'elle ne peut aucunement être tirée de la puissance de la matière, ainsi que les autres choses dont j'avais parlé, mais qu'elle doit expressément être créée ; et comment *il ne suffit pas* qu'elle soit logée dans le corps humain, ainsi qu'un pilote en son navire, *sinon peut-être pour mouvoir ses membres*, mais qu'il est besoin qu'elle soit jointe et unie plus étroitement avec lui, pour avoir, outre cela, des sentiments et des appétits semblables aux nôtres, et ainsi composer un vrai homme [1].

1. AT VI, 59.

Un nouveau rebondissement : celui du « Placard » et de sa Réponse, à l'articulation des années 1647 et 1648, vient conforter cette interprétation. C'est la troisième et dernière phase de l'autoportrait [1].

---

1. On pourrait en ajouter une autre, plus officieuse : la phase des passions. Elle consisterait à étudier l'interaction entre le traité des *Passions de l'âme* (1649) et la place que Descartes y octroie à la volonté « absolument parlant », d'une part, et le *Traité des affections de l'âme* (1650) de Regius où cette place est contestée, d'autre part. J'ai ébauché ce travail dans « La question des passions chez Regius et Descartes. Premiers éléments d'interprétation », *Azimuth*, Storia e Letteratura, « The Domain of the Human. Anthropological Frontiers in Modern and Contemporary Thought » ; « Il dominio dell'umano. Frontiere antropologiche tra moderno e contemporaneo », S. Guidi (dir.), 2013, p. 13-32. Sur ce point, *cf.* aussi T. Verbeek, « Regius and Descartes on the Passions », in *Descartes and Cartesianism : Essays in Honour of Desmond Clarke*, S. Gaukroger, C. Wilson (eds.), Oxford, Oxford University Press, 2017, p. 164-176.

CHAPITRE III

RÉPLIQUER

La troisième phase, décisive, d'incubation du canon, est la controverse des *Notae in Programma quoddam*. De quoi s'agit-il ?

Après le désaveu officiel de Regius dans la Lettre-Préface aux *Principes de la philosophie*, un « Placard » est affiché dans les lieux publics aux Pays Bas. Il comprend une liste de thèses officialisant la rupture d'une philosophie présentée comme nouvelle, avec l'explication cartésienne de l'esprit humain. Ce « Placard » dissocie donc ce que le nom de Descartes est publiquement devenu, après la publication des *Méditations*, de cette philosophie nouvelle. Descartes ne semble en avoir vu qu'une version anonyme. Dans la lettre où il sollicite le jugement de *** concernant la réponse qu'il compte apporter à ce placard, (lettre à Monsieur *** -lettre 99, Clerselier I p. 535-536), Descartes souligne que, bien que l'auteur « ait supprimé son nom », il ne doute point que *** le reconnaisse « par le style », ou même qu'il l'apprenne « du bruit commun », ainsi qu'il l'a appris et a reconnu lui-même l'auteur de ce placard. Mais il ne donne pas directement l'identité de celui qui a « tâché de se mettre à couvert » dans cet écrit. Dans la lettre à Elisabeth du 31 janvier 1648 en revanche, il est beaucoup plus direct. Il lève ainsi deux anonymats :

J'envoie avec cette lettre un livret de peu d'importance (il s'agit des *Notae*), et je ne l'enferme pas en même paquet, à cause qu'il ne vaut pas le port ; ce sont les insultes de M. Regius qui m'ont contraint de l'écrire, et il a été plutôt imprimé que je ne l'ai su ; même on y a joint des vers et une préface que je désapprouve, quoique les vers soient de M. Heydanus, mais qui n'a osé y mettre son nom, comme aussi ne le devait-il pas [1].

Le début de sa réponse : « Commentaires de René Descartes. Sur une certaine affiche éditée aux Pays-Bas à la fin de l'année 1647 avec ce titre : *Explication de l'esprit humain, c'est-à-dire de l'âme rationnelle, où il est expliqué ce qu'il est et aussi ce qu'il peut être* », adopte une stratégie plus proche de celle de la première lettre. Descartes évoque l'édition séparée comprenant le nom de l'auteur. Et toute l'argumentation qui suit, sans toutefois le nommer directement, fait sans ambiguïté entendre qu'il s'agit de Regius. Avant même d'envisager le contenu de la dispute, le point important est ainsi le suivant : c'est la version anonymisée qui pousse Descartes à répliquer publiquement, parce que la proximité qui s'est installée dans tous les esprits, entre l'auteur supposé de ce placard et Descartes lui-même, risque encore de faire imputer à ce dernier les thèses du premier [2]. Là où une attaque « ouverte et directe », sous le nom de Regius, afficherait la « malhonnêteté » et la « calomnie » si caractéristiques du « style » de son

---

1. AT V, 114.
2. C'est ce que Descartes, se référant aux *Fundamenta Physices* de Regius dans sa lettre à Elisabeth du 10 mai 1647, appelle « ce qui (l)e regarde » (AT V, 18), en réponse à la tournure utilisée par Elisabeth dans sa lettre du 11 avril 1647 (AT IV, 630) : « J'ai eu plus d'envie de voir le livre de Regius, pour ce que je sais qu'il a mis du vôtre, que pour ce qui y est du sien ».

auteur, donc suffirait à en ternir complètement la « réputation », la publication « cachée et oblique » risque de masquer la calomnie elle-même et d'entraîner dans sa chute le nom de Descartes. Il faut donc de *nouveau* entrer en lice. Et de ce point de vue, ne pas nommer Regius est aussi une manière de le détacher de soi :

> Quant à l'autre libelle, il me touche plus : en effet, bien qu'il n'y ait en lui rien qui me soit ouvertement consacré, et qu'il paraisse sans nom d'auteur ou d'éditeur ; comme il contient pourtant des opinions que je juge pernicieuses et fausses, et qu'il a été édité sous forme d'affiche qui peut être placardée sur la porte des temples et imposée à la lecture de tous, et comme on dit qu'il a déjà auparavant été imprimé sous une autre forme avec l'ajout du nom de quelqu'un se présentant comme son auteur et dont de nombreuses personnes pensent qu'il n'enseigne pas d'autres choses que mes propres opinions ; je suis contraint de mettre au jour ses erreurs, de peur qu'elles puissent m'être imputées par ceux qui, n'ayant pas lu mes écrits, rencontreront par hasard ces affiches sur leur chemin (Moreau, p. 192).

L'affaire n'en reste pas là. Regius répond avec Pierre Wassenaer dans la *Brève explication de l'esprit humain, c'est-à-dire l'âme rationnelle : Réponse aux Notes de Descartes*, publiée à Utrecht en 1648 [1]. Après la mort de Descartes, il reprend en outre les thèses du « Placard » et développe ses réponses dans la *Philosophia naturalis* (1654), version augmentée et corrigée des *Fundamenta Physices* (1646). Ce qui constituait le dernier chapitre « De l'homme », des *Fundamenta Physices*, y devient le livre V,

---

1. *Brevis explicatio mentis humanae, sive Animae rationis... a nobii Cartesii vindicata*, Utrecht, Theodori ab Acckersdijck & Gisberti à Zyll, 1648.

composé de 12 chapitres, exposant notamment une critique virulente des idées innées de l'âme et de Dieu[1]. La version de 1661 comporte encore des additions allant dans le même sens. Enfin, Regius réédite la *Brevis explicatio* à Utrecht en 1657[2]. L'étude de la longue préface de cette édition, signée « Carolus Fabricius », fera l'objet du prochain chapitre. L'avis au lecteur, signé quant à lui par Regius, revient de façon très significative sur la question identitaire. Regius y nie être l'auteur de la *Brevis explicatio*, sans toutefois en disqualifier le contenu. Plus encore, il accepte d'en défendre la « valeur » comme s'il en était l'auteur, ou comme s'il en était devenu l'auteur en raison des multiples assignations dont il est l'objet depuis le premier affichage du Placard :

> Il y a quelque temps, une brève explication de l'esprit humain, née du seul désir de rechercher la vérité, fut soumise à un examen public : et certaines Notes l'attaquèrent comme si j'en étais l'auteur, bien qu'elle eût été composée par un autre, et publiée et divulguée à mon insu. C'est pourquoi, afin de ne pas donner l'impression de refuser, ni une réponse à l'auteur de ces notes, qui m'a invité à lui en donner une, ni ma petite œuvre quelconque à ce chercheur de vérité, j'ai été amené, comme on l'a suffisamment vu, à défendre la valeur de l'œuvre contre les objections des notes, et à éclaircir cette Brève explication de l'esprit, autrefois objet d'une dispute sur ses corollaires, de l'empreinte d'autres paroles écrites[3].

1. Je développe le premier point dans « Qu'est-ce qu'un cartésien peut vraiment connaître de l'âme ? La réponse du docteur Regius », dans *Chemins du cartésianisme*, A. Del Prete, R. Carbone (dir.), Paris, Classiques Garnier, 2017, p. 109-126.
2. *Brevis explicatio mentis humanae*, 2e éd. Utrecht, Theodori ab Acckersdijck & Gisberti à Zyll, 1657.
3. Dans son « Épître Alexitère », Pierre Wassenaer affirme avoir composé le texte du Placard à l'insu de son professeur. Mais comme la

L'ensemble de ce dossier nous intéresse donc ici pour une raison très précise : il donne à voir le seul affrontement public direct entre Descartes et Regius, au nom de ce que chacun d'eux considère comme désignant la véritable interprétation de la philosophie nouvelle. Mon objectif n'est en rien d'en produire une explication détaillée. Il s'agit plutôt de sélectionner, de part et d'autre et quoi qu'il en soit de la véritable identité de l'auteur du placard, les principales caractéristiques de ce que chacun souhaite, à partir de l'affichage public de ce placard, qu'on relie à son nom, pour porter l'étendard de cette philosophie. Si cet épisode est décisif dans la fabrique du canon, c'est parce qu'il officialise deux radicalisations symétriques au nom de la même cause. Nous désignerons la première comme la radicalisation dualiste de Descartes et la seconde, comme la radicalisation empiriste de Regius.

LA RADICALISATION DUALISTE DE DESCARTES

À deux reprises dans les *Notae in Programma*, Descartes revendique la thèse principale qu'il souhaite qu'on lui impute. Dès le commentaire du deuxième article, il soutient ainsi :

> (…) je suis en effet le premier à avoir considéré la pensée en tant qu'attribut principal de la substance incorporelle et l'étendue en tant qu'attribut principal de la substance corporelle (Moreau, p. 198).

Et il renchérit à propos de l'article 3, en citant les *Réponses aux secondes objections* :

---

réponse de Descartes s'est « déchaînée » contre Regius, Regius a accepté de répondre, à la place de Wassenaer. La forme emboîtée de l'auctorialité, que nous avons déjà rencontrée, prend donc ici une forme inédite.

> Je suis en effet celui qui a écrit : « l'esprit humain peut
> être clairement et distinctement perçu comme une substance
> différente de la substance corporelle » (Moreau, p. 201).

Car c'est sur ce point essentiel que l'auteur du Placard
affirme que Descartes se trompe. Le mouvement de
radicalisation de Descartes, dans sa réponse, consiste ainsi,
d'une part, à durcir l'opposition de celui que chacun
reconnaît comme étant Regius, à la thèse de la distinction
substantielle et, d'autre part, à expliciter, de manière encore
plus directe qu'auparavant, sa propre théorie de la
distinction. Alors que le renvoi à la sixième Méditation,
pour défendre la thèse de l'union véritable et non accidentelle
de l'âme au corps face aux théologiens d'Utrecht, insistait
sur les pensées non « pures » de l'âme [1], donc sur la
différence entre un « vrai homme » et un ange, il s'agit
cette fois de se concentrer sur ces pensées « pures ». Il faut
montrer en quoi un interlocuteur réduisant, au moins
potentiellement, les pensées aux pensées organiques, est
à reléguer du côté de l'altérité radicale, donc de l'erreur.

Le premier moment de ce processus consiste à carica-
turer la position de Regius de telle manière qu'on ne puisse
plus douter que Regius se rallie à la thèse de l'organicité
de l'esprit, ou à ce que nous désignerions aujourd'hui
comme un monisme matérialiste. Les points de vue de la
distinction substantielle et de l'union véritable de l'âme
au corps ne sauraient chez lui être considérés comme
complémentaires pour envisager « le vrai homme ». Ils
doivent résolument apparaître comme contradictoires. Le
commentaire de l'article 6 est à ce titre très éclairant.
Regius (ou son prête-nom) y soutient en effet que :

---

1. *Cf.* notamment la lettre de janvier 1642, GRL, p. 75.

> Bien qu'il soit une substance réellement distincte du corps,
> l'esprit humain est pourtant organique dans toutes ses
> actions, aussi longtemps qu'il est dans le corps. Et c'est
> pourquoi, en fonction de la disposition variée du corps,
> les pensées de l'esprit sont variées. (Moreau, p. 194).

Selon Descartes, la formulation de cette thèse revient, « certes pas exactement en ces termes, mais sur le fond », à soutenir que « *l'esprit n'est rien d'autre qu'un mode du corps*, en affûtant le tranchant de tous ses arguments pour prouver cette seule (idée) » [1]. La première réduction est donc celle de l'esprit à l'âme, comprise comme esprit uni au corps. En montrant que l'esprit du véritable homme *n'est rien d'autre que* cette âme, Descartes ferme toute possibilité que Regius considère justement l'esprit pour ce qu'il est, c'est-à-dire rationnel et inorganique [2]. Cette réduction rejaillit du même coup sur la première formulation de cet article 3 : « Bien qu'il soit une substance *réellement distincte* du corps ». Cette formulation est en effet reprise à Descartes lui-même. Mais depuis les lettres de l'été 1645, Regius affirme en assurer la validité par un recours à la révélation [3]. Une défense consistant à administrer, derechef, la preuve rationnelle de cette distinction, s'avèrerait donc ici inopérante. Elle risquerait en outre de revivifier les accusations de témérité, de scepticisme et d'athéisme, proférées dans la querelle d'Utrecht et auxquelles Regius pensait justement se soustraire, par le recours à la révélation. La seule manière, pour Descartes, de disqualifier

---

1. Moreau, p. 203.
2. *Cf.* la formulation de l'analyse des « six articles restants » où il n'est « rien qui soit digne d'être remarqué » et dont on peut conclure que Regius « n'admet aucune intellection pure, c'est-à-dire une intellection qui ne s'applique à aucune image corporelle » (Moreau, p. 208).
3. Regius à Descartes, 23 juillet 1645, GRL, p. 136.

la distinction substantielle, dans le discours de Regius, est donc de la faire basculer du côté de l'ironie, en interprétant la relation entre le début et la suite de l'article 3 comme un « entremêlement » incompréhensible d'éléments contraires :

> Ces deux (idées) sont si manifestement contraires que je n'ose penser que notre auteur veuille que les lecteurs les croient l'une et l'autre en même temps, mais qu'il les a délibérément entremêlées de façon à satisfaire en quelque façon les plus simples, et aussi ses théologiens, par l'autorité de l'Écriture sainte ; mais (également) de façon à ce qu'en même temps les plus perspicaces reconnaissent que lorsqu'il dit que l'esprit est distinct du corps, il use d'ironie, et qu'il admet en tout l'opinion que l'esprit n'est rien qu'un mode (Moreau, p. 203).

Il faut souligner que l'argumentation de Descartes ne peut fonctionner qu'à une seule condition : l'identification du renvoi, hors de la raison naturelle, de la preuve de cette distinction, à un échec *philosophique*. Car dans ses premières lettres de mai et juin 1643 à Elisabeth, Descartes avait bien pris acte de ce que penser « ensemble » l'union et la distinction de l'âme et du corps se « contrari(ait) » [1]. Mais cela ne disqualifiait en rien les évidences respectives de la *certissima et evidentissima experientia* de cette union, d'une part, et de la preuve rationnelle de leur distinction, d'autre part. Renvoyer hors du domaine de ce que l'esprit humain est susceptible de connaître, par l'expérience ou par la raison, la preuve de ce qui est en question, revient donc, pour un empiriste comme Regius, soit à être en tous points inconséquent, soit à se moquer du monde.

L'ironie, qui consiste à affirmer ce que l'on ne pense pas, peut ainsi aisément être démasquée comme inconsé-

1. AT III, 693.

quence. Mais elle est surtout l'envers de la calomnie, qui prête à autrui ce qu'il n'a pas dit, ou pas ainsi, dans l'objectif symétrique de le discréditer. Ce retour sur la calmonie est un autre moment fort de la fin des *Notae*. Car contrairement à ce qui se produisait avec Voetius dans la querelle d'Utrecht, il ne s'agit plus seulement, pour Descartes, de dénoncer les thèses qu'on lui prête mais qu'il n'a jamais soutenues. Il s'agit surtout de nier qu'on puisse lui imputer comme désignant sa position définitive ce qu'il n'a dit que temporairement, dans le cadre d'une argumentation plus complexe devant être restituée dans son ensemble et dans son « style ». L'examen des conditions dans lesquelles des énoncés vrais mais contraires peuvent être conciliés dans une philosophie intègre est ainsi complété par le rappel de la nécessaire réinsertion des arguments dans l'ordre philosophique qui leur correspond.

C'est tout le sens de la curieuse notion d'« athée temporaire », mobilisée par Descartes. Il s'agit de comprendre comment on peut être athée à un moment donné (au début de la lecture des *Méditations* par exemple), puis ne plus l'être du tout (après l'administration de la preuve de l'existence de Dieu) et donc, en un sens, en ne l'ayant jamais vraiment été. Comment ce qui est présenté comme une étape dans la biographie de tout esprit cheminant vers le vrai peut-il devenir, même après-coup, son autre absolu ? Et que faire de tous ceux qui ne sont pas persuadés par les preuves administrées et qui donc restent des athées ? Ce qui est en jeu, dans le retour à l'ordre des raisons, est ainsi, derechef, l'ordre de l'arbre philosophique lui-même. S'y arrête-t-on à l'expérience phénoménale, en autonomisant le tronc de ses racines ? Ou cette expérience elle-même doit-elle être métaphysiquement fondée ?

Descartes avait déjà répondu à une argumentation similaire provenant de Pierre Gassendi (1592-1655). Il avait alors dû expliquer que l'âme du début des *Méditations*, qui se prend pour un air, un souffle ou un vent et ne se conçoit visiblement pas du tout comme distincte du corps auquel elle est jointe, n'était pas tant un moment du cheminement de tout esprit vers la compréhension de cette distinction substantielle, que son autre, mis opportunément en scène à des fins persuasives. S'agissant de l'idée de Dieu, la notion d'«athée temporaire» lui permet ici de présenter comme une véritable mutilation l'opération consistant à réduire sa position philosophique définitive au moment seulement provisoire où il réinvestit des arguments sceptiques pour mieux les réfuter ensuite :

> (…) je n'ai aussi jamais enseigné *qu'il faut nier Dieu, ou qu'il peut nous tromper, ou qu'il faut douter de tout, ou abandonner toute confiance dans les sens, ou qu'il ne faut pas distinguer le sommeil de la veille*, ou des choses semblables, qui me sont parfois calomnieusement objectées par des ignorants ; mais toutes ces thèses, je les ai expressément rejetées par des arguments très forts, et même, oserais-je ajouter, je les ai refutées par des arguments plus forts que ceux de quiconque les a réfutés avant moi. C'est pour le montrer de façon plus commode et efficace que j'ai présenté, au commencement de mes *Méditations*, comme douteuses toutes ces thèses, que je ne suis pas le premier à avoir inventées, mais dont les sceptiques nous ont récemment encore rebattu les oreilles. Mais quoi de plus injuste que d'attribuer à un auteur les opinions qu'il propose seulement avec le but de les réfuter ? Quoi de plus inepte que de feindre que, durant ce moment au moins où ces fausses opinions sont proposées et pas encore réfutées, il les enseigne ; et qu'il est donc, lui qui rapporte les arguments des athées, un athée temporaire ? Quoi de plus puéril que de dire que s'il meurt entre-temps avant d'avoir écrit ou trouvé la démonstration qu'il espère, il

sera mort en athée et qu'il a enseigné par avance une doctrine pernicieuse – *alors qu'il ne faut pas faire de mal pour faire advenir du bien*, etc. ? Quelqu'un dira peut-être que je n'ai pas rapporté ces fausses opinions comme celles d'autrui mais comme miennes. Mais qu'importe cela ? puisque dans le même livre où je les ai rapportées, je les ai toutes réfutées ; et que par le titre même du livre on peut comprendre que j'étais bien loin de les croire, dans la mesure où ce titre promet *des démonstrations sur l'existence de Dieu*. Et y a-t-il quelqu'un de si stupide pour estimer que celui qui compose un tel livre ignore, quand il en rédige les premières pages, ce qu'il a entrepris de démontrer dans les suivantes ? Et j'ai proposé des objections comme miennes, parce que l'exigeait le style des méditations, que j'ai jugé très approprié pour expliquer les raisonnements (Moreau, p. 211. Les italiques sont de Descartes).

L'amère leçon de la calomnie, dans les *Notae*, est donc que l'intégrité d'une philosophie peut être mutilée de deux manières. D'une part, on peut priver cette philosophie de son potentiel rationaliste, en reléguant dans son en-dehors : la révélation, la certitude de ce qu'elle prétend prouver et qui est alors réduit à une connaissance phénoménale. Le domaine de la philosophie, amputé de la métaphysique, se circonscrit alors à celui de la philosophie naturelle, où la connaissance de l'âme humaine ne se spécifie plus par la nature exceptionnelle de son objet. L'étude de l'âme peut intervenir dans le simple prolongement de celle des corps naturels et des corps organisés. D'autre part, on peut isoler et recomposer certains de ses arguments, alors qu'ils ne prennent leur sens que dans une argumentation complète. Au processus de sélection s'ajoute alors une opération de hiérarchisation, ici identifiable à un retournement : un arbre à l'envers, racines à l'air libre.

Dans l'âpreté du combat, les mutilations se répondent les unes aux autres. Il faut, au moins autant, composer avec les arguments qui nous sont attribués, de quelque nature qu'ils soient [1], que revenir sur ce qu'on a déjà écrit, afin de montrer en quoi sa propre position est plus intègre ou plus complète que ce qui en est dit et qui risque d'être cru.

C'est le sens de la dernière radicalisation qui nous intéresse dans le texte des *Notae* : celle de l'extension de l'innéisme à toutes les idées de l'âme. Elle est formulée à l'article 13 : « Il n'y a rien dans nos idées, qui ne soit inné à l'esprit, c'est-à-dire à la faculté de penser » [2]. Cette formulation répond au scepticisme identifié par Descartes, chez Regius, lorsque ce dernier abolit tout critère de démarcation entre les idées issues des sens (les idées adventices), les idées de l'imagination (les idées factices) et les idées de l'entendement (les idées innées). À la réduction, par Regius, des idées innées à des produits des sens ou de l'imagination (ce qui revient à les nier), Descartes

---

1. À propos de deux nouveaux libelles qu'on lui apporte au moment où il rédige les *Notae* et dans lesquels des « novateurs » compilent indûment ses propres arguments, Descartes conclut ainsi : « Toutes (ces choses), je pourrais certes supposer qu'elles n'ont pas été écrites contre moi, puisque mon nom ne figure pas dans ces libelles et que parmi les opinions qui y sont attaquées, il n'y en a aucune que je n'estime complètement absurde et fausse. Toutefois, puisque ces opinions ne diffèrent pas de celles qui m'ont déjà été imputées de façon calomnieuse par certaines personnes de la même robe, du même ordre et qu'ils ne reconnaissent personne d'autre à qui elles puissent être attribuées ; et aussi parce que nombreux sont ceux qui ne doutent pas que je sois celui contre qui ces libelles ont été rédigés ; en cette occasion, j'instruirai ainsi leur auteur » (Moreau, p. 210).

2. Moreau, p. 205.

répond par une intégration de toutes les idées dans l'ensemble « idées innées ». Le point le plus significatif est que Descartes ramène Regius à lui, sinon dans la lettre, du moins dans l'esprit. À propos de la preuve de la distinction substantielle, il avait expliqué en quoi un Regius bien compris pensait *en réalité* tout autre chose que ce qu'il écrivait, donc était dans l'erreur. Ici, il cherche, au contraire et sur le point central de leur différend, à montrer en quoi Regius pense *en réalité* la même chose que lui. Comment expliquer un tel paradoxe ?

La réponse réside dans l'interprétation de la comparaison de l'article 12, entre cette faculté ou puissance innée et la disposition corporelle héréditaire à certaines maladies :

> Dans *l'article douze*, il ne semble pas être en désaccord avec moi, sinon dans les termes. En effet, lorsqu'il dit que *l'esprit n'a pas besoin d'idées, ou de notions, ou d'axiomes innés*, et qu'il lui concède en même temps la faculté de penser (donc une faculté naturelle, c'est-à-dire innée), il affirme exactement la même chose que moi, mais il la nie verbalement. En effet, je n'ai jamais écrit ni jugé que l'esprit a besoin d'idées innées, qui soient quelque chose de différent de sa faculté de penser ; mais remarquant qu'il y avait en moi certaines pensées qui ne procédaient ni des objets extérieurs ni de la détermination de ma volonté, mais de la seule faculté de penser qui est en moi, pour distinguer les idées, c'est-à-dire les notions, qui sont les formes de ces pensées de celles qui sont *adventices* ou *factices*, je les ai appelées *innées*. C'est dans le même sens que nous disons que la générosité est innée à certaines familles, et certaines maladies innées à d'autres, comme la goutte ou les calculs rénaux : ce n'est pas que les enfants de ces familles soient affligés de ces maladies dans le ventre maternel, mais qu'ils naissent avec une certaine disposition, c'est-à-dire faculté, à les contracter (Moreau, p. 205. Les italiques sont de Descartes).

Le moyen terme entre le terme principal et les termes dérivés de la comparaison : le fœtus dans le ventre de la mère, en constitue le pivot. Car Regius s'était appuyé sur l'argument topique de l'absence d'actualisation de l'idée de Dieu, par le fœtus, pour disqualifier l'innéisme de Descartes dans son ensemble. La réponse de Descartes consiste à homogénéiser l'innéisme, compris comme faculté ou puissance de « contracter », ici, l'idée de Dieu, et la notion de « disposition » corporelle à « contracter » [1] telle ou telle maladie héréditaire. Il nous fait ainsi passer d'un innéisme compris comme l'ensemble des idées nées *en* nous, à un innéisme entendu comme ensemble des idées nées *avec* nous. Si Regius peut sur ce point être ramené à Descartes, c'est pour deux raisons essentielles. D'une part, la notion de disposition, comme celle de faculté ou de puissance, n'implique en rien que ce à quoi le corps est disposé s'actualise nécessairement ensuite. L'expérience montre aussi bien des enfants de goutteux qui ne le deviennent pas eux-mêmes, que des athées qui ont tout l'air de le rester. D'autre part, chacun s'accorde à reconnaître le rôle des circonstances, des rencontres de la vie, de la tradition, etc., dans le processus d'actualisation de telles dispositions. Dans le cas du corps, on peut penser au fait d'avoir deux parents goutteux plutôt qu'un seul, à la nature du régime alimentaire suivi, ou bien encore, au climat du pays dans lequel on réside. Pour les idées innées, on pourrait imaginer que trouver les *Méditations* chez un libraire une fois qu'on a atteint l'âge de raison, puis les lire, plusieurs

---

1. À ce propos et en réinvestissant une expression de Noam Chomsky, Valentine Reynaud parle opportunément d'« innéisme dispositionnel ». Sur la signification et les problèmes posés par une telle expression, *cf. Les idées innées de Descartes à Chomsky*, Paris, Classiques Garnier, en particulier p. 40-41 et p. 181-198.

fois, en décidant de refaire pour soi-même le chemin qu'elles indiquent, pourrait nous faire passer du statut d'athée provisoire, que nous étions dans le ventre de nos mères et que nous continuions d'être, par ignorance ou par entêtement, à celui d'athée révolu, ne l'ayant donc jamais vraiment été. De ce point de vue, Regius serait ainsi comme Descartes, au sens précis où il se serait arrêté en chemin dans son propre parcours. Il serait un « cartésien provisoire » ou un fœtus cartésien, n'ayant pas actualisé ce qui constitue pourtant, du point de vue de ses propres critères, une donnée empirique. Il y a peut-être autant d'athées que de fœtus actualisant des dispositions héréditaires à des maladies. Mais il existe aussi des hommes qui, une fois adultes, actualisent en eux l'idée de Dieu et des enfants de goutteux qui, le reste de leur vie, marchent droit.

Le critère philosophique de démarcation entre les deux hommes se précise ainsi comme *l'identification de ce qui est actif dans ce processus d'actualisation d'une disposition naturelle ou d'une faculté innée.*

Dans le texte des *Notae* et à propos des articles 13 et 14, le critère de l'« expérience », compris comme ce qui viendrait à l'esprit depuis son « extérieur », est à la fois clairement reconnu et ramené à sa fonction de « cause éloignée » et non « prochaine ou effectrice » de nos idées. L'observation, la tradition, etc., ne sont que des « circonstances » qui « donnent occasion » à l'esprit de former, « par sa propre faculté innée, ces idées à ce moment-là plutôt qu'à un autre ». Regius a ainsi parfaitement raison d'affirmer, à l'article 19 et en suivant les principes exposés par Descartes dans le quatrième Discours de la *Dioptrique*, que

> (…) de fait rien qui vienne des objets extérieurs ne s'ajoute à notre esprit par les organes des sens, sinon certains mouvements corporels (…). D'où il suit que les idées

mêmes des mouvements et des figures nous sont innées. Et, à plus forte raison, les idées de la douleur, des couleurs, des sons, etc, doivent être innées, de façon à ce que notre esprit puisse, à l'occasion de certains mouvements corporels, se les représenter (Moreau, p. 205-206).

Mais ce que Regius a manqué, c'est l'autonomie de l'esprit dans ce processus, ou l'importance de la tournure pronominale : « se les représenter ». Il a manqué ce que l'esprit est seul capable d'actualiser, par lui-même, en tant que puissance causale indépendante du corps auquel il est joint. De même qu'on ne peut rendre la précipitation du jugement intégralement dépendante du tempérament du corps[1], on ne peut s'appuyer sur l'existence empirique d'athées ou sur l'absence d'actualisation de l'idée de Dieu chez les jeunes enfants, pour en déduire l'origine empirique et donc contingente de l'idée de Dieu elle-même. Cette actualisation dépend d'une forme d'activité et d'acquiescement de l'esprit, qui ne saurait se résoudre dans des déterminations extérieures : elle dépend de la liberté. La véritable générosité, ainsi, n'est pas propre à certaines familles de sang bleu. Elle désigne une puissance ou une faculté, propre à tout homme, de s'estimer pour la seule chose qui lui donne une juste raison de s'estimer, à savoir, le droit usage de son libre-arbitre[2]. Restituée à son sens cartésien, la comparaison de l'article 12 rétablit ainsi une continuité parfaite, en tout homme, entre le fœtus et l'homme généreux. Chacun d'eux est une puissance ou une faculté causale que les circonstances ou rencontres extérieures peuvent

---

1. Une telle imputation « ôte la liberté et l'étendue de notre volonté, qui peut corriger une telle précipitation » (à Regius du 24 mai 1640, GRL, p. 25).

2. *Passions de l'âme*, article 152, AT XI, 445.

disposer dans une direction ou une autre, mais à laquelle il reste toujours libre, absolument parlant, de consentir ou de ne pas consentir.

Les enseignements du texte des *Notae*, du côté de Descartes, sont donc pour nous de quatre ordres. Premièrement, Regius y est présenté comme ayant mutilé les arguments de Descartes. Il a pris la partie pour le tout ou un moment pour résultat. C'est ce qui explique qu'il puisse à la fois penser comme Descartes, sans le savoir (sur la question des « dispositions » de l'homme notamment) et être finalement contre lui, puisqu'il vide la distinction substantielle de son contenu rationnel. Deuxièmement, ce qui manque à sa démarche pour être intégralement cartésienne, ou ce qui a été sacrifié par Regius, c'est la métaphysique, comprise comme le domaine de ce que l'esprit humain est susceptible de connaître, par lui-même, des natures de l'âme et de Dieu. Troisièmement, ce qui précise la démarcation entre la philosophie conçue comme un arbre à tronc physique enraciné dans cette métaphysique, et la philosophie de Regius présentée par Descartes, est le rôle que chacun confère à la révélation. Dans l'argumentation de Descartes, le report, du côté de cette révélation, de ce que lui désigne comme les vérités métaphysiques, est la porte ouverte au scepticisme, dans ses deux dimensions matérialiste et athée. Enfin, l'ensemble de ces défauts se traduit, chez Regius, par une conception passive de l'esprit humain, que l'extension de l'innéisme à toutes les idées a pour fonction de rectifier. La capacité de l'esprit à être un centre d'initiative est niée par le report exclusif de la causalité de nos idées sur les circonstances de tous ordres. L'empirisme est ainsi le règne de la dépendance de l'esprit envers de multiples « dispositions » qu'il a pourtant toujours, absolument parlant, la puissance d'actualiser ou de refuser.

La condamnation finale de Regius concentre tous ces éléments : la distinction entre les « échantillons », copies et coups de « sonde » qui peuvent être « fidèles », et un bon « exposé » qui ne soit pas « corrompu » ; l'importance fondamentale de la « variété » dans cette bonne exposition ; le renvoi ironique, au tempérament du cerveau de Regius (qui se précipite), de la corruption de l'exposé en question ; donc le désaveu de toute filiation et affinité théorique possible entre chacun de ces échantillons, physique comme métaphysique, et ce que l'on est en droit d'identifier comme correspondant au nom de Descartes :

> Je suis contraint d'avouer sur je suis couvert de honte d'avoir autrefois loué cet auteur comme un homme de talent très perspicace et d'avoir écrit quelque part que *selon moi, il n'y avait aucune des opinions qu'il enseignait que je ne voulusse reconnaître comme mienne* [1]. Mais de fait, quand j'écrivais cela, je n'avais encore vu aucun échantillon de ses écrits dans lequel il ne se serait pas comporté en fidèle copiste, sinon en une occasion dans une unique petite expression qui lui avait si mal réussi [2] que j'espérais qu'il n'entreprendrait plus rien de semblable ; et comme je voyais que pour le reste il embrassait avec une grande affection des opinions que j'estimais très variées, j'attribuais cela à son talent et à sa perspicacité. Mais maintenant plusieurs expériences me contraignent à estimer qu'il n'est pas tant habité par l'amour de la vérité que par celui de la nouveauté. Et comme il tient pour vieilli et passé de mode tout ce qu'il a appris d'autrui, rien ne lui semble suffisamment nouveau, sinon ce qu'il a extirpé de son propre cerveau ; et il est à ce point malheureux dans ses inventions que je n'ai jamais relevé aucun mot dans ses écrits (sauf ce qu'il a copié chez les

---

1. Descartes se réfère ici à la lettre à Voetius.
2. Il s'agit de l'homme comme être « par accident ».

autres) dans lequel je n'aie jugé qu'il se trouvait quelque erreur : je dois avertir tous ceux qui se sont persuadés qu'il défendait mes opinions qu'il n'y en a aucune, non seulement en Métaphysique, où il s'oppose ouvertement à moi, mais aussi en Physique, dont il traite en quelque endroit de ses écrits, qu'il n'expose mal et ne corrompe. Si bien que je suis plus indigné qu'un tel Docteur sonde mes travaux, et entreprenne de les interpréter et de les altérer, que de les voir très âprement combattus par quelques autres » (Moreau, p. 209).

Quels sont maintenant les principaux enseignements de la réponse de Regius ?

LA RADICALISATION EMPIRISTE DE REGIUS

Le nerf de l'argumentation de Regius se concentre non sur la thèse de la distinction substantielle en tant que telle, mais sur la possibilité, pour l'esprit humain et « dans l'état actuel des choses », de démontrer clairement et distinctement cette distinction. La question en jeu est donc celle des *limites (extension et bornes) de la connaissance humaine.* Et de ce point de vue,

> (…) ils se trompent, ceux qui assurent que nous concevons clairement et distinctement l'esprit humain comme réellement distinct du corps de façon nécessaire (article 3).

À plusieurs reprises, Regius identifie la précipitation et l'exagération comme les causes de cette erreur. Lorsqu'il affirme que « les choses ne doivent pas être exagérées quand aucune raison ne l'exige » (article 12), il épingle, chez Descartes, un paralogisme entraînant un déficit épisté-mologique. Le paralogisme, exposé dans l'article 2, consiste à confondre la simple différence avec une véritable opposition. Or la différence n'empêche en rien l'« accord »

ou la « concorde », en l'homme, de l'âme et du corps. Là
où la position de Regius s'apparente à une forme d'ouverture
et de prudence, refusant de statuer sur ce qui outrepasse
les limites de notre connaissance, Descartes nie témé-
rairement la possibilité que l'âme puisse, aussi, désigner
un attribut concordant avec l'étendue. Le paralogisme
vient donc ici répondre à l'accusation de mutilation, de la
part de Descartes. Alors que l'hypothèse de Regius laisse
les possibilités ouvertes, celle de Descartes les ferme, sans
gain pour l'explication proprement dite. Pire, elle présente
comme indubitable ce qui ne peut en réalité être soustrait
au doute, en cette vie, sans recours à la révélation. Descartes,
en somme, fait « la pluie et le beau temps des choses les
plus évidentes », au lieu de suspendre son jugement et
d'éviter ainsi l'erreur (article 9). Sa métaphysique reproduit
en cela les défauts que sa physique épinglait pourtant chez
les adeptes des qualités occultes : il rend plus abscons
encore ce qu'il est supposé éclaircir.

L'exagération de Descartes entraîne un déficit épistémologique majeur. À force de travestir l'évidence indubitable
de l'expérience par une évidence rationnelle illusoire, il
se prive, d'une part, de l'« évidence apodictique de la
révélation divine » et, d'autre part, de l'évidence de la
seule certitude qui soit durant la vie humaine : la certitude
« seulement morale, c'est-à-dire probable » (article 9).
La désignation de ce qui « suffit » et de ce dont nous
n'avons « pas besoin » pour expliquer les actions de l'esprit
dans toute leur diversité, reprend, pour les étendre à
la théorie cartésienne des idées innées, les arguments
adressés conjointement par Descartes et Regius à leurs
adversaires aristotéliciens communs, contre les formes
substantielles :

Pour penser, l'esprit *n'a besoin* ni d'idées, ni de notions, ni d'axiomes innés, mais sa faculté innée de penser *lui suffit* pour accomplir ses actions : ce qui est manifeste dans la douleur, les couleurs, les saveurs, et la perception d'autres choses semblables, que nous saisissons à travers l'esprit, doté de sa faculté de penser et affecté par les objets par l'intermédiaire des instruments, à travers les idées, produites dans l'esprit par l'action des objets, bien qu'aucune des idées de l'esprit ne soit innée » (article 12).

Ce point est décisif. Il répond à l'accusation de cartésianisme *provisoire*. Car selon Regius, revenir au point de départ, ou aux premiers combats communs, comme en un sens, au tout début des *Méditations*, revient à extirper la bonne racine du cartésianisme et à en dénoncer les errements ultérieurs. Ce que Descartes présente comme une exigence d'intégrité devient une dommageable inconséquence : celle qui refuse d'appliquer, à l'âme humaine elle-même, les mêmes critères épistémologiques que ceux qui spécifient précisément la philosophie nouvelle contre la multiplication des entités scolastiques. La radicalisation outrancière de Descartes dans la direction de la métaphysique des idées innées, sort du chemin cartésien tel que Regius le comprend et le défend. Afin de retrouver la bonne direction, il convient donc de régresser et de s'arrêter là où Descartes a commencé à errer : aux modalités de la « dépendance si forte » de l'esprit envers le tempérament et la disposition des organes du corps [1], en cette vie, que toute forme de pensée « pure » devient du même coup illusoire.

---

1. *Discours de la méthode*, sixième partie : « L'esprit dépend si fort du tempérament et de la disposition des organes du corps, que, s'il est possible de trouver quelque moyen qui rende communément les hommes plus sages et plus habiles qu'ils n'ont été jusques ici, je crois que c'est dans la médecine qu'on doit le chercher » (AT VI, 61).

Regius propose ainsi d'en rester à une *certissima et evidentissima experientia* n'empêchant par ailleurs en rien la distinction des substances : celle de l'organicité de toutes nos pensées en cette vie. Il réinvestit pour cela la notion clef de disposition, à deux niveaux.

D'une part, les dispositions du corps, et particulièrement du cerveau, rendent raison de la nature et de la variété de nos pensées. C'est parce que les hommes sont pourvus de tempéraments différents, entre eux et à différents moments de leur vie, qu'ils ont des pensées différentes (article 9). On ne saurait ainsi concevoir des pensées « inorganiques », comme Descartes avait incité Regius à le soutenir dans la *Physiologia*. Car sans la « bonne » disposition du corps qui définit en chacun la santé, c'est l'ensemble de nos pensées, sans exception, qui extravague :

> (…) bien que l'esprit humain soit une substance réellement distincte du corps il est cependant, dans toutes ses actions et aussi longtemps qu'il est dans un corps, organique, c'est-à-dire qu'il a besoin, dans les actions qu'il poursuit, d'organes corporels : il utilise le corps, alors que le corps n'utilise pas l'esprit. En effet, dans toutes ses actions, l'esprit a besoin du cerveau, sainement et correctement prédisposé par le sang et les esprits ; l'expérience quotidienne l'enseigne indistinctement chez les enfants, les vieillards, les délirants, les sains d'esprit et les autres : et cela vaut non seulement pour les choses corporelles, mais aussi pour les choses spirituelles et divines (article 6).

Regius mobilise ensuite la notion de « disposition naturelle de l'esprit » ou de « faculté innée de penser » (article 12). Cette notion vise à distinguer les idées qui viennent à l'esprit de l'extérieur, ou par les objets extérieurs, de l'esprit lui-même, conçu comme disposition naturelle à penser. Ainsi, les différentes circonstances, observations ou rencontres de la vie, ne sont pas tant les causes dérivées des idées de l'esprit, que leur cause principale et nécessaire. Affirmer que les idées sont produites par l'esprit, ou que l'esprit est un principe actif (comme dans l'article 1), ne revient donc en rien à affirmer la thèse des idées innées, mais à montrer en quoi l'esprit a la capacité de contracter les idées uniquement lorsque le corps l'y dispose :

> (…) puisqu'on ne découvre jamais dans l'esprit ces idées des choses perçues, sauf si elles ont été produites auparavant dans l'esprit par des objets extérieurs à ce dernier, il est clair que ces idées, qu'elles soient semblables ou dissemblables à l'objet, distinctes ou confuses, ne sont pas innées ; mais qu'elles sont parvenues à l'esprit, et qu'on doit les distinguer de la faculté de penser (…). Or, du moment que les idées sont produites par l'esprit à partir de la variété des actions et de leurs objets, en fonction des différences entre leurs mouvements et le mode d'action de ces derniers, elles n'ont, souvent, aucune ressemblance visible avec les objets ; l'unique cause n'est autre que la disposition naturelle de l'esprit, ainsi que sa faculté de penser, de telle sorte que ces différentes idées, souvent confuses, sont suscitées et engendrées, c'est-à-dire produites, dans l'esprit, par les différents mouvements des corps » (article 12).

L'esprit est ainsi un principe d'acquisition, d'unification, de séparation, bref, de transformation, mais toujours sur la base d'une perception sensible et non en vertu d'une disposition voire d'un contenu qui pré-existeraient à l'expérience. Sur ce point, l'idée de Dieu n'échappe pas à la règle. Elle n'a pas été introduite dans l'esprit par la révélation divine. Elle est née, au contraire, de l'observation ou de l'enseignement des choses :

> Car, dans l'étant suprême, que nous appelons Dieu, l'intelligence humaine ne considère rien d'autre que le bien qu'il observe quotidiennement, quel qu'il soit, chez

les hommes ; c'est-à-dire la sagesse, la justice, la
miséricorde, la puissance, l'existence, la durée, etc. ; et
nous multiplions ces biens à l'infini en abstrayant, par
l'opération de l'esprit, tous leurs défauts ; et nous
produisons ainsi, en premier lieu, dans l'imagination ou
la fantaisie, l'idée de l'étant parfait, c'est-à-dire de Dieu ;
ou bien (nous produisons cette idée) selon la tradition ;
ou bien encore, selon l'enseignement d'autrui » (article 14).

L'activité de l'esprit, qui relevait chez Descartes de la
pensée « pure », glisse ainsi tout entière, chez Regius, du
côté de l'imagination. Celle-ci sert à expliquer la construction
de ces idées qui n'ont en apparence aucun corrélat dans
l'expérience, ou qui ne ressemblent pas aux objets qui les
causent, mais qui ne sont pas pour autant innées. Pour cette
raison même, les idées factices ne sont pas plus initiées
par l'esprit que les idées adventices. L'activité qui les
caractérise a toujours le tempérament, la disposition
organique ou des perceptions antérieures, pour causes
principales :

> L'imagination, ou la fantaisie, est une perception par
> laquelle de nouvelles images ou idées se présentent à
> l'esprit, provenant soit des différentes variations des
> impressions du cerveau, soit du mouvement et de la
> disposition certaine des esprits animaux, soit d'images et
> d'idées perçues, conçues ou produites auparavant, et objets
> d'une nouvelle représentation. Cette variation des impres-
> sions du cerveau survient quand ces mêmes impressions
> sont, lorsqu'elles se présentent à l'esprit, soit séparées,
> soir déformées, soit unies entre elles et mises en commun
> (…). Or la disposition de ces esprits provient de l'ébran-
> lement et du rebondissement du cerveau dans ses impres-
> sions, comme on le voit clairement chez les maniaques,
> les frénétiques, les hydrophobes, les sanguins, les bilieux
> et tous ceux qui ont, ainsi, une imagination fertile due au

tempérament particulier des esprits et avec laquelle ils poursuivent ces impressions, ou pensées, c'est-à-dire idées, existant dans l'esprit (article 15).

Le dernier article (20) de la *Brevis Replicatio* revient sur le mouvement « arbitraire ». Que la volonté puisse y jouer un rôle ne peut pas signifier, chez Regius, qu'elle initie ou cause de toutes parts ce mouvement. Tout au plus peut-elle « déterminer » ou « arbitrer » ce qui ne vient pas d'elle, dans une direction plutôt qu'une autre. Son activité, essentielle, se limite donc ici à ce que Descartes désignait, *a contrario*, comme une « cause éloignée » et non « prochaine et effectrice » de ce mouvement, ou comme une cause qui « donne occasion » à ce mouvement. C'est le sens de la dernière mise au point de Regius, qui inclut de surcroît, sans ambiguïté, le rôle des valvules dans ce mouvement arbitraire :

> (…) nous saisissons ou rejetons les choses connues soit à l'aide du seul esprit soit avec le corps en même temps que l'esprit. De plus, le mouvement arbitraire est soumis à ce dernier mode de la volonté, par lequel l'arbitre de l'esprit transporte notre corps vers les choses recherchées ou fuies, d'un lieu à un autre, en vertu des esprits présents dans les nerfs et les muscles, lesquels sont pourvus de bonnes valves et de pores dans les membranes et sont déterminés, comme les esprits par l'esprit, tantôt dans l'un des muscles opposés, tantôt dans les deux, tantôt alternativement dans l'un puis dans l'autre ; de cette sorte, n'importe quel mouvement des parties se poursuit par tension et flexion sous l'arbitre de l'esprit.

Les enseignements de la réponse de Regius à Descartes sont donc eux aussi de quatre ordres. Tout d'abord, aucune idée n'est innée. Toutes sont adventices ou factices, c'est-à-dire contractées sur la base d'un ou plusieurs mouvements corporels antérieurs et premiers. Ceux-ci suffisent à expliquer la variété des pensées, vraies ou délirantes, dont nous faisons au quotidien l'expérience, directe ou indirecte. Deuxièmement, Regius distingue deux régimes d'activité ou de causalité. Le premier, principal, ressortit aux corps : aux corps extérieurs qui causent mes perceptions, et aux tempéraments ou dispositions du corps propre, instruments aussi bien de ces perceptions que des idées factices de l'imagination. Le second régime de causalité relève de l'esprit, qui se sert de ces organes mais ne peut rien sans eux, en tout cas en cette vie. Chez Regius ainsi, et pour autant qu'on considère la situation actuelle de l'homme, le corps est plus autonome que l'âme dans son *modus operandi*. Il peut fonctionner sans elle et il peut l'empêcher de s'exercer droitement, alors que l'esprit le plus rationnel du monde ne pourra rien sur un corps « mal » disposé et sans un corps « bien » disposé. Troisièmement, Regius nous invite à distinguer trois régimes de certitude. L'évidence rationnelle dont se réclame Descartes n'est que l'extrapolation indue et téméraire des pouvoirs de l'esprit humain. Ses objets, l'âme et Dieu, incluent dans la philosophie un domaine : la métaphysique, qui pourrit en réalité l'arbre à sa base. Afin de redonner vie à cet arbre, il convient donc, d'une part, de mettre en sûreté cette évidence de la distinction substantielle et de l'idée de Dieu (Regius y ajoute celle de l'existence des corps). C'est le rôle de la certitude apodictique fournie par la révélation. D'autre part, il faut réhabiliter la certitude seulement morale de l'expérience, de l'observation et du témoignage. Car les apparences ou les vraisemblances nous suffisent ici. Mieux : s'en tenir à ce qu'elles nous enseignent est précisément ce qui permet d'éviter l'erreur. Quatrièmement et enfin, Regius propose sa propre définition de la philosophie nouvelle. Il faut rendre définitif ce que ses premiers écrits déjà, conformément à ceux de Descartes, promouvaient contre les abstractions de tous ordres. Il faut mener le combat à partir de la philosophie naturelle, mais aussi et surtout sans en sortir. C'est en ce sens qu'on peut comprendre le mot final de l'article 20 : « Je diffère des autres », les « autres » désignant ici, aussi bien, les adversaires aristotéliciens, que ceux qui, parmi les cartésiens, ont prêté serment d'allégeance aux *Méditations*.

À partir de là, toute la stratégie de Regius va consister à affirmer cette singularité. Ses écrits ultérieurs durciront les thèses de la dépendance de l'âme envers le tempérament et particulièrement le cerveau, de l'origine affective de la volonté et du caractère acquis de toutes les idées de l'âme. L'édition de 1654 de la *Philosophia naturalis* supprimera la dédicace élogieuse à Descartes, qui ouvrait les *Fundamenta Physices* (1646). Mais surtout, Regius va de plus en plus, après la mort de Descartes en 1650, devoir se positionner dans des querelles opposant désormais entre eux des « cartésiens ». En 1653 notamment, Tobias Andreae (1604-1674) publie sa *Replicatio* [1]. Il y revient sur le dossier des *Notae* et prend clairement position en faveur de Descartes, contre Regius. Et en 1657, Clerselier publie le premier tome des Lettres de Descartes, qui inclue le dossier des *Notae* et des lettres de Descartes à Regius et consacre l'essentiel de sa préface à dénoncer l'ingratitude de ce dernier envers son maître.

---

1. *Brevis replicatio reposita Brevi explicationi mentis humanæ, sive animae rationalis D. Henricii Regii, Medici ac Philosophi Ultrajectini, Notis Cartesii Ams, in Programma ejusdem argumenti firmandis, veritatique magis illustranda* (Amsterdam, Elzevier, 1653).

Le geste le plus significatif de la préface de la réédition de 1657 de la *Brevis Replicatio* consiste ainsi à revendiquer pour le compte de Regius la bonne compréhension du cartésianisme, alors même que le nom de Descartes fait son entrée fracassante dans l'histoire.

CHAPITRE IV

RÉTABLIR

En 1657 paraît le premier tome des Lettres de Descartes sur la morale, la physique et la médecine[1]. Il faut mesurer l'importance, dans le processus de canonisation d'une figure philosophique, d'une entreprise d'édition posthume des œuvres complètes d'un auteur. Je reviendrai à ce titre sur les rôles de Claude Clerselier et de Victor Cousin dans les deuxième et troisième parties de cet ouvrage. Ce qui va retenir notre attention pour le moment est le rôle stratégique de la première préface d'une telle entreprise : établir le magistère incontesté de Descartes ; et le moyen principal mobilisé par Clerselier à cette fin : désavouer à son tour la capacité de Regius à incarner un tel magistère. Nous montrerons ensuite que la préface de Carolus Fabricius à la réédition de la *Brevis Explicatio Mentis Humanae* s'attache à rétablir, par réaction, l'autorité de Regius.

REGIUS DANS LA PRÉFACE DE CLERSELIER

La préface de Clerselier est essentiellement consacrée à placer Regius en défaut de cohérence par rapport à sa propre devise : *candidè et generosè*. Et une fois qu'il en a terminé, Clerselier conclut : « Pour couronner cette préface

1. À Paris, chez Charles Angot.

par une belle fin »… Une « belle fin », c'est-à-dire une fin traitant d'un autre sujet que de Regius. Or, si Clerselier attache autant d'importance à Regius, c'est parce qu'avec la justification de l'« honneur » de M. Descartes, par la première divulgation au public de lettres auparavant cantonnées à des cercles restreints, il y va de l'identification de ce qui fait le « génie » de ce cartésianisme dont les uns et les autres vont désormais se réclamer. La préface de Clerselier montre ainsi, à la fois, le rôle primordial accordé au débat entre Descartes et Regius dans la constitution de ce cartésianisme officiel et l'importance des guerres intra-cartésiennes dérivées entre partisans de l'un et partisans de l'autre, au moment de la publication des Œuvres complètes de Descartes. La démarche de Clerselier donne exemplairement à voir l'entretissage des matériaux empiristes et dualistes, dans la formation même du canon cartésien.

En tant que partisan et porte-parole de Descartes, Clerselier se donne pour mission de le faire entrer dans l'histoire, en le distinguant, aussi nettement que Descartes lui-même avait tenté de le faire, de celui qu'on pourrait croire « ressuscité en lui », c'est-à-dire Regius. Sur l'histoire telle que racontée par Descartes et reprise par Clerselier se greffe ainsi l'histoire *post-mortem* racontée par Clerselier seul. La préface de Clerselier mêle les arguments biographiques, moraux et scientifiques, dans deux portraits croisés où l'exigence de probité, le zèle et les sous-entendus confinent à l'hagiographie pour l'un et à la diabolisation pour l'autre. Sur le plan philosophique surtout, elle identifie le point de partage entre les deux hommes à la question, revivifiée par le dossier des *Notae*, de savoir s'il est ou non possible de connaître la nature de l'âme. L'extrait vaut d'être cité longuement :

Je crois qu'il est de l'honneur de M. Descartes, de faire remarquer aux Lecteurs la familiarité et correspondance des lettres qu'il a eues avec M. Le Roy, Professeur en Médecine en l'Université d'Utrecht, afin que tout le monde sache avec quelle franchise il lui communiquait ses pensées ; car à dire le vrai, s'il ne s'en était point écarté, et s'il n'avait point présumé voir plus clair que son maître, on aurait pu espérer de son génie, de voir M. Descartes comme ressuscité en lui ; mais l'amour de ses propres inventions l'ayant jeté dans l'erreur, M. Descartes a été obligé de le désavouer entièrement, de peur que ceux qui étaient prévenus de la créance qu'il n'enseignait que ses opinions, ne vinssent à lui attribuer ses erreurs. Et certainement il y a de quoi s'étonner, qu'un homme comme lui, qui semble être si clairvoyant en toute autre chose, n'ait pu s'empêcher de faillir lourdement comme il a fait, toutes les fois qu'il a voulu quitter M. Descartes pour suivre ses propres imaginations, ce qu'il ne me serait pas difficile de faire voir ici par le dénombrement entier de toutes ses fautes, si c'était le lieu de le faire. Et pour ce que l'une des plus considérables où il soit tombé, est celle qui regarde la nature de nos âmes, pour faire voir que ce n'a point été sans grande raison que M. Descartes l'a désavouée, j'ai voulu mettre ici la version que j'ai faite autrefois, de la réponse de M. Descartes à un certain placard de M. Le Roy, qui contient en forme de Thèses ses principales assertions, ou erreurs, touchant la Nature de nos âmes, afin de rendre tout le monde capable d'en juger. Mais une des choses qui m'a le plus surpris, est, que M. Le Roy ayant en la première édition de son livre, intitulé *Fundamenta Physices*, rendu à M. Descartes vivant une partie de l'honneur et de la reconnaissance qu'il lui devait, par les éloges dont il l'avait honoré, et par les témoignages qu'il avait rendus de l'estime singulière qu'il faisait de son mérite, pour lequel il avait alors tant de respect, que jamais il ne s'éloignait de ses sentiments sans crainte ni regret ; néanmoins dans la seconde édition qu'il en a faite, il a entièrement supprimé le nom de son maître, et en a retranché tous les éloges qu'il lui avait donnés. Et après ce beau trait de générosité, il a pris pour la devise de son portrait ces deux mots, *candidè & generosè*, ce que j'aurais de vrai et en quelque façon approuvé, s'il en avait ainsi usé du vivant de M. Descartes : car par là il lui aurait témoigné son obéissance. Mais il me permettra s'il lui plaît de lui dire, qu'il aurait encore plus généreusement fait, si nonobstant le désaveu que M. Descartes a fait de ses écrits, il n'avait pas laissé de rendre à sa mémoire toute la reconnaissance qu'il lui devait, et d'avouer publiquement qu'il n'a presque rien mis de bon dans son livre, qu'il n'ait appris de lui, soit par ses lettres, soit par ses conférences, soit par ses avis, soit enfin par ses écrits, tant ceux qu'il avait déjà publiés, que ceux qui lui étaient tombés entre les mains, dont j'espère dans peu faire part au public ; ce que les lettres que l'on verra ici lui être adressées justifieront en partie. Toutefois je veux croire que c'est faute d'y avoir bien pensé, que cet occupé professeur en a usé de la sorte ; et que son livre étant déjà tout près de voir le jour pour une seconde fois avant que M. Descartes mourût ; quand il est venu par après à le mettre sous la presse, il n'a pas considéré la circonstance du temps ; ou s'il y a pris garde, il a pensé que ce qui aurait pu être bon en un temps, le pouvait être encore en un autre ; et ainsi, que tel qu'il avait conçu son livre, tel il le pouvait enfanter (p. 10-12).

Ce passage est ainsi finalisé par l'incitation, faite à Regius, de reconnaître et de réhabiliter publiquement le nom du maître. Regius est invité à s'effacer de la scène cartésienne et à revenir aux premiers temps iréniques de sa relation avec Descartes afin de cautionner l'évolution ultérieure de ce dernier, au lieu de brouiller les pistes sur la question centrale de ce que l'esprit humain est susceptible de connaître, ou non, de sa propre nature.

La réponse est édifiante. Elle est concentrée dans une autre préface : celle de Carolus Fabricius, à la réédition de la *Brevis Explication Mentis Humanae*, par Regius et Pierre Wassenaer.

REGIUS DANS LA PRÉFACE DE CAROLUS FABRICIUS

On ne sait exactement qui était Carolus Fabricius. Dans l'introduction à son édition de la correspondance entre Descartes et Regius, Erik-Jan Bos souligne que rien n'exclut qu'il s'agisse de Regius lui-même. Dans tous les cas, ce texte présente pour nous l'intérêt de réinvestir, du point de vue de Regius, l'essentiel des accusations formulées par Descartes et prolongées par Clerselier à son encontre [1]. Ainsi, si cette préface constitue le terme de notre analyse de la fabrique du canon, c'est pour trois raisons essentielles. Tout d'abord, elle atteste de la virulence des polémiques, contemporaines de l'édition des lettres par Clerselier, concernant l'attribution de la paternité de la philosophie nouvelle, à lui, Descartes, plutôt qu'à lui, Regius, après les modifications importantes de la *Philosophia naturalis* (1654), par rapport aux *Fundamenta Physices* (1646). Au

---

1. Les principaux arguments de la préface de Carolus Fabricius se trouvent aussi, de façon moins développée cependant, dans l'Épître Alexitère de Pierre Wassenaer. Wassenaer ajoute un point important : bien loin d'altérer la réputation de Regius, l'outrage dont ce dernier a été la victime lui a au contraire fait de la publicité et valu une estime encore plus grande « auprès des érudits ». « De nombreux érudits en France » considèrent ainsi Regius comme celui qui éclaire les « nombreuses choses » qu'ils n'ont pu comprendre, dans les écrits de Descartes lui-même.

moment même où Descartes doit faire son entrée au panthéon, la question de ses traits distinctifs, par rapport à celui qui lui ressemble le plus, se trouve reposée avec au moins autant de violence et de passions qu'auparavant. Deuxièmement et de façon naturelle puisqu'il s'agit d'une démarche de publication, l'enjeu se précise par la dénonciation de la calomnie, définie par Descartes, dans le contexte de la querelle d'Utrecht, comme consistant à attribuer à autrui ce qu'il n'a jamais publié. Cette calomnie est reliée à ces mêmes affects d'envie et de malveillance qui, toujours dans la querelle d'Utrecht, circonscrivaient en retour les valeurs désirables susceptibles de se concentrer au contraire dans la figure canonique. Mais elle n'engage plus seulement les deux hommes. Elle associe désormais leurs défenseurs respectifs. Elle est au cœur de la constitution d'un nouveau parti ou d'une nouvelle secte, qu'on désignera comme celui ou celle des cartésiens et qu'on devra pouvoir distinguer de tous les autres partis et de toutes les autres sectes. L'enjeu est donc d'établir qui est dedans et qui est dehors.

Enfin, en tant qu'il s'agit ici de « purifier » ou de « laver » Regius de ces calomnies, donc de rétablir son autorité philosophique, cette préface est l'envers de la Lettre-Préface aux *Principes de la philosophie*. Comme dans la Lettre-Préface et contre la préface de Clerselier, il s'agit essentiellement de montrer en quoi la nouvelle et véritable philosophie cartésienne est susceptible d'apporter la paix entre les cartésiens. C'est le sens du début du texte :

> D'envieux calomniateurs cherchant bataille se sont complu, récemment, à rouvrir, de leurs ongles malveillants, la blessure déjà cicatrisée depuis longtemps, des dissensions entre des hommes illustrissimes – Descartes et Regius,

dotés, dans la sphère philosophique actuelle, de mérites dus à leur grande pénétration –, dissensions nées, autrefois, des manigances perfides de certaines personnes mal intentionnées ; et à tenter d'atteindre, une seconde fois, Regius, par les outrages de vieilles calomnies ressorties au grand jour, tandis que quelques autres s'y étaient ajoutées entre-temps. Pour cette raison mais aussi parce que, cette fois encore, toutes les copies de ces messieurs s'étaient vendues, je crus à la fois approprié et utile d'exposer, entre-temps, le savon et la lessive de la réponse précédente avec lesquels, naguère, du vivant de Descartes, cette bassesse mauvaise et calomnieuse avait été si bien lavée et nettoyée par Regius et Descartes, pendant les trois années entières qu'il avait survécu à celle-ci, ne l'avait remplacée par aucune autre ; ainsi que de montrer, à l'aide de documents probants, la réconciliation entre Descartes et Regius. De cette façon et dans le cas d'une offensive grossière et virulente de la part de ces calomniateurs, son honneur, après la mort de Descartes comme de son vivant, pourrait être purifié ou lavé avec un détergent faisant également office d'antidote.

Une première lecture nous incite ainsi à interpréter cette préface comme le simple retournement, contre Descartes, des accusations portées par ce dernier à l'encontre de Regius, quelques années plus tôt. Il s'agirait en somme, selon les termes de Carolus Fabricius, de « détourner la condamnation de Descartes et (de) la reporter sur Regius ». Retour à l'envoyeur. Mais le résultat n'est pas un simple match nul. Car la mise en équivalence aboutit bien à une répudiation comparable à celle de la fin de la Lettre-Préface aux *Principes*. Cette préface est ainsi, tout entière, finalisée par la promotion de Regius au rang de père du parti cartésien. Reprenons ces deux moments.

RÉTABLIR L'ÉQUILIBRE

Regius est d'abord désigné comme celui qui promut en physique l'ordre le plus persuasif, reconnu par de « nombreux savants » : une exposition du général au particulier, avec un souci de « brièveté ». La reconnaissance du nombre vaut alors contre les critiques d'un seul, y compris lorsqu'elles sont reprises par d'autres au nom de ce même maître. Regius est ensuite celui qui pâtit de la tyrannie d'un Descartes « jouant invariablement le rôle de Maître ne permet(tant) pas qu'on s'éloigne d'un millimètre de son opinion ». La capacité d'invention et de réappropriation, par laquelle Descartes lui-même définissait la pensée, est ainsi mise en contradiction avec la pratique même de Descartes. Et le « tyran » [1] apparaît soit comme incohérent, soit comme mythomane. Regius est ensuite décrit comme celui dont la réputation fut ternie par la publication, « à l'insu ou sur l'invitation de celui qu'elles concernent », de lettres intimes, de surcroît passées par les mains d'un « faussaire ». La calomnie prend ainsi la forme d'une chaîne, dans laquelle on ne rend pas seulement public ce qui était destiné à rester du domaine privé, mais dans laquelle, en outre, on « fausse » les écrits qu'on publie. Carolus Fabricius renvoie ici aux lettres 81 à 98 du tome I de l'édition Clerselier. Elles sont présentées comme les Lettres « à Mr Le Roy, Docteur en Médecine et Professeur, où l'on verra les avis qu'il lui a donnés pour se défendre des ouvrages de ses collègues, et par même moyen les instructions par lui reçues de Mr Descartes touchant les sciences ». Il a sans doute aussi en vue les lettres à Elisabeth, dans lesquelles Descartes accuse Regius de plagiat et qui

---

1. Le terme est aussi utilisé par Pierre Wassenaer dans son Épître Alexitère.

sont jointes au volume. Enfin, la Lettre 99 est la Réponse
de Descartes au Placard de 1647, qui est explicitement
attribué à Regius. Indépendamment même du contenu de
ces textes[1], on comprend ainsi qu'est désigné comme
« faussaire » celui-là même qui, par les titres qu'il leur
confère et l'ordre dans lequel il les place, investit ces
échanges d'une posture unilatérale de maître à élève. Cette
posture se voit d'autant plus facilitée que les lettres de
Regius lui-même ne sont pas incluses dans le volume.
Comme dans le cas de la princesse Elisabeth, qui a refusé
de donner ses lettres, l'échange reconstruit par la publication et pour la postérité est donc unilatéral. Enfin, Carolus
Fabricius présente Regius comme celui qui, en dépit de
tout cela, continua à honorer Descartes d'une façon
« suffisamment bienveillante et ferme, établie avec transparence et générosité sans aucun retour d'outrage, pas
même avec un ton, justifié, de récrimination ». À la figure
du tyran et du calomniateur s'oppose ainsi celle du *candidè
et generosè*, en un sens parfaitement homogène à celui des
articles 152 à 154 du traité des *Passions de l'âme* de
Descartes : est généreux celui qui ne méprise pas les autres,

---

1. Clerselier lui-même justifie, dans sa préface, que certains lecteurs
puissent reconnaître leurs lettres sans pour autant les trouver « en tout
conformes à celles qu'ils ont reçues de M. Descartes ». Mais c'est pour
insister conjointement sur l'importance de circonstances indépendantes
de sa volonté (Descartes a pu corriger ses lettres en les transcrivant ; en
maints endroits, le manuscrit était défectueux et se présentait comme un
ensemble de feuilles volantes non datées) et sur son exigence de « fidélité »
à l'égard de Descartes lorsqu'il s'est agi de « suppléer ». Il demande
ensuite à celles et ceux qui seraient insatisfaits de lui renvoyer, ainsi
qu'aux libraires, des copies plus fidèles, afin qu'il puisse apporter les
corrections éventuelles requises dans la seconde édition. Dans l'état
actuel de mes connaissances, il semble que Regius ne lui a rien envoyé
de tel.

mais reconnaît en eux une capacité égale à la sienne de faire un droit usage de leur libre-arbitre [1].

Dans un tel cadre, il est aisé de retourner l'accusation de plagiat contre son énonciateur. Carolus Fabricius mobilise habilement le passage de la Lettre à Dinet, dans lequel Descartes reconnaît la diligence de Regius (c'est ce même passage que Descartes désavoue dans les *Notae*), pour élaborer en peu de temps une physiologie complète. Sur le terrain de l'explication mécanique, Descartes peut alors être mis en défaut de cohérence et de civilité :

> (…) La fausseté et la malveillance, imputant faussement à Regius une description faite à partir d'écrits encore inédits de Descartes, est également manifeste dans le fait que les calomniateurs présentent Descartes dans les Lettres à la Princesse Palatine comme se plaignant vivement de ce que Regius n'ait pas assez empêché le retour des esprits qui, envoyés des ventricules du cerveau jusque dans les muscles à travers les nerfs, se préparent continuellement à retourner des nerfs et des muscles jusqu'au cerveau, dans sa fabrique des nerfs et des muscles, dont on a dit, même, qu'elle avait été tirée des écrits de Descartes encore inédits, à tort comme le montre clairement tout ce qui a été dit précédemment, en l'absence d'impression des écrits cartésiens. Regius aurait, ainsi, témoigné de sa grande ignorance. Comme cette querelle, en vérité, si elle fut jamais faite par Descartes, s'éloigne pleinement du vrai, celle-ci, plutôt que de montrer la grande ignorance de Regius, est plutôt l'indice de la fausseté méchante et contradictoire de Descartes lui-même et des autres

---

1. Dans la continuité de l'article XXII de la *Dissertation sur les affections de l'âme*, la *Philosophia naturalis*, chap. XI (p. 541 de la traduction de Claude Rouxel, parue à Utrecht en 1686 chez R. Van Zyll) définit la générosité comme « l'amour que nous avons pour notre liberté et pour les choses qui nous sont propres, et le mépris que nous faisons de toutes celles qu'on peut nous ôter ».

médisants. En effet, ceux qui utiliseront leurs yeux dans l'examen de la construction des muscles telle que l'a publiée Regius dans la Physique, et liront sa description, verront clairement que Regius a assez bien pris en considération, et a suffisamment discerné les différents pores et valves, d'abord tournés du cerveau vers les muscles, puis d'un muscle opposé à un autre, empêchant le retour des esprits dans le cerveau, en s'alternant d'un muscle à un autre et fonctionnant par mouvement réciproque. C'est pourquoi, comme les calomniateurs allèrent jusqu'à dire que Regius avait plagié les écrits de Descartes sur les animaux, bien qu'il n'en eût jamais connaissance, l'on est certainement bien davantage en droit de dire la même chose, non de Regius mais de Descartes, en précisant que Descartes, dans ses écrits, s'est approprié l'intégralité du recueil de la physiologie de Regius, dont il avait eu connaissance de nombreuses années auparavant, et en a transformé le contenu à son usage.

Le premier effet de ce retour à l'envoyeur est la possibilité, offerte au lecteur, d'assigner indifféremment Descartes ou Regius aux places du maître ou de l'élève. Derrière ces deux catégories pédagogiques, il s'agit de réinvestir le sens cartésien de la maîtrise en ridiculisant la folie, parfaitement réciproque, qui consisterait à ériger un animal en maître de son maître. Les médisants et calomniateurs, ainsi,

> (…) ne furent servis par aucune de ces ridicules médisances, consistant à appeler Descartes le maître de Regius et, par conséquent, Regius l'élève de Descartes, en raison des recueils très intimes de leurs pensées, qu'ils faisaient circuler entre eux et dont ils convoitaient la signification. Car même Regius reconnaît, partout indistinctement, chaque fois qu'une occasion, même minime, lui en est donnée, et s'en glorifie, la grande intimité avec laquelle

il a *mis en commun* ses pensées avec cet homme, auprès duquel il perfectionna, toujours, de nombreux mérites de l'esprit qu'il faut admirer, et dont il aura un souvenir presque sacré aussi longtemps qu'il vivra ; et il professe ouvertement que cette intimité l'a énormément aidé. Mais, en vérité, jamais personne de sincère et d'honnête n'a désigné Regius comme l'élève de Descartes. Des recueils intimes de pensées ont été établis indistinctement parmi de nombreux savants et, souvent, poursuivis pendant de nombreuses années ; cependant, ceux qui apprennent souvent d'autres de nombreuses choses, et *réciproquement*, ne sont pas appelés pour autant, les uns les maîtres ou les élèves des autres. Et cela à juste titre. Car on ne peut désigner n'importe qui comme l'élève de quelqu'un pour la seule raison qu'il a appris quelque chose de lui. Sinon, même un très grand savant, soumis à l'enseignement quotidien du commun des hommes (…), devrait être toujours classé parmi les élèves, sous l'égide continue d'un maître. Ainsi, le chasseur lorsqu'il apprend quelque chose de son chien au flair subtil, l'oiseleur de son oiseau charmeur et le maître de maison de ses serviteurs, devraient être appelés les élèves de ces derniers. Ce dont n'importe qui dont l'esprit est sain dans une tête saine, comprend facilement l'absurdité. Regius, *quinze ans avant qu'il ne fît la connaissance de Descartes*, ayant reçu le grade de Docteur en médecine et en philosophie, fut distingué des élèves et classé parmi les Docteurs et les Maîtres. C'est pourquoi il est stupide et ridicule de compter Regius au nombre des élèves simplement en raison de son intimité contractée par la suite avec Descartes, ou des quelques désaccords qu'il exprima ensuite, à juste titre ; à moins que, *réciproquement, pour la même cause*, l'on ne veuille dire que Regius soit le maître de Descartes et Descartes, l'élève de Regius.

S'il importe de rappeler que Descartes et Regius peuvent chacun être considérés comme le maître ou l'élève de l'autre, et réciproquement, ou bien encore, d'insister sur ce qu'ils avaient « en commun » et qui circulait « entre eux » ; c'est parce que ce qui les singularise au même titre est leur capacité à philosopher chacun en son nom propre et, cette fois-ci, l'un *contre* l'autre. C'est le deuxième moment de la préface.

REGIUS PÈRE DE LA NOUVELLE PHILOSOPHIE CARTÉSIENNE

Carolus Fabricius adopte sur ce point une position très claire : c'est Descartes qui s'est trompé et c'est Regius qui a dit vrai. Plus encore, là où Descartes a « œuvré en vain » sur le plan métaphysique, en s'acharnant à vouloir distinguer substantiellement l'âme et le corps ; Regius a pour sa part « exposé correctement » les théories de Descartes, en renforçant ce dernier par ses propres armes [1]. À l'arrivée, il ne s'agit donc plus de distinguer deux propriétés intellectuelles distinctes. Il n'en reste plus qu'une, qui est bien cartésienne mais revient au seul Regius :

> (…) il m'est positivement impossible de ne pas admirer, ici même, la sottise suprême avec laquelle ces calomniateurs accusent Regius de la plus grande des stupidités, c'est-à-dire de s'être écarté – *parfaitement et à juste titre* – de la doctrine sur la distinction réelle entre l'âme rationnelle et le corps, que Descartes n'avait ni bien exposée ni bien construite. En effet, bien que Descartes fût un homme des plus perspicaces, rien d'humain, cependant, ne lui fut étranger ; par conséquent, il ne faut pas croire qu'il ne

---

1. Dans ce long passage, Carolus Fabricus réinvestit exactement le lexique de Clerselier, afin de le retourner au profit de Regius.

commit pas d'erreurs. Concernant sa doctrine, où il s'efforce de montrer que la preuve de l'existence de Dieu par l'idée de Dieu introduite dans notre esprit est au-dessus de tous les arguments produits par les autres, Regius a démontré qu'il s'était trompé avec tant d'évidence que Descartes, aussi longtemps qu'il vécut après la réponse donnée par Regius à ses observations, resta silencieux, et exprima ensuite son inimitié envers Regius ; et que celui qui avait porté secours à Descartes, non pour des raisons solides, mais en vertu de futiles inepties et d'une malveillance impudente, modestement réfutées par Regius, avait réalisé avoir œuvré en vain. Cela suffit à montrer que *les théories de Descartes n'ont pas été détruites par Regius maladroitement et grossièrement, comme le disent, de façon fausse et stupide, les calomniateurs ; mais qu'il les a, selon la norme de la droite raison, exposées correctement.* C'est pourquoi, contrairement à ce que soutiennent ses calomniateurs, *Regius, loin de suivre d'autres traces, ou de brandir d'autres armes, n'a fait, jusqu'à présent, que combattre avec celles qui lui appartenaient,* s'en saisissant quand la nécessité s'imposait et les utilisant avec générosité et transparence, tantôt pour proposer, tantôt pour défendre. »

La boucle peut alors être bouclée. Cette même paix que Descartes appelait de ses vœux dans la Lettre-Préface aux *Principes*, en accusant Regius de la compromettre par une mauvaise philosophie, et dont se réclamait de nouveau Clerselier, en demandant à Regius de rendre les armes, se trouve rétablie, par-delà la tombe de Descartes, au moyen de la restitution, à Regius, de la véritable propriété intellectuelle du cartésianisme. Ce sont les tout derniers mots de la préface de Carolus Fabricius :

Bien que, toutefois, de nombreuses théories de Regius s'accordent pleinement avec les opinions de Descartes et soient semblables à elles, il faut se garder, pour autant, de porter sur elles un jugement identique. Qu'est-ce qui est plus semblable à l'œuf que l'œuf? Toutefois, l'un n'est pas l'autre. Dans le Discours de la Méthode, Descartes a témoigné autrefois qu'il lui suffisait de faire allusion, dans l'écrit en question, à des choses semblables et égales à ses yeux à celles qu'il avait exposées dans les Météores et la Dioptrique, pour qu'elles l'emportent en excellence. Si Regius avait déjà montré, par là même, la vérité de ces dires à travers la composition de sa Physique, nous ne nous en étonnons pas. En effet, le très ingénieux Descartes, devant la pénétration de l'intelligence suprême de Regius, avait annoncé d'avance que cela pouvait être fait, et avait indiqué à mots couverts que, de son vivant, cela avait été déjà fait par Regius de nombreuses années auparavant. Si Descartes s'est, par la suite, contredit, j'estime que cela doit être soit pleinement condamné, ou au contraire pardonné sans réserves, comme provoqué par une perturbation de l'âme due à des bavardages ; puisqu'ensuite, transféré en Suède, où il se libéra des bavardages, et revenu à soi, il prodigua, à Regius, les onguents habituels, et le célébra, de même, avec de grands louanges parmi les érudits, comme le montrent clairement les deux lettres, jointes à la présente, du reverend Creyghton, données à Regius et publiées à l'insu de Creyghton ; et cela signifie assez manifestement qu'il regrettait les interprétations imméritées de ses mauvaises paroles à propos de Regius et qu'il était réconcilié avec Regius.

La paix est maintenant durable, entre
Le célèbre Descartes et Regius ;
Tout le monde juge que l'aboiement d'un chien féroce
N'a aucun poids.

Trois strates se sédimentent ainsi pour aboutir à ce qui revêt la forme d'une épitaphe. La restitution de la chronologie, d'abord. Regius est celui qui a pensé et publié le premier. Le rétablissement de la cohérence, ensuite. Regius est celui qui, contrairement à Descartes, ne s'est pas égaré dans les vains sentiers de l'ontologie, mais a poursuivi ce même chemin que Descartes avait accepté d'arpenter avec lui : celui de la chasse aux formes substantielles. Le rappel à la paix enfin, contre les aboiements des calomniateurs. En contrepoint de la préface de Clerselier et de son édition tronquée des échanges entre Descartes et Regius, il faut ainsi produire ces deux textes clefs que sont les lettres du 20 avril et du 12 juin adressées à Regius par Robert Creyghton (1596-1672)[1]. En tant que témoignages, elles nous procurent en effet toute la certitude, morale et vraisemblable, dont nous avons besoin, pour statuer sur la vérité de leur contenu. Elles attestent de ce que Descartes lui-même se reconnut en Regius un maître, qui peut aujourd'hui avoir d'autres disciples (comme Pierre Wassenaer), au nom de ce cartésianisme pacifié revendiqué par Clerselier lui-même. Mais cette paix est celle de la bonne mort du mort. C'est en Regius que vit désormais le véritable cartésianisme. À défaut de la statue d'un Dieu, il ne reste que quelques vestiges éparpillés. Regius a bien eu la tête de Descartes :

Premier témoignage
a un homme illustre, Henri Regius

Très cher Maître et Professeur, mon bien-aimé Regius, Voilà longtemps que je suis privé de ta société et des charmes de ta conversation, mais nullement de la gloire

---

1. Je les reproduis intégralement parce qu'à ce jour, elles n'étaient pas traduites. C'est Erik-jan Bos qui les a fait connaître. *Cf.* Bos, p. XVIII-XIX.

de ton nom ni du souvenir de tes mérites, que je garde
précieusement en moi et que je tiens attachés au fond de
mon cœur ; ils m'accompagnent dans mon parcours des
étendues extrêmes de la vie, non seulement jusqu'aux
frontières extrêmes du monde, mais aussi jusqu'à mon
dernier souffle. Un histrion, j'ignore lequel de ces anciens
en proie au délire, pensait tenir toujours son portrait en
bronze sous les yeux ; il souffrait d'une inflammation des
yeux et d'une cataracte des humeurs. Selon moi, l'idée de
ta valeur sera honorée par le cercle de l'esprit pour l'éternité,
à travers toutes les terres et les étendues des mers. La
renommée de ta gloire n'est-elle pas parvenue, aujourd'hui,
avant mon intervention, jusqu'aux Goths, aux Garamantes
et aux Indiens, par l'intermédiaire de ton Descartes qui,
comme je le rapportai il y a quelque temps, parle souvent
de toi et cite tes publications parmi les siennes ? Ses
compatriotes, ainsi que tous ceux qui ont eu vent de ses
discours, te considéraient comme un homme éminent et
illustre, dont ce grand homme évoque si souvent le souvenir.
Bien qu'on se soit figuré qu'il mourut impie et hostile,
qu'il expira pratiquement dépourvu de toute foi en l'homme
et en Dieu, se répandant, à l'image d'un second Julien
l'Apostat, en propos cruels et atroces sur le Christ, tout
cela est archifaux, comme me l'a laissé entendre, il y a
deux jours, avec force discours, l'Illustrissime Ambassadeur
du très chrétien Roi. En effet, c'est d'abord sous l'assaut
d'une fièvre bénigne et incertaine, contractée à cause des
caprices de l'air matinal ou de l'étude nocturne à laquelle
il s'adonnait plus souvent qu'à son tour, qu'il garda, sans
percevoir de grande douleur, le lit pendant quelques jours.
Par la suite, quand le mal devint plus aigu, il fit quelques
saignées, mais en vain ; la force de la maladie, considérable,
emporta rapidement sa voix, puis sa vie. Tu vois à quels

désastres conduit la méchanceté des hommes qui travaillent, encore maintenant, à ensevelir sous des infamies la réputation d'un grand héros, alors même qu'il est mort : je me suis aperçu de cela et de ce poison dès que je suis venu ici, moi qui ne dois, ni vivant, ni mort, être opposé à Descartes. Toi, mon Esculape, qui jouis d'une bonne santé, mon illustre Émile, tous mes chers habitants d'Utrecht, je vous demande de me donner, par lettre, davantage de nouvelles. Il importe principalement que vous ayez connaissance de mon affection le plus tôt possible, moi qui nuit et jour vous revois, médite et soupire, avant tout, après la protection de ton éminente domination,

Bien à toi,
Robert Creyghton
Stockholm, le 20 avril 1651

DEUXIÈME TÉMOIGNAGE
À UN HOMME SUPERIEUR, HENRI REGIUS

Excellent Regius, si savant, mon grand ami et maître,
Tu m'as demandé de t'informer, par lettre, si l'on rendait hommage, à Stockholm, à la mémoire de l'illustre Descartes avec quelque monument particulier. Et parce que j'ai négligé, dans mes précédentes missives, d'en faire mention, peut-être penses-tu aux mensonges qui circulaient naguère. Le certain est que la position qu'il occupe n'est ni en bronze ni en marbre, mais conforme à l'esprit du lieu. Si tu considères la construction, cette précieuse tête de philosophe a été enterrée à meilleur marché que ne l'exigent ses mérites. Cependant, les paroles pompeuses de circonstance coulent, prêtes à braver, bien qu'avec peine, la force d'un certain nombre d'hivers, étonnamment cruels dans ces contrées. En plein air, dans le pomérium d'un cimetière quelconque, là où la cité s'étend vers le

nord, dans les limites mêmes des extrémités du terrain, un certain nombre de planchettes mal polies, assemblées de la pire façon qui soit et affreusement colorées, recouvertes de plâtre et de céruse mélangés, semblables à des vagues, et rongées par les vers ; longues de sept ou huit pieds, larges de six et hautes d'autant, dressées en pointe, en forme de toit, comme une hutte dans un carré de concombres. L'inscription même sur les quatre côtés de son tombeau de bois, plutôt que monument, a été incisée au poinçon en fer, et nous l'avons vue imprimée en lettres majuscules, à Utrecht ou je ne sais où dans vos provinces. La construction fortement secouée vacille, mal implantée dans un terrain herbeux et ébranlée par les assauts d'un vent violent, comme le javelot de frêne de Laocoon. J'ai vu de mes yeux et lu, là-bas, tout ce qui reste de cet homme exceptionnel, excepté ses cendres et ses os, transportés sur un brancard mortuaire il y a un an ou deux. De cortège funéraire, nul, si ce n'est des plus ordinaires, en raison de la haine envers la religion pontificale, ou encore dans un souci d'économie. L'ambassadeur régulier du très chrétien roi, qui eut soin d'escorter le convoi, ayant achevé sa mission depuis environ neuf mois, rentra en France il y a quelque temps, pourvu, grâce à la Reine dans les bonnes grâces de laquelle il vécut pendant six ans, de prestigieux pouvoirs et fonctions. Comme je lui rendis quelquefois visite, avec une grande confiance en sa courtoisie et sous le couvert de la déférence, il me dit, à ton sujet, des choses que j'ai d'abord rapportées aux miens. Et je ne doute pas que ces choses qu'il m'a dites soient des plus vraies : pourquoi, en effet, un si grand homme aurait-il voulu fausser ta réputation, ou voiler la vérité de mensonges stériles ? Je te suis immensément reconnaissant de tes vœux si favorables à mon arrivée en Suède. Quant à moi, je ne conçois pas encore la moindre espérance. J'en avais davantage quand je retournai à Utrecht ; je m'en remets à Dieu. En attendant, je te prie de saluer le grand Antoine Émile ton collègue, ainsi que ton épouse et ta fille : je te salue, ô homme illustre.

Ton très dévoué
Robert Creyghton
Stockholm, le 12 juin 1651

DEUXIÈME PARTIE

LA CANONISATION
CLERSELIER, LA FORGE, MALEBRANCHE

« Je désire que la postérité ait bien conscience
qu'il ne faut rien m'attribuer
que je n'aurais moi-même publié » [1].

---

1. Carolus Fabricius citant Descartes, *Discours de la méthode*, VI,
dans « Au lecteur », 1659.

CHAPITRE V

DISSOCIER

Nous disposons aujourd'hui d'études de référence sur la biographie de Clerselier et les liens personnels qu'il entretint avec Descartes et avec les cartésiens ; sur la contextualisation de son édition posthume de la correspondance (1657, 1659 et 1667) et du traité de *L'Homme* (1664), notamment par les mises à l'index, *donec corrigantur* (donc avec une possibilité de sauvetage) des écrits de Descartes ; sur son interprétation dualiste du cartésianisme, y compris dans son versant mécaniste ; sur son rôle essentiel dans la garantie de l'orthodoxie cartésienne par la mobilisation constante de la référence à Augustin ; ou bien encore, sur les libertés étonnantes qu'il se donne dans la traduction, la retranscription et même l'invention de certaines lettres [1]. Adrien Baillet (1749-1706), le biographe de Descartes, a à ce titre désigné Clerselier comme étant à la fois le

---

1. Pour une bibliographie à jour des travaux sur Clerselier et sur les condamnations de la philosophie naturelle de Descartes, dans le dernier tiers du dix-septième siècle, *cf.* les chapitres de Tad Schmaltz, « Claude Clerselier and the Development of Cartesianism » et de Sophie Roux, « The Condemnations of Cartesian Natural Philosophy Under Louis XIV (1661-1691) », in *The Oxford Handbook of Descartes and Cartesianism*, S. Nadler, T. Schmaltz, D. Antoine-Mahut (dir.), Oxford, Oxford University Press, 2019, p. 303-318 et p. 755-779.

traducteur, l'apologiste et le médiateur de ce dernier[1]. Et il a affirmé que tous les manuscrits de Descartes, achevés ou inachevés, étaient en la possession de Clerselier.

En travaillant sur son édition du traité de *L'Homme*[2], j'ai pour ma part montré que celui qui fut aussi le traducteur des *Méditations* et des *Objections* et *Réponses* (1647) s'appuyait sur la reconstruction, par Descartes, du projet de *L'Homme*, dans la cinquième partie du *Discours de la méthode*, afin de fonder l'autonomie de fonctionnement de la machine humaine par la thèse de la distinction substantielle. Dans l'édition posthume, l'ordre des raisons reprend ainsi le pas sur la chronologie de l'élaboration des textes. Solidement fondée, en amont, par la métaphysique de la quatrième partie du *Discours* et des *Méditations*, la physiologie de *L'Homme* ne risque alors plus d'engendrer, à sa suite, une théorie de l'âme organique.

Le point de vue adopté ici est à la fois complémentaire et différent. Je soutiens que l'entreprise éditoriale de Clerselier peut s'interpréter, dans son ensemble, comme la mise en œuvre d'un mécanisme de dissociation entre les arguments attribués à Descartes et ceux auxquels est exemplairement attaché le nom de Regius. Pour la postérité, l'identité de Descartes devra désormais être associée à une philosophie de la distinction substantielle fondée dans l'activité divine. Et, avec le nom de Regius, toute forme

1. La *Vie de Monsieur Descartes* paraît en 1691 à Paris et en deux volumes, chez Daniel Horthemels. La qualification de Clerselier se trouve en II, p. 280. Baillet est également le premier à diffuser certaines lettres de Regius, qu'il a obtenues par Jean-Baptiste Legrand. Sur la dimension hagiographique et les réceptions de la démarche de Baillet, *cf.* D. Ribard, *Raconter, Vivre, Penser . Histoires de philosophes. 1650-1766*, Paris, Vrin-EHESS, 2003, chap. 3, p. 182-211.

2. *Cf.* « Le roman de *L'Homme* », dans Descartes, *L'Homme*, Paris, GF-Flammarion, 2018, p. 9-70.

de philosophie limitant ce que la rationalité humaine peut connaître aux modalités des substances, ou se résolvant dans un empirisme phénoménal, rejoindra le camp des libertins et des athées. La dissociation est ainsi l'envers d'une assimilation : l'ensemble de ceux qui ne cautionnent pas la radicalité des réponses de Descartes à Regius dans les *Notae*, ne pourront plus légitimement se définir et être reconnus comme des « cartésiens ».

Je suivrai l'ordre chronologique de publication des textes. Je synthétiserai ensuite les principaux résultats théoriques qui auront désormais une valeur prescriptive pour les lecteurs et consacreront l'entreprise de Clerselier comme médiation philosophique principale du cartésianisme officiel.

L'ordre dans lequel Clerselier choisit d'éditer les textes de Descartes n'est pas chronologique. Les trois volumes des Lettres sont structurés par des thématiques : « les plus belles questions de la morale, physique, médecine et des mathématiques », en 1657, pour appâter le lecteur ; un second volume regroupant des lettres « où sont expliquées plusieurs belles difficultés touchant ses autres ouvrages, en 1659, pour guider le lecteur dans les écrits les plus « difficiles », « relevés et « serrés » (ceux que ce que Clerselier désigne comme les « écrits acroamatiques », par différence avec les écrits « exotériques » pouvant être entendus de tout le monde)[1] ; un dernier volume enfin, en 1667, regroupant les lettres où Descartes « répond à plusieurs difficultés qui lui ont été proposées sur la Dioptrique, la Géométrie, et sur plusieurs autres sujets », afin d'aider le

---

1. Préface, p. 2. En usant de ces termes, Clerselier fait paradoxalement de Descartes un nouvel Aristote. Il pense peut-être aussi aux « doctrines non écrites » de Platon.

lecteur à identifier les interprétations correctes de la philosophie de Descartes, à partir des indications fournies par Descartes lui-même. Il faut y ajouter la publication, en 1664, de *L'Homme*, suivi du *Traité de la formation du fœtus* (désigné par Descartes comme *Description du corps humain*) et agrémenté, en plus de la préface de Clerselier, des *Remarques* de Louis de La Forge et de la traduction française de la préface latine que Florent Schuyl avait jointe à son édition de *L'Homme* en latin, en 1662. Puis la réédition de *L'Homme*, en 1677, cette fois dans la continuité du *Monde* ou *Traité de la Lumière*. Clerselier ajoutera aux *Remarques* de La Forge la division en articles insérée dans le texte de Descartes, en 1664, afin de faciliter le repérage des passages commentés. Enfin, la réédition, en 1681, des *Principes de la philosophie* (Quatrième édition, « revue et corrigée fort exactement par monsieur CLR – Clerselier –). Cette dernière contient quelques modifications de traduction. Mais, comme dans le cas de la réédition de *L'Homme*, Clerselier n'ajoute pas de nouvelle préface. Pour cette raison, ces deux dernières éditions ne feront pas en tant que telles l'objet de mes analyses.

L'entreprise éditoriale de Clerselier se spécifie ainsi, d'une part, par la prééminence des questions scientifiques. Cela n'est guère étonnant, si l'on se souvient que c'est sur ces questions que Descartes avait choisi de renoncer à publier lui-même. Mais c'est précisément pour cela que cette publication pose problème : comment peut-on rendre à Descartes ce qui est à Descartes, sans aller contre la volonté explicite de Descartes sur ce point ? Les choix de Clerselier se caractérisent ainsi, d'autre part, par la justification, par Descartes, du contenu philosophiquement valide de ce que ce dernier a pourtant renoncé à publier de son vivant. L'agencement et la structure responsoriale de bon nombre des lettres valent alors, à la fois, comme l'assignation, à l'incompréhension voire à la malignité des objecteurs, de ce renoncement, et comme la caution, *post-mortem* mais par l'auteur lui-même, de la valeur philosophique de l'ensemble de ses écrits.

Ces deux critères s'articulent à un souci plus général de dissociation entre ce qu'il convient d'attribuer au nom de Descartes et ce qui doit être relégué dans le camp de l'altérité, à savoir, de la philosophie empiriste publiquement revendiquée par Regius, au nom de ce même cartésianisme.

LE PREMIER TOME DES *LETTRES*

Le premier tome des *Lettres*, on l'a vu, s'ouvre sur une préface essentiellement consacrée à discréditer Regius sur les plans scientifique et moral. On y apprend ensuite que la charge aurait pu être plus violente encore. Car Jean Chapelain (1595-1674) est intervenu pour en « polir certains endroits » qui auraient, sans cela, semblé trop rudes au lecteur. Il a en outre conseillé à Clerselier de clore son *incipit* par les quatre inscriptions en latin que Pierre Chanut avait fait inscrire sur les quatre faces du tombeau de Descartes. La préface s'achève ainsi par les épitaphes à la mémoire du mort, qui font écho à la dernière lettre de Robert Creyghton donnée dans la *Brevis Replicatio*. Elle se clôt du même coup par la caution de Chanut, beau-frère de Clerselier, proche de Descartes, mais aussi beau-frère de Jacques Rohault (1618-1672), le plus éminent représentant de la philosophie naturelle de Descartes, par son mariage avec la fille de Clerselier. Ce premier clan de cartésiens officiels, chargé de pérenniser la mémoire du père, est ainsi un clan familial. Et par rapport à ce clan, la critique de Regius vaut comme une répudiation ou un deshéritage.

Chanut était ambassadeur en Suède ; c'est lui qui convainquit Descartes de se rendre à la cour de la reine Christine (1626-1689) pour lui enseigner personnellement sa philosophie. Dans cette continuité, et parce que le volume priorise les questions morales, Clerselier l'ouvre sur la lettre de Descartes à Christine sur le souverain bien. Il donne ensuite les lettres de Descartes à Elisabeth, notamment celles de décembre 1646 (lettre 17), désignée comme celle « où il est parlé de quelques remèdes de médecine, de ceux de chimie, et de M. Le Roy » ; la lettre du 10 mai 1647 (lettre 19), « sur les différends qu'il avait avec les professeurs d'Utrecht et de Leyde » ; et la lettre de mars 1647 (lettre 22), intitulée « Au sujet de M. Le Roy ». En plus d'être directement nommé dans les intitulés des lettres, par Clerselier, Regius y est désigné par Descartes, et dans un contexte où la querelle d'Utrecht s'est envenimée, comme convertissant en erreur tout ce qu'il a appris de ce dernier et comme l'auteur du plagiat de l'explication du mouvement musculaire exposée dans *L'Homme*. Suivent les lettres échangées entre Descartes et Plempius en 1638, afin de rétablir le magistère du premier face à Harvey sur des questions physiologiques aussi centrales que celle de l'explication du mouvement du cœur. Puis Clerselier produit un échantillon des lettres de Descartes à Regius (lettre 81 à 89), avec un intitulé là-encore sans ambiguïté pour le lecteur s'agissant de l'ordre de priorité entre Regius et Descartes, ainsi que de la probité et générosité de ce dernier : « A. M. Le Roy, Dr en Médecine, et Préface, où l'on verra les avis qu'il lui a donnés pour se défendre ». Suit le dossier des *Notae in Programma* (p. 536 *sq*), Regius ayant au préalable été désigné sans équivoque comme l'auteur du placard. Le volume 1 se termine par trois lettres adressées à Clerselier par Descartes, sur les règles du mouvement (lettre 117), sur le premier principe (lettre 118) et sur la troisième *Méditation* (lettre 119). Non sans avoir, dans la lettre 103, produit une lettre « Sur la démonstration de l'existence de Dieu et de l'âme humaine ».

Le premier volume des *Lettres* est donc organisé selon un principe de démarcation opératoire à trois niveaux. Tout d'abord, Regius est explicitement exclu du camp des cartésiens fidèles à Descartes, ou de la famille philosophique de ce dernier. Qu'ils résultent ou non, en amont, d'un refus de Regius de communiquer ses lettres à Clerselier, l'agencement et les intitulés des textes de Descartes relatifs à sa querelle avec Regius créent, en aval, un effet d'asymétrie tel, qu'il demeure impossible, à la lecture de ce premier volume et à quelque parti qu'on se rallie, de ne pas dissocier l'un de l'autre. Deuxièmement, en centrant l'essentiel de son propos sur les questions scientifiques, notamment physiologiques, Clerselier y rétablit le magistère de Descartes. Il ne se contente pas de rendre publiques des considérations de Descartes sur les sciences et de montrer en quoi celles-ci résolvent les apories de la scolastique. Il souhaite, en outre, prioriser sur ce point Descartes par rapport à l'auteur de la *Physiologia*, des *Fundamenta Physices* devenus *Philosophia naturalis* et des *Fundamenta Medica*. Troisièmement, l'enchaînement final, des *Notae* à la question des règles du mouvement et de leur auteur, du premier principe et de la troisième *Méditation*, réhabilite le sens cartésien de la métaphysique. Le chemin menant de la physique à cette métaphysique et garantissant la validité de la première par la certitude de la seconde, par la démarcation la plus complète possible entre Regius et Descartes, est garanti par l'explicitation, à Clerselier et par Descartes lui-même, de la validité de ce chemin[1].

L'ÉCHANGE ÉPISTOLAIRE ENTRE CLERSELIER ET REGIUS, ENTRE LES TOMES 1 ET 2 DES *LETTRES*

En avril 1659, entre la parution des volumes 1 et 2, Clerselier écrit à Regius à deux fins principales. Il tient tout d'abord à s'excuser de la virulence de la préface du premier tome, qu'il impute à la méconnaissance, au moment où il l'a rédigée, de la *Brevis replicatio* et de la préface de Carolus Fabricius. Il informe en outre Regius de ce qu'il travaille à une édition de *L'Homme* et du *Traité de la formation du fœtus*, dont il affirme posséder les originaux. Mais comme les figures se sont perdues et que la seule qui reste de Descartes est quasi illisible[2], il a besoin qu'on lui prête main-forte dans la réalisation de ces dernières. Il pense que Regius est sur ce point la personne la plus adéquate. Il lui demande en conséquence son aide. Une telle adresse peut ainsi, aussi bien, se lire dans son esprit

1. Au sujet de l'importance métaphysique des lettres 118 et 119 dans ce premier volume, *cf.* V. Carraud, « Les belles questions de 1657 », dans *DesCartes et DesLettres. « Epistolari » e filosofia in Descartes e nei cartesiani*, Fr. Marrone (dir.), Le Monier Università/Filosofia, 2008, p. 1-21. V. Carraud soutient qu'avant ces dernières lettres, le premier volume ne présente pas Descartes comme un métaphysicien : « la présence de la métaphysique est non seulement partielle, mais fragmentaire et pour ainsi dire accidentelle » (p. 6). La restitution, à ce premier volume, de sa structure dialogique avec les thèses de Regius, produit un résultat très différent. L'enjeu métaphysique s'y donne à voir comme éminemment présent, dès la préface. Et la restitution, à Descartes, de la paternité des thèses physiologiques elles-mêmes, prescrit la juste interprétation de ce qu'il faut entendre par « métaphysique ».

2. Sur le naufrage du navire contenant les papiers de Descartes, *cf.* le récit d'A. Baillet, *Vie de Monsieur Descartes*, *op. cit.*, I, préface, p. 35.

que dans sa lettre. On peut comprendre que Clerselier est sincère en affirmant avoir manqué d'informations et en considérant Regius comme le plus compétent sur le sens véritable de la physiologie cartésienne. Mais on peut aussi considérer qu'il ment sur le premier point et qu'il est ironique sur le second : qui mieux qu'un plagieur supposé est susceptible de reproduire fidèlement les figures disparues ?

Regius lui répond sur le même registre le 9/19 octobre 1659[1]. Il prend acte de ce que Clerselier aurait ouvert le tome 1 par une préface adoptant un autre ton s'il avait eu connaissance de la *Brevis Replicatio*. Il faut alors assumer ce que cela implique. Si le mécanisme de dissociation structurant le premier tome provient d'une méconnaissance, par Clerselier, de ses arguments à lui, Regius, la dissociation devrait en effet disparaître avec la connaissance de ces derniers. Regius ne serait, du coup, ni un dissident du sens véritable du cartésianisme, ni dans l'erreur. Mais c'est alors Descartes lui-même qui serait menacé : la dissociation se verrait remplacée par cet effacement. De manière très habile, Regius s'appuie finalement sur les propos publics de Descartes à la fin du *Discours de la méthode* : « Je désire que la postérité ait bien conscience qu'il ne faut rien m'attribuer que je n'aurais moi-même publié », afin de disqualifier, non seulement l'entreprise de publication du traité de *L'Homme*, à laquelle Clerselier travaille, mais en outre toute forme d'attribution à Descartes du texte de *L'Homme* :

> (…) puisque Descartes avait, autrefois, publiquement déclaré qu'il ne voulait pas qu'on considère comme siens les écrits qu'il n'aurait pas publiés lui-même, je ne peux

1. Le texte est établi à partir du Manuscrit 366 de Chartres.

pas considérer le traité *De Homine* (*L'Homme*) [1], diffusé depuis longtemps déjà parmi les savants, de même qu'un autre opuscule, sur la formation du fœtus humain dans l'utérus maternel, que vous dites avoir chez vous, comme ayant été écrits par Descartes, pas plus que tout autre traité n'ayant pas été édité par lui. C'est pourquoi je vous demande expressément, étant donné que je suis déjà très occupé par ce travail des figures à réaliser, qui tourmentait depuis déjà longtemps les esprits de nombreux érudits, l'autorisation de m'abstenir de toucher à ces opuscules sur l'homme et la formation du fœtus, ainsi qu'aux autres du même genre non publiés par Descartes, que je n'ai, jusqu'à présent, jamais vus. Ni n'ai, du reste, le désir de voir. La troisième édition de ma Physique est déjà commencée. Celle-ci, afin de m'éviter de nouvelles calomnies, a été conçue de sorte à ne pas attirer les regards et, une fois qu'elle sera achevée, je ne m'occuperai pas de ceux qui m'en font.

Ce qui avait été rendu public par Clerselier dans le premier volume des lettres, mais restait implicite dans sa missive à Regius, revient ainsi, sous la plume de Regius, comme un retournement homologue à celui de la préface de Fabricius. Car ce sont ses *Fundamenta Physices* à lui, Regius, qui sont en passe d'être édités pour la troisième fois (*Philosophia naturalis*, 1661), là où Clerselier s'apprête à publier, comme étant le premier, un manuscrit approximativement daté du début des années 1630, dont Descartes lui-même explique qu'il ne faut pas le lui attribuer. La réponse de Regius ne produit donc rien de moins que la disqualification, au nom de Descartes lui-même, de l'ensemble de l'entreprise éditoriale de Clerselier. Et cette

1. L'original du texte de Regius étant en latin, il est difficile de savoir à quel texte – une copie ou l'original – exactement il se réfère. Mais cela ne change pas le fond de son argumentation ici.

disqualification sort du domaine privé, puisque la lettre de Regius est jointe à la *Brevis explicatio.*

La stratégie bancale d'annexion, par Clerselier, a donc échoué. Le processus de dissociation s'en trouve du même coup, et plus urgemment encore, relancé.

On peut alors mieux comprendre les choix du volume 2, puis de l'édition de *L'Homme.*

LE DEUXIÈME VOLUME DES *LETTRES*

Le volume 2 s'ouvre sur une nouvelle préface, alléguant l'« approbation universelle » reçue à propos du volume 1, y compris de la part de ceux qui initialement, parmi les savants, étaient « les plus échauffés à combattre cette doctrine dans sa naissance, par la prévention qu'ils avaient pour les opinions communes et l'aversion qu'ils sentaient pour les nouvelles » (p. 3). Dans les académies ainsi que dans des cercles plus fermés, comme les assemblées scientifiques se réunissant chez Rohault le mercredi, chacun prend ainsi progressivement « la même route » : celle de la philosophie consacrée par le volume 1. Après ses échanges épistolaires avec Regius, dont il ne fait pas plus mention que de la *Brevis Replicatio*, Clerselier ne lui laisse donc plus aucune place. L'« universel » en question englobant le monde savant, tous ceux qui ne s'y rallient pas en sont exclus.

Deuxièmement, Descartes y est défini comme le « seul » qui ait fait concevoir au public les « véritables idées » de métaphysique. L'affirmation la plus importante de cette préface est ainsi celle de ce dualisme substantiel thématisé dans les *Méditations* et radicalisé dans les *Notae*, contre Regius :

Ce n'est pas qu'auparavant M. Descartes, plusieurs grands personnages n'aient parlé des choses intellectuelles, et n'en aient parlé dignement. Mais néanmoins s'il m'est permis de dire ici ce que j'en pense, vous n'en trouverez aucun, qui ait conçu bien distinctement en quoi consiste précisément l'essence d'une chose spirituelle, et qui l'ait si nettement distinguée des choses matérielles, qu'il n'ait point confondu les fonctions des unes, avec les fonctions des autres. M. Descartes est le seul à qui nous ayons l'obligation de nous en avoir donné les véritables notions, de nous avoir en même temps découvert le moyen dont il s'est servi pour parvenir à une connaissance si distincte et si exacte. Car quiconque voudra méditer avec lui, ne pourra douter non plus que lui de l'existence de son âme, c'est-à-dire de sa propre existence, en tant qu'il est une chose qui pense, qui est la véritable notion que l'on doit avoir de la substance spirituelle, et par quoi l'on reconnaît manifestement qu'elle est distinguée de la substance corporelle ; comme ayant en soi des propriétés ou des attributs totalement différents de ceux que nous concevons pouvoir appartenir à la substance corporelle, ou étendue » (p. 9-10).

En alléguant la caution de tout le monde savant et en érigeant le principal différend entre Descartes et Regius : la connaissance rationnelle de la distinction substantielle de l'âme et du corps, en marqueur identitaire du cartésianisme, Clerselier précise et durcit ainsi la dissociation structurant le premier volume. La philosophie de Descartes est une philosophie de la distinction des choses et non seulement de leurs idées. Et dans cette distinction des choses, la chose pensante prévaut sur la matière.

La première lettre du volume complète cette hiérarchie. Elle fut adressée par Mersenne à Voetius, au moment où ce dernier préparait sa charge contre la philosophie nouvelle.

Descartes avait lui-même désigné cette lettre comme étant la plus importante à conserver et à publier, parmi les papiers qu'il léguait à la postérité[1]. On peut du même coup s'étonner de ce que Clerselier ne l'ait pas déjà jointe au premier volume. Mais on peut aussi justifier sa présence à l'orée du deuxième par la nécessité d'une piqure de rappel de l'importance, structurante pour le cartésianisme, du dossier de la querelle et de sa postérité. Sur ce point encore, les choix du volume 2 consolident ainsi ceux du premier.

Cette lettre de Mersenne contient trois enseignements décisifs. On y apprend tout d'abord que Mersenne a été « excité » par Voetius à écrire contre la philosophie de Descartes. Mais il n'en a rien fait. Car au bout d'une année d'attente, il n'a reçu de Voetius, ou lu chez ce dernier, aucun argument convaincant pour l'y inciter. Ensuite, en se référant aux réponses apportées par Descartes aux secondes et sixièmes *Objections*, Mersenne affirme avoir reconnu en Descartes « un homme qui n'a point étudié la théologie », « une lumière si particulière », qu'il remarque « presque les mêmes choses » dans les écrits de celui-ci que dans ceux d'Augustin. Troisièmement et enfin, il explique à Voetius qu'une telle philosophie, si ferme dans ses principes, « si chrétienne » et inspirant « si doucement l'amour de Dieu », tournera nécessairement, « un jour », « au bien et à l'ornement de la vraie religion ». Un des indices allant dans ce sens est le fait qu'Antoine Arnauld (1612-1694), théologien quant à lui renommé, s'est déclaré parfaitement satisfait des quatrièmes *Réponses*, au point d'enseigner publiquement « la même philosophie » que

---

1. *Cf.* A. Baillet, *Vie de Monsieur Descartes, op. cit.*, I, préface, p. XXIX.

celle de Descartes, laquelle s'accorde en outre avec celles de Platon et d'Aristote.

En plaçant cette lettre en préambule au volume 2, Clerselier opère ainsi une triple démarcation entre la philosophie de Descartes et son en-dehors : une première avec les théologiens scolastiques d'Utrecht que Descartes a d'abord combattus aux côtés de Regius ; une deuxième avec ceux qui s'opposent à Mersenne et à Arnauld et, à travers eux aussi, aux véritables héritiers de Platon, d'Aristote et d'Augustin ; une démarcation, enfin, avec tous ceux qui n'aiment pas Dieu ou qui l'aiment mal. Par où l'on retrouve les théologiens d'Utrecht. Descartes apparaît alors comme celui dont la saine philosophie rallie toutes les personnes sensées et qui ne doutent pas de l'existence de Dieu. La lettre qui suit réaffirme la preuve « que l'âme peut penser sans le corps ». L'essentiel du volume 2 est ensuite composé de lettres à Mersenne sur des « Questions diverses ». La présence de la lettre de Mersenne en ouverture reçoit du même coup une nouvelle justification *a posteriori* : elle inscrit dans la durée la fidélité théorique de celui qui fut jusqu'au bout, pour Descartes, un homme de confiance. Mersenne, lui, n'a pas trahi.

L'intitulé d'une autre lettre : la lettre 12, attire en outre l'attention du lecteur. Il y est question d'un « Professeur des Pays Bas », que Descartes « drape agréablement ». Or en y regardant de plus près, on constate que cette lettre renvoie à la rupture de septembre et octobre 1630 avec Isaac Beeckman (1588-1637). Descartes s'y montre à la fois cinglant et très clair :

> (…) quand je voudrai que les hommes sachent quel est le fruit de mon esprit, pour petit qu'il soit, il leur sera très aisé de connaître que ces fruits viennent de mon fond, et qu'ils n'ont point été cueillis dans celui d'un autre (p. 61).

Par-delà la personne de Beeckman et dans le contexte de l'édition du volume 2, la valorisation de cette lettre par Clerselier vaut donc aussi comme réponse à la lettre de Regius de 1659.

Le volume 2 s'achève, comme le premier, sur trois lettres en série, non datées et dont le ou les destinataires sont anonymes. La lettre 116 est un rappel, par Descartes, des deux principes structurant sa Physique. D'une part, il n'existe pas de « qualités réelles en la nature, qui soient ajoutées à la substance, comme de petites âmes à leurs corps ». D'autre part, le principe selon lequel une chose demeure en son état, sauf si une cause extérieure la change, est fondé en métaphysique, si bien qu'une qualité ou un mode ne peut se mouvoir de soi-même (p. 554). La lettre 117 se réfère aux controverses de théologie dans lesquelles Descartes se trouve impliqué alors qu'en tant que théologiques, elles « passent les bornes » de ce qu'il désigne comme sa « profession ». Dans ce cadre, il faut ainsi comprendre que les guerres ne sont alimentées que par la propagation de faux principes philosophiques. À l'inverse, il n'y a

> (…) rien qui porte plus les hommes à une mutuelle amitié, que la conformité de leurs pensées (p. 560).

Alors que la lettre précédente insistait sur les deux véritables principes de physique en soulignant seulement leur enracinement métaphysique, celle-ci se focalise sur la métaphysique :

> (…) véritablement mes pensées sont si conformes à celles qui sont couchées dans cet écrit, que je ne me souviens point d'avoir rien vu jusques ici, où tout ce qu'il y a de moëlle et de substance (pour ainsi dire) dans ma Métaphysique, soit mieux compris et renfermé que là-dedans (p. 559).

Les arguments ensuite désignés comme essentiels sont ceux de l'existence de Dieu, du Dieu *causa sui* et de l'alignement des choses naturelles sur les artificielles, du point de vue de la cause de leur mouvement. L'ami, également pourvoyeur de paix, est donc, avant toute chose, un métaphysicien remontant à Dieu. Et c'est parce qu'il est un bon métaphysicien qu'il peut éventuellement, ensuite, être un bon physicien.

Les derniers mots de la lettre 118 reviennent au *cogito*, comme la lettre 1 était revenue à la preuve de l'autonomie de l'âme par rapport au corps après la désignation, par Mersenne, de Descartes comme un non théologien servant exemplairement la vraie théologie.

Descartes s'y emploie à « fermer la bouche » aux « beaux esprits » ayant trouvé à « regabeler » sur le *cogito*. À cette fin, il doit notamment répondre à une suggestion de rapprochement qui, dans l'esprit du destinataire de la lettre [1], avait une visée laudative et apologétique : le *cogito* de Descartes présenterait bien des similitudes avec celui d'Augustin. La réponse de Descartes tient en deux arguments enchâssés. D'abord, il affirme découvrir cette proximité, au moins dans les termes, avec Augustin. Ensuite, il s'applique à dissocier son entreprise de celle d'Augustin, à partir de la fonction radicalement nouvelle que lui, Descartes, accorde au *cogito*. Sans nier à proprement parler l'héritage qu'on lui propose, il entend donc souligner que

---

1. Il s'agit de la réponse de Descartes à Colvius, du 14 novembre 1640 (AT III, 247-248). Pour le dossier complet des passages où Descartes revient sur son rapport à Augustin, *cf.* les Objections d'Arnauld aux *Méditations* en AT IX-1, 154 et la Réponse de Descartes en AT IX-1, 170-171 ; les lettres à Mersenne du 25 mai 1637 (AT I, 376), du 15 novembre 1638 (AT II, 435) et de décembre 1640 (AT III, 261) et la lettre à Mesland du 2 mai 1644 (AT IV, 113).

cette filiation lui demeurait inaperçue et qu'en tout état de cause, elle se trouve déplacée, donc entièrement repensée, dans les *Méditations* :

> Vous m'avez obligé de m'avertir du passage de Saint Augustin, auquel mon *je pense donc je suis* a quelque rapport. Je l'ai été lire aujourd'hui en la bibliothèque de cette ville, et je trouve véritablement qu'il s'en sert pour prouver la certitude de notre Être, et ensuite pour faire voir qu'il y a en nous quelque image de la Trinité, en ce que nous sommes, nous savons que nous sommes, et nous aimons cet Être et cette science qui est en nous. Au lieu que je m'en sers pour faire connaître que ce *moi* qui pense, est *une substance immatérielle*, et qui n'a rien de corporel ; qui sont deux choses fort différentes (p. 563).

Là où Augustin nous ramène à Dieu et à l'image de Dieu en nous, la démarche de Descartes se centre sur le type de connaissance que nous pouvons prendre de la nature de notre âme, en tant que radicalement distincte du corps auquel elle est jointe en cette vie. Et c'est ce qui la spécifie comme philosophique.

Le volume 2 est donc très précisément encadré, en amont comme en aval, par le martèlement de capacité de l'esprit humain à accéder à la connaissance ontologique de la distinction substantielle. Ce que le volume 1 présentait plutôt sur un mode successif (on allait de la physique à la métaphysique) est ici identifié comme un rapport de fondation de la seconde par la première et spécifié par l'identification, en plus des deux principes de la physique, de deux principes métaphysiques inamovibles : le *cogito* et Dieu. Enfin, le fil directeur de ces trois dernières lettres renvoie, comme celui des trois dernières lettres du premier volume, à celui de l'activité et de la causalité, des corps, des âmes et de Dieu. La substantialité, la causalité et la capacité de l'homme à les connaître, spécifient le domaine de la métaphysique cartésienne divulguée dans les lettres. Nous retrouvons rigoureusement les enjeux de la polémique des *Notae*.

LA PRÉFACE À L'ÉDITION DE 1664 DE *L'HOMME*

Après la publication de la troisième édition de la *Philosophia naturalis* (1661), la préface à l'édition de *L'Homme* (1664) marque un retour explicite du nom de Regius. Clerselier y revient sur l'épopée de la réalisation des figures. Il retrace la genèse du refus de Regius de s'y investir, à partir de leur correspondance d'avril et octobre 1659, mais sans donner les lettres elles-mêmes. Il s'étonne de la virulence des propos de Carolus Fabricius dans la *Brevis replicatio*, Clerselier s'y sentant mis en cause comme s'il avait commis un « crime ». Il identifie alors une incohérence voire une malhonnêteté entre l'accusation d'avoir divulgué les lettres de Descartes à Regius dans une forme « controuvée et faite à plaisir », dans le volume 1, et le refus de Regius de communiquer ses réponses pour leur faire publiquement contrepoint. Enfin, il réitère, sans grande équivoque cette fois, l'accusation de plagiat, par un commentaire très personnel de la réponse que lui avait adressé Regius :

> Je le priais de se vouloir donner la peine de travailler aux figures qui manquaient à son Traité de L'Homme (celui de Descartes) ; tant parce que l'examen qu'il serait obligé de faire des deux Traités que je lui enverrais, pourrait lui ouvrir l'esprit pour découvrir la vérité qu'il recherche avec tant de soin, et lui donner de belles lumières pour avancer dans le grand ouvrage de l'Homme, auquel on ne saurait trop travailler ; que parce que c'était un moyen de faire revivre et rendre publique l'ancienne amitié qui

avait autrefois été entre M. Descartes et lui, et qui depuis sa mort devait s'être continuée entre lui et ses Sectateurs, et ainsi de se remettre bien avec eux, et de regagner leurs bonnes grâces. Mais il s'en excusa, de peu que s'il y mettait la main, on ne put soupçonner que quelqu'un de ces Traités, qu'il dit n'avoir jamais vus, lui eussent déjà autrefois passé par les mains. Quoi qu'à dire le vrai, ce soit une chose assez difficile à croire, que deux personnes aient pu si bien rencontrer dans leurs pensées, que d'avoir des pages entières, totalement conformes les unes aux autres, sans que l'un ait eu communication des pensées de l'autre. Néanmoins comme cela n'est pas impossible, et que l'on a vu de plus grandes merveilles, je n'en veux point juger, les lecteurs en croiront ce qu'il leur plaira, et il leur importe fort peu de savoir qui est le maître ou le disciple, de M. Descartes ou de M. Le Roy, et lequel des deux est le premier inventeur des choses où ils sont conformes, ou s'ils les ont tous deux inventées. Toutefois pour dire les choses comme elles sont, je crois que M. Le Roy ne me désavouera pas, quand je dirai de lui, qu'il a fait autrefois l'honneur à M. Descartes de le consulter souvent sur des questions de Physique et de Médecine, ou en général de Philosophie, et qu'ainsi il l'a autrefois considéré comme une personne de qui il pouvait apprendre (p. 76-77).

Au seuil de la divulgation au public du texte de *L'Homme*, Clerselier juge ainsi nécessaire d'être beaucoup plus explicite qu'auparavant. « À dire le vrai » ou « pour dire les choses comme elles sont », Descartes fut bien l'inventeur de la nouvelle explication du fonctionnement autonome de la machine humaine, que Regius s'est ensuite contenté, au mieux, de diffuser en son nom propre dans ses écrits. La paternité du mécanisme est l'envers de celle de l'autonomie de l'âme par rapport au corps. Elle vient compléter le dualisme. L'insistance de Clerselier à justifier qu'il possède bien la copie originale, donc aussi la plus ancienne, du texte de L'Homme, s'explique ainsi par son souci de fournir la preuve de ce que le traité, au moins dans une première version, fut bien rédigé par Descartes avant la nomination de Regius à l'Université d'Utrecht et la série des disputes, publiées ensuite dans la *Physiologia*. Une telle affirmation creuse de ce point de vue le même sillon que la publication de la lettre à Beeckman de 1630, dans le volume 2.

Le soin que prend Clerselier à ancrer la juste compréhension du mécanisme dans le parcours des *Méditations* chronologiquement élaboré après *L'Homme* atteste en outre de son souci de dissocier le sens de ce dernier de l'ordre de la *Philosophia naturalis* de Regius, où le livre V, consacré à *L'Homme* et à la critique du *cogito*, se lit dans la parfaite continuité des développements physiques. Ce souci se traduit typographiquement par l'insertion, dans la préface, de plusieurs mentions, en italiques, de l'argument dualiste [1].

Enfin, l'inflation des références à Augustin confère à l'entreprise de Clerselier une dimension apologétique indéniable : l'esprit distinct du corps est renforcé par un « *Spiritus est Deus* » [2]. Cette inflation s'explique bien sûr par le contexte : les écrits de Descartes viennent d'être condamnés à plusieurs reprises en Europe par les autorités religieuses, *donec corrigantur*. Le rappel de l'épistémologie dualiste et sa caution par Augustin fournissent ainsi la

---

1. *Cf.* par exemple la succession des pages 44 : « *L'Âme de l'homme est réellement distincte du corps* » et 45 : « *Le corps et l'âme sont deux substances réellement distinctes* ».
2. Page 51. Schuyl aussi avait réaffirmé ce dualisme dans sa préface, en le reliant aux *Notae* (p. 517). C'était alors Tobias Andreae et non Regius qu'il appelait en renfort.

« correction » demandée. Mais le retour à la dernière lettre à Andreas Colvius (1594-1671) du volume 2 montre qu'à cette fin, Clerselier est aussi contraint de se déplacer. Car ce n'est plus tant de Descartes qu'il s'agit (Descartes s'était précisément distingué d'Augustin par ce rôle fondateur du *cogito*), que de la façon dont un théologien reconnu comme Arnauld pense qu'il est plus prudent de dire officiellement qu'on lit Descartes. Le critère par lequel Descartes lui-même se distinguait d'Augustin : le recentrement de l'analyse sur les capacités humaines et rationnelles de connaître, plutôt que sur Dieu, se trouve ainsi réintégré dans le cartésianisme officiel par Clerselier, mais au nom d'Augustin.

Une dernière inflexion conforte cette lecture. Elle concerne l'ajout, au manuscrit de Descartes, d'une division en paragraphes agrémentés de titres. Or les formulations d'un certain nombre de ces titres réinvestissent des tournures finalistes, potentiellement conflictuelles avec les déclarations publiques de l'article 28 de la première partie des *Principes de la philosophie*[1]. Ainsi, là où Descartes se cantonne au lexique de la description, par exemple de la structure de l'œil, Clerselier n'hésite pas à introduire celui de la téléologie, en l'occurrence, de ce à quoi la couleur noire de l'œil, les changements de figure de l'humeur cristalline ou de la grandeur de la prunelle, « servent »[2]. Sur la ligne de crête du contresens sur la radicalité de la physique nouvelle, Clerselier tient donc, de toute évidence, à faire droit à une forme de causalité non matérielle présidant au bon fonctionnement du corps machinal. Il fixe

1. « Qu'il ne faut point examiner pour quelle fin Dieu a fait chaque chose, mais seulement par quel moyen il a voulu qu'elle fut produite. » (AT IX-2, 37). Cet article est généralement désigné comme celui où Descartes explicite son rejet des causes finales en philosophie naturelle.

2. Pour la vue par exemple, *cf.* les articles 37 à 40.

pour la postérité une interprétation de *L'Homme* comme preuve magistrale de l'existence de Dieu, que l'on retrouvera par exemple dans la réponse qu'Arnauld adressera au doyen de Vitré Jean Le Moyne en 1680 [1]. La réintégration du régime d'exception de la *mens*, dans la machine humaine, devient indissociable de son articulation au *spiritus Deus*.

L'édition de *L'Homme* tient ainsi ensemble tous les fils de la dissociation avec Regius. Le dualisme, dans ses deux versants mécanique et psychologique, y trouve son ancrage causal et sa dimension apologétique, par opposition à une distinction de façade vidant de son sens la physiologie par ailleurs la plus semblable qui soit à celle de Descartes. Le prix à payer est un éventuel brouillage des frontières entre métaphysique et théologie, que Descartes comme Regius, avec des objectifs et des résultats différents, avaient précisément cherché à éviter.

LE TROISIÈME VOLUME DES *LETTRES*

Le troisième volume des lettres, en 1667, prend en charge ce problème, en remettant sur le chantier la question de la délimitation de la philosophie cartésienne.

Clerselier fait d'abord état d'une « mortelle jalousie », dont Descartes aurait été la victime de son vivant et qui « régne(rait) encore dans l'esprit de quelques-uns après sa mort ». Ce sont les effets de cette jalousie qui auraient poussé Clerselier à se « présenter au combat » et à « entrer en lice » de nouveau. Le consensus familial de la préface au volume 1, devenu universel dans la préface au volume

---

1. *Examen d'un écrit qui a pour titre Traité de l'essence du corps et de l'union de l'âme avec le corps, contre la philosophie de M. Descartes* (1680), dans *Œuvres complètes de Messire Antoine Arnauld*, Édition de Lausanne (40 volumes, 1775-1781), 1780, t. XXXVIII, p. 89-176.

2, cède ainsi la place à la nécessité de reprendre la guerre contre ces « quelques-uns », qui ne restent liés à Descartes que par une envie mâtinée de haine. L'entreprise éditoriale devient la partie prenante voire l'arme principale de ce combat. Toute forme de dissidence par rapport à l'interprétation officielle supposée laver Descartes du moindre soupçon d'hétérodoxie, apparaîtra dès lors comme le véritable sujet de condamnation et de mise à l'index.

La préface prend les exemples de Pierre Bourdin [1], de Pierre de Fermat et de Gilles Personne de Roberval. Les deux premiers sont respectivement morts en 1653 et 1665, mais le troisième est encore vivant. Les lettres contenues dans le volume 3 comprennent, en plus des lettres de Descartes à Mersenne, Roberval, Carcavi et Elisabeth, sur des questions de géométrie (58 à 85), un dossier d'échanges entre Clerselier et Fermat (lettres 37 à 55) sur la *Dioptrique*, ainsi que les lettres de Hobbes à Descartes (29 à 36), sur la *Dioptrique* aussi. Quels sont les principaux enseignements d'une telle distribution ?

Comme celui de Regius, les noms de Roberval et de Hobbes ont été associés à des accusations de plagiat de certains résultats scientifiques de Descartes [2]. Il s'agit en outre de deux personnalités renommées identifiées comme des opposants officiels à la métaphysique de Descartes. Mais alors que Descartes put en un sens régler directement ses comptes avec Hobbes, dans le violent échange des

1. Sur Bourdin, *cf.* R. Ariew, « Pierre Bourdin and the Seventh Objections », in *Descartes and His Contemporaries : Meditations, Objections, and Replies*, R. Ariew, M. Grene (eds.), Chicago, 1995, 208-225 ; R. Ariew, *Descartes and the Last Scholastics*, Ithaca, N.Y., 1999, 5, 24-26, 28-29, 156, 173, 193-196 et 203-204.

2. Descartes a implicitement accusé Hobbes de plagiat sur la loi des sinus et Roberval sur la question des parhélies.

troisièmes *Objections* et *Réponses*, Roberval continue de représenter un de ses principaux adversaires sur ce point[1]. S'agissant de Bourdin, Clerselier souligne qu'on aurait pu lui pardonner ses petites « fourbes et déguisements », si ce dernier n'en était venu à s'attaquer aux *Méditations* et à accuser impunément Descartes « de favoriser en quelque façon les libertins et les athées ». Comme dans les volumes précédents, les considérations scientifiques du volume 3 sont donc enchâssées dans des querelles de paternité et des dissensions métaphysiques majeures. Hobbes, Roberval et Bourdin viennent en ce sens grossir le clan des répudiés.

Deuxièmement, la nouvelle entrée en lice de Clerselier se caractérise par le fait d'assumer, envers et contre tout, son rôle de médiateur. On le voit pour Fermat : ce sont ses lettres à lui que Clerselier fournit, dans lesquelles il répond, au nom de Descartes, aux objections de Fermat. Mais on le voit surtout à propos de la lettre 97. Cette lettre a pour intitulé : « Lettre de M. Clerselier, lue en l'assemblée de M. de Montmor, pour satisfaire aux objections proposées par M. de Roberval, touchant le mouvement dans le plein ». Et elle est présentée (p. 538) comme lue le 13 juillet 1658, « sous le nom de M. Descartes, comme si c'eût été lui qui l'avait autrefois écrite à quelqu'un de ses amis ». De quoi s'agit-il exactement ?

De son vivant, Descartes avait entretenu de sérieux différends avec Roberval. Entre 1620 et 1650, il ne fut pas un seul sujet, de mathématiques ou de physique, sur lequel n'interviennent, sinon les deux, du moins l'un ou l'autre et en général de manière contradictoire. Mersenne avait

---

1. Un peu plus tard, Baillet affirmera même que « Monsieur de Roberval (…) avait la réputation d'être le principal adversaire de notre philosophe » (*Vie de Monsieur Descartes, op. cit.*, I, préface, p. XXXIJ).

d'ailleurs écrit à leur sujet, en 1646, qu'ils se « méprisent si fort l'un l'autre que c'est une chose merveilleuse »[1]. Ils se sont rencontrés à deux reprises. Le 23 septembre 1647, Descartes a été invité chez Pascal, où se trouvait également Roberval. Ils ont discuté de la machine arithmétique et du vide, plus précisément de la possibilité du mouvement dans le plein, sans pouvoir toutefois tomber d'accord. En 1648 ensuite, à l'occasion du troisième voyage de Descartes en France. Descartes est brouillé avec Gassendi ; une soirée de réconciliation est organisée par Mersenne, en présence de Roberval. Les deux hommes s'échauffent une nouvelle fois au sujet du vide, de l'impossibilité du mouvement dans le plein et de la divisibilité ou non des atomes. Descartes ne réplique pas aux arguments de Roberval et lui demande de les consigner par écrit. Roberval refuse.

Après la mort de Descartes, Clerselier se retrouve donc dans la situation dans laquelle « M. de Roberval s'est vanté d'avoir fermé la bouche en bonne compagnie à Descartes, sur la question du mouvement dans le plein et autres questions de physique ». Il est en outre en colère contre Roberval, qui a refusé de lui communiquer les originaux des lettres de Descartes à Mersenne (Roberval les détenait depuis la mort de Mersenne), afin de lui permettre de

---

1. À Ismaël Boulliaud, 1646. Il semble qu'il n'ait existé qu'une seule lettre directe de Roberval à Descartes en 1643, mais elle est aujourd'hui perdue. Or quand on regarde l'index des occurrences des noms propres dans la correspondance de Descartes, le nom de Roberval arrive en premier lieu, avec 142 références. Descartes a traité Roberval de « capitan » et « nain monstrueux » dans la lettre du 2 novembre 1646, ou bien encore, d'« esprit malin », dans celle du 8 avril 1648. Sur Descartes et Roberval, *cf.* les travaux de Vincent Jullien, notamment « Descartes-Roberval. Une relation tumultueuse », dans *Revue d'histoire des sciences*, 1998, 51-2-3, p. 363-372 et *Éléments de géométrie de G. P. de Roberval*, Paris, Vrin, 1996.

corriger les éventuels défauts des copies. Il décide alors de lire publiquement une fausse lettre de Descartes à Roberval, lors de cette séance de l'Académie de Montmor[1]. Descartes y répondrait à Roberval et fermerait à son tour la bouche à ce dernier, pour la postérité :

> Je feignis que j'avais une lettre de M. Descartes qui en révélait le secret, et qui en même temps répondait aux difficultés que M. de Roberval avait proposées. Elle fut lue dans l'assemblée (de M. Montmor), où les plus clairvoyants jugèrent bien que c'était une pièce faite à la main ; et pour la rareté du fait, j'ai pensé que plusieurs ne seraient pas fâchés de la voir, c'est pourquoi je l'ai insérée dans ce volume, mais si M. de Roberval, pour détromper le monde qui est infatué du nom et des opinions de M. Descartes, lui qui dit avoir des démonstrations que toute sa physique ne vaut rien, parce qu'elle pêche dans le principe, voulait charitablement nous instruire en mettant ses pensées et ses raisons sur le papier, je lui promets d'y acquiescer, ou de lui répondre (p. 13-14).

La lettre en tant que telle fait une quinzaine de pages. Elle consiste en une explicitation circonstanciée en quinze points, essentiellement à partir des *Principes*, de la physique du plein de Descartes, puis en une réponse plus directe aux arguments de Roberval.

Ce qui peut apparaître évidemment à autrui comme une « falsification » n'en est donc pas une aux yeux de Clerselier. Il suffit de changer « sous le nom de Descartes » en un « au nom de Descartes », pour voir que l'essentiel, à savoir le fond de son système, ne s'en trouve pas altéré par ce bénin subterfuge. La lettre 97 est ainsi une leçon de

---

1. C'est G. Belgioioso qui a été la première à attirer l'attention sur cette lettre. *Cf.* « Un faux de Clerselier », Bulletin cartésien XXXIII, Archives de philosophie 68, p. 148-158.

physique cartésienne donnée de façon posthume à celui que Descartes avait semblé de son vivant « renvoyer à l'école » (p. 16). Le rétablissement de ce droit de réponse obéit à son tour à une logique stricte de dissociation. C'est bien pour montrer que les pensées de Descartes en physique sont « toutes contraires » à celles de Roberval, que Clerselier a d'abord lu, puis joint par écrit, cette lettre 97.

Lorsqu'on assemble ces différents éléments, on obtient ainsi le canevas suivant : 1) Le contexte est celui d'un renouveau des critiques apportées aux résultats scientifiques de Descartes ; 2) Or ceux-là mêmes qui le critiquent ont souvent commencé par le plagier ; 3) On peut de surcroît, aisément, montrer comment les écrits de Descartes leur répondent et les réfutent ; 4) Le point commun de tous ces jaloux est leur manque de discernement métaphysique, voire leur impiété ; 5) Les corriger sur le plan scientifique, c'est, du même coup, revenir aux racines de l'arbre du savoir, puisque seule une bonne métaphysique peut engendrer une science vraie. Dans le lexique de Clerselier, cela revient à restituer « la pureté de la doctrine de notre philosophe », c'est-à-dire, selon les derniers mots de la préface, à allier le « Grand Géomètre » au « Philosophe Chrétien ».

Conformément à la structure des volumes antérieurs, les deux lettres encadrant le volume 3 vont dans le sens de la préface.

La première est la lettre de Descartes aux Magistrats d'Utrecht. Elle poursuit et développe sur ce point les dossiers des volumes 1 et 2 en les tirant, via Descartes lui-même, dans le sens apologétique.

La dernière est plus singulière. Il ne s'agit pas d'une lettre de Descartes mais d'une lettre adressée par Clerselier à Louis de La Forge, le 4 décembre 1660. La Forge est l'auteur des *Remarques* sur *L'Homme* et de bon nombre des figures de l'édition de 1664. Il est mort en 1666, année de parution de son *Traité de l'esprit de l'homme, de ses facultés et de ses fonctions.* Il travaillait à ce traité en même temps qu'à ses *Remarques* et entendait y poursuivre Descartes, par ses propres principes, sur la question de l'union de l'âme et du corps. À la fin de sa préface, Clerselier a rendu hommage à celui en qui il voyait « un génie capable de tout exécuter » et qui fut en interaction permanente avec lui. La lettre 125 précise la nature de cette relation : si La Forge fut, pour Clerselier, un « si bon maître d'escrime », c'est parce qu'il sut parer et repousser les coups et mettre Clerselier « tout hors de garde », en lui ôtant par là le moyen de se défendre. En publiant, à la place stratégique du dernier texte de l'édition de la correspondance, la réponse qu'il lui adressa sur la question susceptible de le mettre hors de sa garde : la question de l'action de l'âme sur le corps, Clerselier manifeste ainsi son souci de faire prévaloir cette réponse sur celle que La Forge prétendit éventuellement, de son côté, lui apporter dans son Traité [1].

Les commentateurs ont d'abord vu dans cette lettre un des premiers jalons de la doctrine occasionaliste, telle qu'elle fut développée ultérieurement par Gérauld de Cordemoy (1626-1684) et La Forge et explosa finalement chez Malebranche. Le renouveau des études sur la diversité des occasionalismes a ensuite dessiné deux voies divergentes : la voie de ceux qui ont soutenu que Descartes lui-même était occasionaliste, donc que Clerselier nous en proposait ici une interprétation « fidèle » ; et la voie de ceux qui ont défendu l'idée d'une innovation de Clerselier, contraire à la doctrine de Descartes ou, à tout le moins, excessive par rapport à cette dernière. Dans les deux cas,

1. Nous reviendrons sur le Traité dans le chapitre suivant.

on a souligné l'importance de cette interprétation de Descartes par Clerselier, pour la postérité immédiate et notamment pour Leibniz[1].

Je souhaiterais pour ma part faire un pas de côté, qui va nous faire retrouver Regius.

LA LETTRE DE CLERSELIER
À LA FORGE DU 4 DÉCEMBRE 1660

La question de La Forge porte sur la capacité de l'âme à créer du mouvement dans le corps auquel elle est jointe. Si cette question se posait de manière brûlante, c'est parce que Descartes avait qualifié l'expérience de cette force de *certissima et evidentissima* (« très certaine et très evidente »), dans sa lettre à Arnauld du 29 juillet 1648[2]. Or il en avait toute sa vie différé l'examen. À la fin de l'article 40 de la deuxième partie des *Principes de la philosophie*, il en avait ainsi reporté l'étude au « traité qu'(il) espér(ait) faire de l'homme »[3]. Le contexte théorique était celui de l'exposé des lois de la nature puis du choc, dans la continuité de celui de l'immutabilité divine fondant la conservation de la quantité de mouvement dans l'univers[4]. Du strict point de vue de l'ordre des raisons, la question de l'éventuelle capacité de l'âme humaine à « créer » du mouvement dans cet univers s'avérait donc inopportune à deux égards. D'une part, elle ne concernait pas le monde des corps proprement dits, ou le registre de la physique. D'autre part, elle aurait requis que Descartes se prononçât sur une série de questions théologiques outrepassant les limites de la

1. Sur ce point, *cf.* notamment P. McLaughin, « Descartes on Mind-Body Interaction and the Conservation of Motion », *The Philosophical review* 102, 2 (April 1993), p. 155-182.

2. AT V, 222.

3. AT IX-2, 87.

4. *Principes* II, 36, AT IX-2, 83.

rationalité humaine, donc excédant le champ de la métaphysique mobilisée à ce moment précis des *Principes*.

Mais ce différé posait justement un problème interne au cartésianisme : comment tenir ensemble l'expérience indubitable de la capacité de l'âme humaine à créer du mouvement dans le corps auquel elle est jointe, et le principe métaphysique de l'immutabilité divine ? Comment penser le rapport entre volonté humaine et toute-puissance divine, sans que les deux éléments de la comparaison ne se contrarient[1] ?

Sur ce point Descartes avait refusé de choisir. Les deux types de vérités restaient vraies chacune en son ordre : la vérité de l'expérience que chacun de nous peut faire de cette liberté incarnée consistant à mettre volontairement son corps en mouvement, lorsque celui-ci est bien disposé, d'une part ; et la vérité de la connaissance rationnelle de ce que l'essence de Dieu ne saurait exclure les attributs de toute puissance et d'immutabilité, d'autre part.

Or, dans un contexte dans lequel la reconnaissance d'une autonomie de la volonté humaine par rapport à la cause première risquait d'attirer à la mémoire de Descartes et à ses partisans de nouvelles foudres, Clerselier croit n'avoir d'autre choix que celui de trancher entre ces deux types de vérités. Il propose ainsi à La Forge une réponse en deux temps. Tout d'abord, et avant même de savoir si et comment l'âme humaine pourrait être dotée d'une telle force, il faut clairement refuser que la matière le soit. Le dualisme substantiel a pour corrélat nécessaire l'attribution de la force à la seule *mens*. Deuxièmement, Clerselier réaffirme la nécessaire hiérarchie entre l'esprit divin et l'âme humaine, du point de vue de la puissance. Il appartient

1. Lettre à Elisabeth 21 mai 1643, AT III, 693.

ainsi à la substance infinie de créer du mouvement et à la substance finie de le déterminer, c'est-à-dire de redistribuer, dans des circonstances données, une quantité globale de mouvement qui demeure inchangée. C'est cette application à l'âme d'une distinction formulée par Descartes uniquement à propos des corps, qui a été identifiée comme la première formulation de l'occasionnalisme[1], dans tout ce que le terme peut avoir de systématique.

Or, si une telle application ne se trouve pas dans les écrits de Descartes, elle est en revanche présente dans ceux de Regius[2]. Que peut-on inférer d'un tel constat ?

On comprend tout d'abord que Clerselier réinvestit sans le dire un argument mobilisé avant lui par Regius afin de préserver les lecteurs d'une mauvaise interprétation de Descartes, ou de leur en indiquer la bonne. Il s'agit en ce sens d'une situation originale par rapport aux procédés mis au jour antérieurement, lesquels visaient, de manière le plus souvent explicite, à discréditer l'autorité cartésienne de Regius. Cependant, Clerselier mobilise l'argument de Regius en un sens radicalement différent de celui que ce dernier lui confère dans les *Fundamenta Physices*.

Regius utilise la distinction entre créer et déterminer à la fin du long et dernier chapitre XII, intitulé « De l'homme », soit au moment stratégique où il expose la

---

1. En contexte cartésien, du moins.

2. Dans *Early Modern Cartesianisms*, 2017, note 99, p. 192, Tad Schmaltz renvoie aux *Fundamenta Physices* (1646), p. 228-249 et p. 298. Erik-Jan Bos mentionne pour sa part un passage de la *Physiologia* (1641) III-b, 45- Bos, *Correspondance*, 236- dans « Descartes and Regius on the Pineal Gland and Animal Spirits, and a Letter of Regius on the True Seat of the Soul », in *Descartes and Cartesianism. Essays in Honour of Desmond Clarke*, Oxford, Oxford University Press, 2017, p. 95-111. Enfin, nous avons vu dans le chapitre 3 que la question occasionaliste était déjà en jeu dans l'article 20 de la *Brevis replicatio*.

contraction musculaire de l'œil, figures à l'appui. C'est le fameux moment que nous identifions maintenant comme celui du « plagiat » :

> Pour cette raison aussi il est évident que dans le mouvement volontaire comme aussi dans le mouvement spontané, aucun nouveau mouvement n'est excité ; mais il y a seulement une nouvelle *détermination* des esprits [animaux], mus plus intensément par la matière subtile, vers telle ou telle partie ; et il s'ensuit un mouvement de ces parties, lorsque les esprits communiquent leur mouvement, ou une part de ce mouvement, aux membres qui doivent être mus » (traduction de la page 298 de l'édition latine).

Regius revient sur la différence entre créer et déterminer du mouvement dans le livre V, chapitre X, de sa *Philosophia naturalis*, respectivement intitulés : « De l'homme » et « Du mouvement volontaire »[1]. Cette fois, l'explication physiologique sert beaucoup plus clairement de modèle pour concevoir la façon dont l'âme peut seulement déterminer et non créer le cours des esprits animaux dans le corps. Car, selon Regius, attribuer une autre forme de pouvoir à l'âme reviendrait à lui octroyer une de ces facultés dont Descartes lui-même a, à juste titre, débarrassé la

---

1. La critique de l'illusion cartésienne de l'« empire très absolu » (*Passions de l'âme*, article 50, AT XI, 370) de l'âme sur le corps peut aussi se lire dans la *Dissertation sur les affections de l'âme*, dont la publication suit de près celle des *Passions de l'âme*. *Cf.* notamment la fin de l'article IX : « (…) la faculté ou plutôt la force de l'âme, qui peut *déterminer* le mouvement même des esprits ou *modifier leur détermination*, n'est pas infinie, mais possède, bien au contraire, des limites qui, chez les différents hommes, aussi bien en raison d'une conformation innée, que due à l'habitude ou acquise pour quelque cause que ce soit, sont variées. De là vient que les affections peuvent être freinées davantage chez certains et moins chez les autres ».

physique. Attribuer à la volonté humaine une faculté causale autonome, ainsi que Descartes l'avait suggéré, reviendrait à dénaturer le projet cartésien dans son ensemble. Pour Regius, le mouvement volontaire doit être réduit au mouvement naturel et la primauté d'une forme de causalité corporelle sur celle de l'âme doit être restaurée :

> (…) *dans le mouvement volontaire, aussi bien que dans le mouvement naturel, il ne se produit point de nouveau mouvement*; mais les esprits, qui sont agités par la matière subtile, sont *déterminés* de nouveau vers telles ou telles parties, auxquelles ils communiquent la force de leur mouvement en les agitant d'un côté, ou de l'autre.
> Et *bien que l'âme n'ait pas la vertu de mouvoir le corps* d'un lieu en un autre, elle a néanmoins en soi la *force de déterminer* le cours des esprits vers telles ou telles parties; aussi bien qu'elle a d'elle-même la faculté d'entendre et de vouloir. Et *il n'est aucunement besoin pour cela de lui attribuer une faculté motrice*, puisque l'agitation des esprits *suffit* pour exciter le mouvement dans les parties. Or cela ne serait pas non plus conforme à la raison, puisque notre âme ne peut pas causer le moindre mouvement dans la plus petite partie du corps, si les esprits animaux ne sont dans une assez grande agitation (p. 522 et 523, traduction Rouxel).

Plus loin dans le texte, Regius réaffirme l'exactitude de cette explication du mouvement « naturel et volontaire ». Et il conclut ironiquement par l'inclusion de l'âme humaine au nombre de ces choses qui sont imperceptibles aux sens et qui, comme les esprits animaux, sont imposées par la raison ou l'imagination.

Ces sous-mains hautement polémiques sont très problématiques pour La Forge, dont l'une des principales tâches est de clarifier l'explication, par Descartes, du mouvement musculaire, pour les lecteurs de *l'Homme*. Pour Clerselier, ils présentent deux caractéristiques essentielles. D'une part, ils présentent un risque. Car ils peuvent tenter le lecteur d'imputer l'absence de capacité causale de la volonté humaine à un conditionnement organique intégral de cette dernière. Mais, d'autre part, ils fournissent aussi une solution. Déplacer la distinction entre créer et déterminer, de la physique à la métaphysique, revient en effet à réarticuler les volontés de l'homme et de Dieu, en revenant à l'institution de nature telle qu'elle est thématisée dans la sixième *Méditation*. Déplacer le regard des corps aux esprits et, parmi ces esprits, de l'esprit de l'homme à celui de Dieu, permet à la fois de reprendre la distinction de Regius et de la retourner.

CONCLUSION

Pour le cartésianisme officiel, que la matière doive prendre successivement toutes les formes dont elle est capable [1] signifiera désormais, dans le cas des corps, que Dieu exerce sa toute-puissance créatrice sur une matière entièrement passive et, dans le cas des âmes, que Dieu se sert de leur volonté comme d'un « instrument » pour les « incliner » à telle ou telle action. Cette voie occasionaliste, que Descartes a ouverte mais qu'il n'a pas personnellement empruntée, est le dernier mot de Clerselier afin de sauver l'orthodoxie de Descartes.

L'un des effets en retour de ce résultat, qui nous intéresse particulièrement ici, est d'exhiber le rôle des arguments de Regius dans la production de cette interprétation officielle du cartésianisme. Le point le plus marquant est que la

---

1. Cf.. *Principes* III, 47, AT IX-2, 126.

dissociation d'avec Regius prend la forme d'une assimilation puis d'un dépassement. C'est par ingestion et digestion de cet argument de la distinction entre créer et déterminer, s'agissant de l'âme, que Clerselier pense parvenir le plus efficacement à rejeter Regius. Mais ce faisant, il donne aussi à voir un Descartes pré-*corrigantur* qui, lui, n'avait pas sacrifié ce que nous expérimentons en nous dépendre de notre volonté, à ce que nous expérimentons dépendre des corps, d'une part, et savons dépendre de Dieu, d'autre part.

Il faut alors distinguer non pas un, ni même deux, mais *trois cartésianismes* : un *cartésianisme dogmatique officiel* (celui de Clerselier) compatible avec la théologie voire fondé par elle ; un *cartésianisme empirique officieux* (celui de Regius) mettant l'accent sur les limites de la raison naturelle et s'arrêtant au seuil de l'ontologie ; et un *cartésianisme original* (celui de Descartes) tenant ensemble ce que les deux autres considèrent, chacun en son genre, comme contradictoire ou inaccessible : la distinction et l'union de l'âme et du corps, la toute-puissance et l'immutabilité de Dieu et la *certissima et evidentissima experientia* de la capacité causale de la volonté humaine sur le corps.

Ce complexe entrelacs, polarisé par les catégories de cause et de substance, va conditionner toutes les réceptions ultérieures de la philosophie de Descartes.

CHAPITRE VI

COMBINER

Parmi la première génération des « disciples » de Descartes, Louis de La Forge occupe une place singulière, pour quatre raisons majeures qui le spécifient par rapport à Clerselier.

1. D'une part, mais cela ne lui est pas propre, il revendique de diffuser et de poursuivre le travail de Descartes, à partir des principes de ce dernier [1], c'est-à-dire

---

1. Cette démarche n'est pas seulement revendiquée par La Forge, par exemple au début du premier chapitre du *Traité de l'esprit de l'homme, de ses facultés et de ses fonctions,* p. 106 : pour « entièrement connaître la nature de l'homme », il faut « suppléer à ce qu'il (Descartes) aurait pu faire ». Elle est aussi explicitée par lui. Dans la préface, il explique par exemple que si Descartes n'a pas *déclaré entièrement* sa pensée » sur les questions relatives à l'esprit « en particulier » ; il a cependant laissé « plusieurs *marques* dans ses écrits, par où nous pouvons assez aisément *reconnaître comment il en aurait parlé, s'il en avait voulu écrire* » (p. 106). Qu'il ne reste qu'à le « reconnaître » signifie que ce sens est bien présent, sous nos yeux, dans les interstices du texte de Descartes. Enfin, cette démarche est désignée comme une caractéristique de La Forge par ceux qui le commentent. Le compte-rendu du *TEH* dans le *Journal des Savants* du lundi 3 mai 1666, explique par exemple que « La mort ayant empêché M. Descartes d'achever le traité de L'Homme, dont il ne nous a laissé que la première partie qui considère seulement le corps, M. de la Forge pour *suppléer à la seconde* a composé ce livre, dans lequel il explique suivant les mêmes principes ce que c'est que l'esprit ». C'est cette triple dimension de la « suppléance » qui fait de La Forge un « disciple » très particulier.

des écrits publiés par Descartes mais aussi des manuscrits édités par Clerselier[1]. Il s'agit pour lui d'expliciter ce qui, chez Descartes, peut demeurer équivoque pour le lecteur, en se livrant à ce qu'il désigne lui-même comme des explications de textes[2]. Un exemple significatif d'une telle pratique est le développement qu'il consacre à la signification du mot « idée ». En prenant acte de la signification matérielle que Descartes confère à ce terme dans *L'Homme* (l'idée comme impression laissée par les esprits animaux sur la glande), La Forge souligne que pour éviter toute confusion, il restreindra cependant, dans le corps du *Traité de l'esprit de l'homme, de ses facultés et de ses fonctions* (1666), le terme « idée » à la définition psychologique (une idée est soit adventice, soit factice, soit innée) que Descartes lui a ensuite conférée dans les *Méditations*[3].

2. Deuxièmement, et l'exemple du travail sur le sens du mot idée le montre bien, La Forge n'évacue pas ce qui, chez l'adversaire (matérialiste ici), résulte de l'autonomisation d'un matériau théorique bien présent chez Descartes. Il commence par faire droit à ce matériau, puis il le remet à sa juste place dans l'arbre du savoir. Il considère que pour renforcer le cartésianisme face aux critiques dont ce dernier est l'objet au début des années 1660, il faut intégrer les arguments des adversaires, afin de les réfuter à partir de leurs propres principes. Chez La Forge ainsi, un argument

1. Dans le *TEH*, La Forge s'y réfère comme à des « matériaux suffisants pour la construction de tout cet ouvrage » (p. 106).

2. Par exemple dans ses Remarques sur l'article 63 de *L'Homme* : « Je passerai maintenant à l'explication du texte » (p. 410).

3. Sur ce point, *cf.* « Reintroducing Descartes in the History of Materialism : The Effects of the Descartes/Hobbes Debate on the First Reception of Cartesianism », in *Descartes and Cartesianism. Essays in Honour of Desmond Clarke*, S. Gaukroger, C. Wilson (eds.), Oxford, Oxford University Press, 2017, p. 125-148.

est souvent qualifié de faux en raison de sa partialité et de sa prétention à valoir pour le tout, ou à rendre raison de l'ensemble du système. Mais de manière locale et pour un certain type de vérité, il peut éventuellement être reconnu comme un élément constitutif de ce système. On retrouve sur ce point les précisions apportées par Descartes, dans la querelle d'Utrecht, sur l'intégrité de sa philosophie à venir et annoncée dans les *Principes*.

3. Cette particularité de La Forge s'explique en grande partie par la focale qu'il adopte. C'est le troisième point important. En effet, La Forge ne s'intéresse pas tant à la question de la distinction substantielle, déjà largement prise en charge par Clerselier, qu'à celle de l'union de l'âme et du corps, laissée grande ouverte par Descartes. Il faut écrire la suite manquante de *L'Homme* et des *Principes*, notamment à partir des *Passions de l'âme*, c'est-à-dire envisager l'esprit de l'homme, en tant qu'il est substantiellement distinct du corps bien sûr, mais dans l'exercice de ses facultés et de ses fonctions quand il est uni à ce corps, c'est-à-dire comme une âme, mais une âme radicalement singulière par rapport à ce que toute la tradition philosophique antérieure désignait comme âme.

Cette différence d'approche avec Clerselier s'illustre notamment par la référence à Augustin mobilisée dans la préface au *Traité de l'esprit de l'homme*. Car La Forge réinvestit les textes où Augustin traite de l'union, bien plus que ceux où il thématise la distinction.

4. Enfin, par différence avec Clerselier là encore, la Forge est médecin. Parmi les multiples attaques dirigées contre Descartes, il se soucie donc, au premier chef, de répondre à celles qui émanent de ses confrères : les « nouveaux anatomistes ». Or, au moment où il travaille à la fois aux *Remarques* sur *L'Homme* et à son *Traité*, la somme de physiologie se réclamant du cartésianisme et

faisant référence est consignée dans les *Fundamenta Physices* (1646), les *Fundamenta medica* (1647, 1657. Une réédition paraîtra en 1668) et la *Philosophia naturalis* (1654, 1661) de Regius.

De fait, comme Jacques Rohault fut très vite identifié comme le physicien cartésien, Regius fut d'emblée assigné à la fonction du physiologiste cartésien[1]. C'est bien plus souvent lui et non Descartes qui est cité par ceux qui s'intéressent à l'étendue et aux limites du mécanisme, y compris lorsque les thèses de Descartes sont publiques, comme c'est le cas pour le mouvement du cœur et la circulation du sang, dans la cinquième partie du *Discours de la méthode*. P.R. Sloan a ainsi montré que l'explication, par Regius, du mouvement du cœur, était présentée dans les milieux scientifiques anglais comme l'explication cartésienne orthodoxe, à considérer avec celle de William Harvey[2].

De ce point de vue, la référence à Regius prend un sens différent de celui qu'elle revêt dans l'argument précédent (celui de la partialité) et de ceux qu'on a distingués chez Clerselier (fausseté complète, ou vérité du raisonnement mais fausseté des conclusions). Regius devient celui qui permet de corriger le mécanisme par ses propres principes

---

1. On se souvient que Regius est désigné comme « le médecin cartésien » dès la querelle d'Utrecht.

2. P.R. Sloan donne notamment l'exemple de la référence aux *Fundamenta Physices*, p. 183, dans le « Discourse on the Heart », ajouté en appendice de *The Anatomical Exercises of Dr William Harvey* (London, 1653, p. 114ff), par J. de Back (« Descartes, the Sceptics and the Rejection of Vitalism in 17th Century Physiology », *Studies in History of Philosophy* 8, 1977, 28). T. Fuchs revient sur ce dossier et sur la contribution de Regius dans *The Mechanization of the Heart : Harvey and Descartes* (The University of Rochester Press, 2001 ; trad. M. Greene, titre initial, *Die Mechanisierung des Herzens*), p. 146-148.

et de le mener plus loin [1] que Descartes lui-même ne l'avait fait, afin de renforcer l'autonomie du fonctionnement du corps vivant par rapport à une entité immatérielle. Ses écrits initient un progrès de la science que Descartes ne pouvait pas connaître, mais dont les résultats peuvent, aussi bien, venir corriger et renforcer ses principes métaphysiques que les remettre en cause. Ce sens positif était celui que Regius lui-même revendiquait, mais que Descartes, puis Clerselier, avaient repoussé. Ici, il est de nouveau mis au service de Descartes, donc considéré, en tant que tel, comme non hérétique.

L'enjeu, pour La Forge, est donc le suivant. En tant que médecin, il doit défendre Descartes, dans un contexte d'avancées expérimentales sans précédents. Et en tant que bon cartésien, donc aussi métaphysicien, il doit prolonger les considérations cartésiennes sur l'union de l'âme et du corps, sans remettre en question la distinction et le primat ontologique et épistémique de la première sur le second.

Le verbe qui décrit le plus adéquatement son *modus operandi* est celui de *combiner*. Par là, je désigne deux procédés essentiels, qui correspondent aux deux types d'argumentation dégagés dans les points 2 et 3. D'une part, La Forge complète voire corrige Descartes par Regius, en physiologie, afin de répondre aux anatomistes. Il mobilise en ce sens, au service du cartésianisme, les avancées les

---

1. Ce qui peut aussi bien en montrer l'efficacité qu'en exhiber les limites. Jacques Roger a ainsi souligné que pour répondre aux difficultés suscitées par le projet d'une embryologie mécaniste et épigénétique, Regius a introduit dans les *Fundamenta Physices* une part de préformisme. Il en a conclu que cette « infidélité et son succès futur sanctionnent l'échec de l'embryologie cartésienne, avant même la mort du philosophe » (*Les sciences de la vie dans la pensée française du XVIIIe siècle. La génération des animaux de Descartes à l'Encyclopédie*, Paris, Armand Colin, 1963, p. 153).

plus récentes de la science expérimentale. D'autre part, il valorise l'importance de la dimension empiriste de la psychologie cartésienne, par rapport à sa dimension rationnelle. Dans ce second cas, il insiste sur un matériau commun à Descartes et à Regius, mais en rappelant sa nécessaire articulation, dans le cas de Descartes, à une dimension rationaliste (la théorie des idées innées) absente chez Regius. Ces deux procédés répondent à un souci d'équité ou d'intégrité : ne sacrifier aucune des deux voies, empirique et rationnelle, que Descartes s'était efforcé de tenir ensemble. Mais ils obéissent aussi à un impératif d'efficacité : c'est en faisant droit à tout le potentiel empirique de la philosophie de Descartes qu'on pourra le mieux montrer en quoi celui qui s'en tient à ce potentiel empirique se contredit lui-même et rejoint le camp des matérialistes.

Afin de le montrer, je procéderai en deux temps. Je reviendrai d'abord au fil rouge du mouvement volontaire, afin de spécifier les liens qu'il convient d'établir, selon La Forge, entre physiologie et métaphysique dans la philosophie de Descartes.

Puis je soulignerai l'importance que La Forge accorde au témoignage intérieur de la conscience, dans l'activité volontaire, pour définir l'homme cartésien entier, ou celui que Descartes désignait comme le « vrai homme ».

Dans notre histoire au long cours, La Forge désigne ainsi celui qui réhabilite le premier tout le potentiel empiriste du cartésianisme, en se distinguant à la fois de Regius, qui limite le cartésianisme à ce potentiel, et de Clerselier, qui pense mieux protéger Descartes en niant ce potentiel. Sans nier l'importance des conditions organiques de la pensée, d'une part, et de l'enracinement de toute forme de causalité en Dieu, d'autre part, La Forge s'attache à délimiter le plus rigoureusement possible l'étendue et les limites de la puissance causale ou de l'initiative de l'âme humaine. Il fait de la force qu'a l'âme de mouvoir le corps, un des critères essentiels, voire le critère identitaire principal, du cartésianisme.

LE DÉTOUR PAR HENRY MORE

Notre retour au fil rouge du mouvement musculaire commence par un détour. Au moment où La Forge s'emploie à répondre à ses collègues anatomistes mobilisant les dernières avancées expérimentales pour critiquer l'hypothèse de la glande pinéale et, plus largement, la philosophie de Descartes, paraît une nouvelle édition de textes dans lesquels celle-ci est attaquée au nom d'arguments de part en part métaphysiques, finalisés par la défense de l'immortalité de l'âme et de sa distinction avec le corps. Il s'agit de *A Collection of several philosophical writings of Dr Henry More, Fellow of Christ's College in Cambridge*, publiée à Londres en 1662, soit la même année que l'édition latine de *L'Homme*. Le volume comprend, notamment, *An Antidote Against Atheism* (1653), *An Appendix to An Antidote Against Atheism* (1655), des *Letters to Descartes* [1] et le traité intitulé *Immortality of the*

---

1. On peut reconstituer la chronologie suivante : More, 11 décembre 1648 ; Descartes, 5 février 1649 ; More, 5 mars 1649 ; Descartes, 15 avril 1649 ; More, 23 juillet 1649 ; Descartes, probablement fin août 1649 et More, 21 octobre 1649. Sur l'historique des échanges entre More et Clerselier en 1654 et 1655 et sur le processus qui mène More à découvrir la version latine du *TEH* de La Forge (*Tractacus des Mente Humana*, 1669) et à thématiser le « nullibisme » (*Enchidium Metaphysicum*, 1671), *cf.* http://www.cambridge-platonism.divinity.cam.ac.uk/view/texts/diplomatic/Hengstermann1679C.

Soul (1659)[1]. Par différence avec les traités d'anatomie, qui n'explicitent pas les enjeux métaphysiques ou alors seulement de manière marginale, d'une part ; et avec les traités de métaphysique, qui considèrent l'anatomie sinon comme annexe, du moins comme relevant d'un autre ordre, d'autre part ; les textes de More présentent ainsi l'intérêt de tenir ensemble les questions auxquelles les cartésiens ont pour tâche de répondre, après la mort de Descartes. Parce qu'ils en explicitent le contexte et les enjeux, ils constituent un détour très fécond pour mieux comprendre ensuite la spécificité de la position de La Forge[2].

Le dialogue de More avec la philosophie cartésienne a commencé du vivant de Descartes sur la question précise du mouvement volontaire, enchâssée dans celles de l'identification de la matière à l'étendue, des définitions de la réflexion et de la réfraction et du mouvement universel, à l'occasion de la discussion des *Principes de la philosophie*.

---

1. Sur les réponses apportées par La Forge aux critiques de la glande pinéale, par la dynastie des Bartholin, *cf.* R. Andrault, *Niels Stensen (Nicolas Sténon). Discours sur l'anatomie du cerveau*, Paris, Classiques Garnier, p. 37-54. S'agissant des rapports entre Descartes et Regius, sur la glande et le mouvement des esprits animaux, *cf.* E.-J. Bos, « Descartes and Regius on the Pineal Gland and Animal Spirits », *op. cit.* À propos, enfin, du rôle de la physiologie du mouvement volontaire dans la constitution de la métaphysique de la distinction substantielle selon More, *cf.* M. Pécharman : « Henry More ou les esprits animaux au service de la pneumatologie », dans *Epistémocritique*, « Les esprits animaux XVIe-XXIe siècles. Littérature, Histoire, Philosophie », S. Kleimen-Lafon, M. Louis-Courvoisier (dir.), 2018, p. 51-84. Je me focalise pour ma part, dans ce chapitre, sur le rapport entre More et Regius à propos du mouvement volontaire.

2. À ma connaissance, la constellation Clerselier-Regius-More-La Forge n'a à ce jour fait l'objet d'aucune étude spécifique.

Il a en outre porté sur l'âme des bêtes [1], en relation avec les thèses du marquis de Newcastle. Ensuite, il s'est poursuivi avec Clerselier à propos de l'édition des lettres et sur la question de savoir si la formulation qui leur était parvenue des thèses de Descartes, s'agissant du mouvement, était ou non la plus efficace pour servir un dessein apologétique. La principale réponse de Clerselier, sur ce point, a été fournie dans sa lettre à La Forge du 4 décembre 1660.

Dans les textes réunis dans le volume de 1662, More recourt plusieurs fois aux écrits publiés de Regius. Dans l'*Index Nominum*, « Regius » renvoie à l'explication du mouvement et à la théorie du sens commun. Et quand on regarde le détail des occurrences, on constate que plus on avance dans le temps, plus la référence à Regius prend une part importante et explicite dans le projet de More, qui consiste à montrer en quoi « l'esprit mécanique » de Descartes destitue en réalité ce dernier de sa posture de « Maître de Métaphysique » [2].

Pourquoi More considéra-t-il comme centrales cette question du mouvement musculaire et cette référence à Regius, dans sa perspective d'une lutte contre les athées et de la démonstration, non tant de l'immatérialité de l'âme,

---

1. Sur ce point, *cf.* M. Pécharman, « À la recherche d'une philosophie naturelle cohérente : Henry More lecteur des *Principia philosophiae* », *Les Études philosophiques* 4, 174, 2017, p. 475-516 et J. Reid, « Henry More, Supporter and Opponent of Cartesianism », in *The Oxford Handbook of Descartes and Cartesianism, op. cit.*, p. 629-642. Sur le réinvestissement très original de ces débats sur l'âme des bêtes chez Margaret Cavendish dans les années 1660, *cf.* H. Cooney, « Cavendish vs. Descartes on Mechanism and Animal Souls », in *The Oxford Handbook of Descartes and Cartesianism, op. cit.*, p. 642-658.

2. H. More, *An Antidote Against Atheism*, « Preface », Cambridge, William Morden, 1655, p. 3.

que de son immortalité[1] ? Pourquoi jugea-t-il, à la suite de Descartes mais différemment de lui, ce point technique de physiologie comme éminemment métaphysique ?

L'*Antidote* (1653) ambitionne de fournir la véritable preuve de la distinction réelle de l'âme et du corps et de la ressemblance entre l'âme de l'homme et celle de Dieu, par la mise au jour de la cause véritable du mouvement « spontané » du corps : le « pouvoir dans nos âmes » (the « power in our selves »). À cette fin, More doit montrer, non seulement que l'âme n'est pas une modification du corps, mais, aussi, qu'aucune partie de ce corps n'est capable de l'« *impetus* » requis pour le mouvement spontané. Le second point l'amène à se focaliser progressivement sur le *conarium*[2], dont on pourrait en effet supposer qu'il est le lieu physiologique le plus apte à produire cet *impetus*, en raison de ses affinités potentielles avec l'âme.

En se référant directement aux anatomistes et à leurs expériences de dissection, More soutient que « les cerveaux n'ont pas de sensations »[3]. Le cas extrême fourni par Fontanus qui, dans la tête d'un jeune homme à Amsterdam, ne trouva pas de cerveau mais une eau claire, atteste que ce jeune homme autopsié n'avait pas eu besoin de cerveau pour raisonner de son vivant. Il suffit à montrer tout ce que

---

1. More a peut-être en tête l'évolution du titre des *Méditations* de Descartes. La première édition latine paraît à Paris en 1641 avec six séries d'*Objections et Réponses*, sous le titre de *Meditationes de Prima Philosophia, in quibus Dei existentia et animae humanae immortalitas demonstrantur* (*Méditations sur la philosophie première, dans lesquelles sont démontrées l'existence de Dieu et l'immortalité de l'âme*). Et en 1642 paraît à Amsterdam la deuxième édition, avec des corrections, la septième série d'*Objections et Réponses* et un titre modifié : *In quibus Dei existentia, et animae humanae a corpore distinctio demostrantur* (*Dans lesquelles sont démontrées l'existence de Dieu et la distinction de l'âme humaine avec le corps*).

2. Je suis ici les arguments du chapitre XI du livre I.

3. *Antidote, op. cit.*, p. 34.

l'hypothèse d'une glande pinéale à l'origine de la détermination du mouvement des esprits animaux dans le corps a de « stupide et fabuleux ». Parmi les partisans de la glande pinéale, l'*Antidote* vise ainsi, plus précisément, ceux qui considèrent que l'« action » d'une partie du cerveau suffit à expliquer le mouvement musculaire. More ne distingue pas différents types de mouvements du corps, dans lesquels l'âme interviendrait plus ou moins (les mouvements volontaires et les mouvements que nous appelons aujourd'hui réflexes, par exemple). Son argumentation vaut pour tout type de mouvement corporel.

Ce faisant, il se distingue tout autant de Descartes que de Regius. Car s'il n'y a pas de différence de nature entre le mouvement naturel et le mouvement volontaire, ou si toutes les catégories de mouvement peuvent être subsumées sous la désignation générique de « mouvement spontané », c'est parce que, chez More, tout mouvement du corps est imputable à une activité de l'âme. C'est la raison pour laquelle le mouvement spontané peut à la fois prouver la distinction réelle de l'âme et du corps et la présence d'une âme dans tout corps mu.

Or, Regius et un certain nombre de ses contemporains, comme Gassendi et surtout Hobbes, avaient soutenu que l'âme « éternelle et invisible » de Dieu, comme celle de l'homme, « ne tombe pas sous les sens ». Ils en avaient fait un argument, soit pour reléguer la certitude de l'immortalité de cette âme dans un autre domaine que celui de la philosophie : la théologie ; soit pour nier purement et simplement cette immortalité. Il en résulte, selon More, que le seul moyen indubitable que nous ayons de leur répondre est de regarder partout où l'âme « opère » et de faire le détour par « nos sens extérieurs ». Il faut battre l'adversaire sur son propre terrain. L'organicité de l'âme en cette vie, comprise comme son extériorisation active dans et par le corps, devient le seul moyen ou, à tout le moins, le plus efficace, pour lutter contre les athées.

Mais il faut alors en mettre au jour toutes les consé-quences pour l'animal et non seulement pour l'homme. Chez Descartes [1], cette expérience de la puissance causale de l'âme, en soi par l'épreuve de sa volonté et en autrui par l'extériorisation corporelle « à propos » d'une faculté identique à celle qu'on expérimente en soi, établissait une différence de nature entre l'homme et l'animal. Ce « stupé-fiant esprit mécanique » était ainsi allé beaucoup trop loin, en assurant « que les animaux eux-mêmes n'étaient que (« were mere ») des *Machinas* » [2]. More lui répond alors en déplaçant la frontière. Le même critère : la puissance d'initiative que l'âme manifeste à l'extérieur d'elle-même, par l'instrument corporel, sert désormais à distinguer radicalement l'animal et l'homme pris ensemble, d'une part, et la matière inerte, d'autre part. Contre ceux qui, comme Regius, soutenaient que la nature de cette puissance demeure inaccessible à la raison humaine en cette vie, More montre que ce dont chacun, l'athée y compris, peut faire l'expérience, suffit à prouver l'existence de Dieu. Mais contre Descartes et Regius réunis, cette puissance immatérielle s'étend aussi, chez lui, à l'animal.

L'*Appendix* (1655) revient sur les thèses de l'*Antidote* en adoptant une nouvelle focalisation. More réaffirme les idées innées et réfute la thèse selon laquelle l'idée de Dieu serait le résultat des passions de peur et d'espérance acquises par la tradition et par l'éducation.

Cette nouvelle discussion peut avoir un ancrage hobbesien. Mais on a vu que ses principaux arguments étaient également discutés dans les *Notae in programma*. Surtout, ils sont développés par Regius à la fin du chapitre I

1. C'était l'apport de la cinquième partie du *Discours de la méthode*.
2. *Antidote*, *op. cit.*, Livre III, chap. XI, p. 124.

du livre V de la *Philosophia naturalis*, dont la seconde édition paraît une année avant l'*Appendix*. Dans la *Philosophia naturalis*, les critiques de la preuve ontologique et de l'idée innée de Dieu interviennent dans la continuité de la critique du *cogito* en fournissant par là-même, au nom de l'expérience sociale et, plus largement, de la perception sensible, du grain à moudre aux athées.

Dans l'*Appendix*, la discussion se concentre ainsi sur le noyau empirique de la connaissance que nous pouvons prendre de l'âme et de Dieu et plus exactement, pour faire le lien avec l'*Antidote*, sur ce que l'expérience que nous faisons de notre pouvoir causal dans le mouvement volontaire est susceptible de prouver, s'agissant de ces natures.

C'est dans ce cadre que More revient une nouvelle fois à la glande pinéale et aux arguments érigeant cette partie matérielle en « principe de mouvement ». Or, là où l'*Antidote* séparait rigoureusement l'âme du corps, l'*Appendix* s'efforce de les articuler :

> (...) nous nions totalement que, sans *un habitant immatériel, ce mouvement arbitraire dont nous sommes conscients* puisse être accompli *en nous ou par nous* : car si nous nous occupons de la condition de notre propre nature, nous ne pouvons que reconnaître que *ce qui déplace notre corps de manière arbitraire*, ne perçoit pas seulement des objets sensibles, mais se souvient aussi, a *un pouvoir* d'imagination *libre* et de raison. (p. 168).

Ce souci accru d'articulation entraîne deux déplacements dans l'argumentation de More. Le premier déplacement consiste en un travail plus raffiné sur les fonctions de l'âme. L'ajout, à la perception extérieure, de la réminiscence, de l'imagination et de la raison, spécifie l'activité de l'âme par rapport au corps, par un « pouvoir » ou une « liberté » dont celui-ci est totalement dépourvu. L'expérience des sens externes est bien un élément à prendre en compte pour expliquer le mouvement du corps. Mais elle ne saurait suffire. Il faut en outre et surtout en appeler à une pensée active, qui fournit la preuve empirique de la distinction de l'âme et du corps par rapport à une épreuve passive risquant à tout moment de les confondre.

Le second déplacement porte sur l'âme des bêtes. More reconnaît que si nous sommes certains de l'immortalité de l'âme dans le cas des hommes, nous ne le sommes pas dans le cas des animaux. Pourtant, cela n'a pas empêché les « Génies mécaniques » d'assurer que les bêtes n'avaient pas d'âme. Chez Descartes, dans le cas des bêtes, c'est l'interprétation que nous faisions d'une expérience passive qui nous induisait en erreur. De ce que les bêtes réagissaient comme nous dans certaines situations, nous en concluions à tort qu'elles étaient mues par le même principe spirituel actif que nous, alors que la ressemblance intérieure et extérieure entre elles et nous devait s'arrêter au seuil de la disposition organique. Or, que nous ne puissions pas accéder à une telle expérience spirituelle active dans le cas des bêtes, ce que Descartes lui-même a reconnu[1], n'implique pas que les bêtes ne fassent pas une telle expérience. L'argumentation de More, en somme, revient à montrer que nous ne devons pas quitter le terrain de l'expérience active pour prouver ce que nous avons à prouver. More fait du critère même brandi par ses adversaires matérialistes l'arme la plus susceptible d'être retournée contre ces derniers et de les mettre en défaut de cohérence.

L'*Antidote* et l'*Appendix* s'insèrent ainsi dans les débats cartésiens du moment par la très singulière question de

---

1. Dans sa dernière lettre à More sur ce point.

savoir ce que l'on peut véritablement prouver, s'agissant de la distinction réelle de l'âme et du corps, en recourant à la seule expérience. Ils questionnent l'étendue et les limites du mécanisme corporel et de la perception sensible dans cette explication, afin de déterminer le moment précis où l'on ne peut pas ne pas recourir à l'activité d'un principe immatériel pour parfaire cette explication. En ce sens, More instaure un dialogue avec les arguments de Regius et, plus précisément, avec les arguments par lesquels Regius prétendait parfaire la philosophie de Descartes, par ses propres principes. Il exploite tout le potentiel du cartésianisme afin de prouver aux empiristes eux-mêmes qu'ils ont tort de s'arrêter au seuil de l'ontologie dualiste.

Le traité *Immortality of the soul* paraît la même année que le second volume des lettres de Descartes par Clerselier (1659), dont la préface remet sur le devant de la scène la querelle du plagiat, par Regius, de l'explication cartésienne du mouvement musculaire. Or More renvoie justement sur ce point à Regius. Et il présente les figures de ce dernier comme expliquant correctement ce que Descartes, lui, a laissé à l'état confus. More instaure donc cette fois un dialogue direct avec Clerselier et son clan. Ce dialogue se veut à la fois polémique, parce qu'il corrige Descartes par Regius, et de part en part cartésien selon les termes que Regius ne partageait pas et qui justifiait son exclusion de ce clan. Cet objectif est rappelé en italiques p. 78 : « *il y a une Âme, ou une Substance Incorporelle, résidant en nous, distincte du Corps* », et nous pouvons le prouver.

L'argumentation qui nous intéresse particulièrement se situe au livre II, chapitres V à VII. Dans le chapitre V, More revient sur la glande pinéale par les articles 31 à 35 des *Passions de l'âme* et la question de savoir ce qui est imputable à la glande dans ces mouvements que nous concevons ordinairement être « produits par l'Âme et le Corps réunis »[1]. L'*Immortality* s'installe donc clairement dans le point de vue de l'union, qui avait été dégagé dans l'*Appendix* mais n'était pas celui de l'*Antidote*. Il ne s'agit plus de montrer que le conarion n'est en rien un principe du mouvement spontané, mais d'expliquer en quoi il ne saurait être un « principe suffisant »[2] de ce mouvement.

Or c'est précisément pour éviter tout recours à une âme ou à une faculté immatérielles pour expliquer ce mouvement que Regius avait dû, s'agissant du battement du cœur, rectifier l'explication mécanique de Descartes[3]. L'enjeu était de déterminer ce qui suffit pour que l'explication rende raison de la violence particulière de ce mouvement, face aux objections formulées par Primrose et Plempius et qui engageaient le rapport de Descartes à Harvey. À cela, More répond qu'on aura beau pousser à l'infini cette thèse de la « suffisance » de l'explication mécanique, elle ne « suffira » jamais à rendre raison de cette « violence » du mouvement spontané. Car nous avons besoin d'un principe immatériel pour expliquer tout mouvement. La mise en défaut de l'explication physiologique de Regius se retourne en ce sens, directement, contre la métaphysique de Descartes.

La manière dont More parvient à ce résultat est singulière. Il commence par se référer à la *Philosophia naturalis*, livre IV, chapitre XVI et à la figure du mouvement musculaire de Regius, en expliquant que Regius sert à mieux comprendre ce que Descartes a écrit sur le même sujet dans les articles 1 et 2 des *Passions de l'âme*,

---

1. H. More, *Immortality of the soul*, Dortrecht, Kluwer Academic Publishers, 1987, Point 1, p. 80.

2. *Ibid.*, Point 3, p. 81.

3. *Cf.* « Les expériences physiologiques chez Henricus Regius : les pierres lydiennes du cartésianisme ? », *op. cit.*

respectivement intitulés : « Que ce qui est Passion au regard d'un sujet, est toujours Action à quelque autre égard », et « Que pour connaître les Passions de l'âme, il faut distinguer ses fonctions d'avec celles du corps ».

On pourrait penser que More se trompe ici dans ses références et qu'il pense plutôt aux articles 11 et 12 des *Passions*, qui portent sur les causes du mouvement musculaire. Pourtant, c'est bien en croisant les deux couples d'articles (1 et 2 / 11 et 12) que l'on saisit son objectif : ce n'est qu'après avoir bien compris que ce qui est passion au regard du corps est action au regard de l'âme, et réciproquement, qu'on sera à même de déterminer ce qui, dans la causalité complexe à l'œuvre dans le mouvement musculaire, relève de la physiologie et ce qui relève de « l'action de l'âme, qui véritablement est en nous l'une de ces causes » [1].

Qu'est-ce que Regius nous a permis de mieux comprendre que Descartes, sur ce point ?

Tout d'abord, il ne fait pas de doute, pour More, que les valvules qui sont bien figurées, chez Regius, empêchent la rétrogradation des esprits animaux et conditionnent la distribution réglée des différents flux dans les muscles. Ce que Descartes a désigné comme essentiel à sa propre explication de ce mouvement suivant « les règles des mécaniques » et manqué par Regius en dépit du plagiat, est donc valorisé par More et avec Regius, chez qui on le voit encore mieux que chez Descartes.

Or c'est précisément la fonction de ces valvules que More entend contester. Les paragraphes 5 et 6 expliquent ainsi que quand bien même on admettrait leur existence dans les nerfs, ce qu'aucun anatomiste n'est encore parvenu à voir, ces valvules ne permettent en rien de comprendre

---

1. *Passions de l'âme*, article 12, AT XI, 337.

comment le flux des esprits animaux présent dans le muscle B peut se rendre dans le muscle C, au moyen de la seule détermination de la glande. Si notre corps n'était rien d'autre qu'une « matière organisée mécaniquement », il ne pourrait pas exécuter ses mouvements, même les plus ordinaires. Il faut donc reconnaître la force de l'âme comme « la simple » (« the mere ») cause satisfaisante de ces mouvements, ou la cause qui suffit à les expliquer, quelle que soit par ailleurs l'hypothèse physiologique à laquelle on se rallie. Ce qui règle du même coup la question de l'âme des bêtes :

> c'est le simple *imperium* de notre âme qui détermine les esprits vers ce muscle plutôt que vers l'autre, et qui les y maintient malgré la force extérieure. D'où il est évident que les bêtes brutes doivent aussi avoir une âme.

Le principal résultat de l'argumentation de More, dans *Immortality*, est ainsi de secondariser l'exactitude de l'explication physiologique de ce mouvement, par rapport à sa principialité métaphysique. Que l'explication mécanique soit ou non complète, ou plus complète qu'une autre, ne change finalement rien aux données du problème : on aura dans tous les cas besoin de recourir à l'*imperium* d'une âme immatérielle.

More peut alors revenir aux débats contemporains sur la question du siège de l'âme, en soulignant l'importance décisive de « faire un bon usage de ces découvertes à d'autres fins » [1]. La physiologie n'est utile que dans la mesure où elle nous aide à prouver la distinction substantielle, c'est-à-dire dans la mesure où elle est investie d'une fonction métaphysique. Mais une véritable preuve ne peut pas reposer sur des pétitions de principe. La preuve de la distinction substantielle doit ainsi, dans le cas présent,

---

1. *Immortality*, p. 78.

procéder du repérage de « congruités mécaniques » qui rendent l'hypothèse retenue la plus probante possible, « ce qui est le plus beau (handsome) et le plus pratique (convenient) » [1].

More examine ensuite les diverses hypothèses concurrentes, du point de vue de leur aptitude à servir le projet de Descartes de montrer « où » s'unissent en l'homme deux substances pourtant distinctes. La première hypothèse à être réfutée [2] est imputée à Regius, selon qui le siège de l'âme se situerait dans la glande pinéale parce que cette glande désigne la partie la plus petite et solide du cerveau. En insistant sur cette propriété de la glande, Regius a eu, selon More, l'ambition de dénoncer les confusions des spéculations métaphysiques de Descartes. Or ce faisant, Regius n'a en réalité fait que « montrer cette rare bizarrerie de l'esprit : bien que l'Âme ne soit faite que de matière, elle serait néanmoins incorruptible et immortelle ».

Il faut donc trouver une localisation cérébrale qui soit métaphysiquement plausible. Le point 16 reprend les objections célèbres du médecin Thomas Bartholin [3] contre la glande pinéale, telles qu'elles sont consignées par Thomas Wharton, anatomiste anglais et membre du collège royal de médecine, au chapitre 23 de son *Adenographie : c'est-à-dire description des glandes de l'ensemble du corps* (1656). Mais alors qu'on s'attendrait à ce que More se rallie au clan des Bartholin, ce n'est pas la position qu'il adopte. Il faut, dit-il, se montrer « fair play » [4], en reconnaissant les arguments qui portent et ceux qui ne portent pas. Les quatre principaux arguments de Bartholin sont

1. *Immortality*, p. 92.

2. *Ibid.*, Point 12.

3. Sur la dynastie des Bartholin, *cf.* mon édition de *Descartes. L'Homme, op. cit.*, note 1, p. 40.

4. *Immortality,* Point 17, p. 93.

les suivants : 1) la trop grande petitesse de la glande pour représenter à l'âme toutes les sortes d'images ; 2) l'absence de contact entre les nerfs extérieurs et la glande, empêchant cette dernière de recevoir les impressions des objets sensibles ; 3) sa situation dans un lieu d'excréments la rendant inapte à fixer les espèces des choses ; 4) et la situation des nerfs à l'origine de la perception des espèces des choses, dans la « spinal marrow » et non dans la glande. Or ces arguments sont tous aisément réfutables : 1) par la confusion entre les fonctions qui relèvent du corps et celles qui relèvent de l'âme (ce n'est pas à la glande, mais à l'âme, de retenir les représentations des choses) ; 2) par le constat de ce que le lien entre les impressions sensibles et la glande n'a pas besoin d'être assuré par les nerfs, puisqu'il l'est par les esprits animaux ; 3) et par le rappel de ce que l'argument des excréments vaut tout au plus pour les cas d'apoplexie ou de catalepsie, mais non pour le corps en santé.

Pour autant, cela ne fait pas de l'hypothèse de la glande une hypothèse satisfaisante. Car il se trouve que certains animaux n'en possèdent pas. Ce qui amène More à réfuter finalement l'identification de la glande au siège de l'âme est donc la thèse de l'âme des bêtes. La conclusion de More, au point 17 de son argumentation, est que « le siège principal de l'âme, où elle imagine, raisonne, et invente, et d'où elle commande toutes les parties du corps réside dans ces esprits animaux les plus purs dans le quatrième ventricule du cerveau »[1]. More opère ainsi un nouveau déplacement par rapport à Descartes. Ce que l'on observe chez Descartes dans les grands animaux à sang chaud et à poumons (Descartes ne parle pas de tous les animaux) et non dans l'homme, mais qu'on sait rationnellement

---

1. *Immortality,* Point 17, p. 94.

devoir se trouver dans l'homme afin que l'âme puisse y exercer ses fonctions : la glande pinéale, devient, chez More, ce qui ne peut pas fonctionner dans l'homme, parce qu'on ne le trouve pas chez tous les animaux. C'est donc parce que ses principes métaphysiques sont différents de ceux de Descartes que More aboutit à une hypothèse physiologique elle aussi différente. Mais elle ne l'est pas complètement. Car elle conserve les propriétés physiologiques que sa fonction métaphysique exigeait chez Descartes : les esprits animaux les plus purs du quatrième ventricule sont très petits, très mobiles et très centraux.

Nous arrivons au terme de ce détour par More. Les apports du volume de 1662, pour une meilleure intelligence de la démarche de La Forge, tiennent en trois points essentiels. Tout d'abord, ces textes proposent une extraordinaire concentration de tous les enjeux de son propre travail, en tant que médecin et en tant que métaphysicien cartésien. Ils permettent de voir, comme dans un miroir grossissant, ce que le recul du temps et les séparations disciplinaires ont fini par invisibiliser pour nous : discuter dans le détail la physiologie du mouvement musculaire ou du cerveau, c'est, au sens plein, faire œuvre de philosophe. Deuxièmement, ces textes mettent en œuvre une stratégie argumentative à la fois très différente de celle de Clerselier et finalisée par le même objectif. Ils proposent une preuve de la distinction de l'âme et du corps fondée sur l'épreuve active que nous faisons, en cette vie, de sa capacité d'initiative dans le corps. Ils se focalisent sur la psychologie et la physiologie propres à l'union, plutôt que sur la distinction, afin de fonder la preuve de cette dernière dans l'expérience. Ils montrent en ce sens à La Forge un autre chemin possible que le chemin dualiste, pour consolider ce même dualisme. Troisièmement et enfin, ils accordent

une attention toute particulière à Regius et au mécanisme
« excessif », qui prétend se passer de tout recours à un
principe immatériel pour rendre raison des mouvements
du corps. Ils se placent donc exactement au point qui
intéresse La Forge et qui lui permettra de se distinguer de
More : comment préserver le mécanisme et la distinction
de l'âme et du corps, sans retomber dans l'animisme ?

QUELLE PHYSIOLOGIE POUR L'UNION DE L'ÂME ET DU CORPS ? LE RETOUR À LA FORGE

On peut repartir du jugement contrasté porté par
Clerselier sur le travail de La Forge sur le cerveau et sur
la myologie. Au sujet du cerveau, Clerselier souligne que
le commentaire de *L'Homme* par La Forge a parfaitement
suppléé Descartes. Il l'a rendu « facile à comprendre et à
démêler ». S'agissant en revanche du mouvement
musculaire, Clerselier fait état de discussions serrées qu'il
a eues avec La Forge et se dit plutôt mécontent du résultat
final. Car sur ce point, La Forge ne s'est pas comporté en
« simple interprète ». Il s'est montré

> (…) plus hardi. Et pour faire voir à tout le monde qu'il
> n'est point esclave des opinions de M. Descartes ; et que
> si quelquefois il les approuve, c'est seulement par déférence
> à sa raison, et non point à l'autorité, il n'a point fait
> difficulté de s'éloigner ici de la pensée de l'auteur, et de
> substituer la sienne à sa place (p. 86).

Que signifie exactement Clerselier par ces affirmations ?
La réponse tient dans la nature de la relation qui s'établit,
dans le texte de La Forge, entre Descartes, Regius et More.
Sur la physiologie du cerveau et particulièrement de la
glande pinéale, La Forge réfute Bartholin à la suite de
More, mais en incluant aussi More et ses extrapolations
sur l'âme des bêtes. Mais sur la physiologie musculaire,

La Forge retrouve Regius donc aussi, selon Clerselier, les dangers de l'« esprit mécanique » soulevés par More. Je vais examiner successivement ces deux points.

C'est particulièrement dans le long commentaire de l'article 63 que La Forge revient sur la glande pinéale. La Forge explique *L'Homme* en mobilisant les développements du premier Discours de la *Dioptrique*, les articles 31 à 35 des *Passions de l'âme*[1] et la correspondance. J'ai montré ailleurs comment il articulait la figuration de la glande à la déduction rationnelle des caractéristiques physiologiques de cette dernière, en particulier de sa petitesse. Contre les anatomistes objectant qu'on ne trouve rien d'équivalent à cette glande dans un cerveau humain, La Forge répond que c'est précisément parce qu'elle est minuscule, donc invisible à l'œil nu en l'homme, qu'elle est apte à remplir sa fonction de « lieu » de communication entre l'âme et le corps. Il explicite ainsi la légitimité, chez Descartes, de trois paramètres : l'observabilité de la glande chez les grands animaux à sang chaud et à poumons (la glande représentée dans la *Dioptrique*, par exemple, est celle d'un mouton) ; son inobservabilité chez l'homme, en l'état actuel des connaissances anatomiques ; et les caractéristiques qui doivent être celles de ce centre pour assurer ses fonctions métaphysiques : servir en quelque sorte de courroie de transmission entre l'âme et le corps. C'est la conjonction de ces trois paramètres qui fait de l'entreprise cartésienne une entreprise physiologique, à la fois soucieuse de ne pas invalider l'expérience et de valider les principes métaphysiques.

On remarque ainsi, premièrement, que l'argument de la petitesse de la glande reprend, pour le renverser, celui

---

1. Sur la différence entre *L'Homme* et les *Passions de l'âme*, *cf.* D. Kambouchner, *L'homme des passions*, Paris, Albin Michel, vol. 1, 1995, p. 129-147.

que More adressait à Descartes concernant l'absence
d'expérience de la capacité causale de l'âme chez les bêtes :
ce n'est pas parce que l'expérience sensible ne prouve pas
la présence de cette glande chez certains animaux, que ces
derniers ne la possèdent pas. Deuxièmement et sans citer
directement Fontanus, La Forge utilise à trois reprises
l'argument par lequel More, dans l'*Antidote*, disqualifiait
la fonction de la glande : celui de la découverte d'eau dans
le cerveau de certaines têtes anatomisées. Or une telle
expérience, selon La Forge, n'est d'aucune conséquence
pour l'« usage » de la glande. Y revenir une nouvelle fois,
contre les anatomistes qui y voient un argument disqualifiant
la glande, corrige du même coup aussi le premier More.
Troisièmement, La Forge revient, à la suite du More de
l'*Immortality*, sur les objections de Bartholin contre la
glande. Il cite plusieurs fois Bartholin, notamment lorsque
ce dernier fait de Regius un des plus farouches partisans
de la glande pinéale [1]. Et il va jusqu'à reprendre dans leurs
grandes lignes les réponses de More, en particulier sur le
peu d'importance [2] de l'hypothèse d'un lien direct de la
glande et des nerfs, dès l'instant que les esprits animaux
parviennent à en changer la situation [3]. La Forge se sert
donc cette fois de la dimension positive de l'argumentation
de More, pour défendre Descartes. Quatrièmement, La
Forge mentionne plusieurs fois dans ces pages le nom de
Sylvius. Il affirme d'abord que la glande pinéale « n'est
attachée au reste du cerveau, que par ces deux filaments
nerveux qu'a remarqués Sylvius, et encore fort lâchement » [4].

1. Nous suivons ici les *Remarques* de La Forge sur *L'Homme*, p. 413.
2. *Ibid.*, p. 418 : « Qu'importe ? ».
3. *Cf.* les lettres de Descartes à Mersenne du 1ᵉʳ avril 1640, AT III,
49 et du 24 décembre 1640, AT III, 263, ainsi que la lettre à Meyssonnier
du 1ᵉʳ février 1640, AT III 20.
4. *Cf.* les *Remarques* de La Forge sur *L'Homme*, p. 411.

Et à propos du troisième argument de Bartholin réfuté par More et identifiant la glande comme lieux des excréments, il ajoute :

> Quelqu'un ajoutera peut-être, pour soutenir Bartholin, que Sylvius a trouvé du sable et une pierre dans cette glandule ; *cela n'importe* : car quand bien son corps serait devenu pierre, pourvu seulement qu'il ait des pores assez grands et suffisants pour laisser passer les esprits, et qu'il ne soit pas assez gros pour la faire affaisser, et la tenir toujours baissée, en sorte qu'elle ne laisse pas d'être suspendue, elle ne laissera pas d'être le siège de l'âme (p. 420).

Cette référence à Sylvius était présente chez Bartholin [1]. Mais elle ne l'était pas chez More. Or à y regarder de près, l'argument attribué ici à Sylvius : celui de la rigidité de la glande, est celui là-même que More isole chez Regius et réfute en premier, au nom de l'exigence métaphysique de distinction de l'âme et du corps. En traitant l'expérience de Sylvius-Regius de la même façon que celle de Fontanus (sur le mode du « qu'importe ? »), La Forge étend ainsi à ces derniers l'argumentation que More mobilisait s'agissant du lien entre les nerfs et la glande.

Le résultat auquel parvient La Forge est en un sens le même que celui de More : on peut s'autoriser une marge de manœuvre en physiologie, dès l'instant que les fonctions respectives de l'âme et du corps sont préservées. Mais il

---

1. Dans l'édition lyonnaise de l'*Anatome quartum renovata* (1677), cette référence se trouve au livre III (« De nervis »), p. 497. Mais on la trouve dès 1662, entre crochets, dans la traduction française des *Institutions anatomiques*, livre III, chap. v, p. 340. Elle devait donc être déjà présente dans l'œuvre de Caspar Bartholin (père). Elle établit un lien entre les observations de Sylvius et Wharton au sujet du nerf reliant la glande pinéale au cerveau, et la fonction que Willis (Thomas) assigne à ce nerf : exprimer les affects par les yeux.

est aussi différent. Car en rappelant que Sylvius a bien eu raison d'attacher la glande au reste du cerveau par deux filaments nerveux, La Forge monte que c'est en descendant dans le détail du mécanisme qu'on est le mieux à même de montrer que « tout ce qui pense est incapable d'étendue locale »[1], donc de remplir le projet du *Traité de l'esprit de l'homme, de ses facultés et de ses fonctions*, seulement esquissé par More dans *Immortality*. De manière discrète s'agissant de la physiologie cérébrale, la démarche de Regius est ainsi combinée par La Forge avec les projets métaphysiques communs à More et à Clerselier. C'est très vraisemblablement pour cette raison que Clerselier l'a jugée à la fois très fidèle et mieux aboutie que celle de Descartes lui-même.

Le point de vue est différent s'agissant du mouvement musculaire. La Forge en traite tout particulièrement dans le commentaire qui commence à l'article 18. Le texte se présente comme une réponse longue et technique aux objections des anatomistes. Comme je l'ai fait pour la glande, je me concentre ici sur la manière dont cette réponse engage la relation entre La Forge, More et Regius, donc une certaine interprétation du cartésianisme, différente de celle de Clerselier.

La Forge commence par une considération d'ordre général : « Personne ne doute que les nerfs qui aboutissent dans les muscles ne servent au mouvement volontaire, mais tout le monde n'est pas d'accord de la manière qu'ils y servent ». Le dernier argument produit, s'agissant de cette fonction, vise les scolastiques, compris au sens très large comme l'ensemble de ceux qui répugnent à expurger l'univers physique de toute faculté. Mais sa focalisation sur les bêtes peut aussi bien s'adresser à un Platonicien de

---

1. *Cf.* les *Remarques* de La Forge sur *L'Homme*, p. 414.

Cambridge comme More, qui dilue aussi, à sa manière, l'âme dans le corps :

> D'autres disent que c'est en portant simplement la faculté motrice à un muscle ; ceux-là auraient mieux fait de ne point parler du tout, car ce qu'ils disent est inutile, et ne vide pas la question. Qu'est-ce que cette faculté motrice ? Si ce n'est un esprit, il faut que ce soit un corps, ou du moins quelque chose qui réside dans un corps, et qui n'en puisse être séparé. Si c'est un esprit, c'est-à-dire une substance spirituelle, comment est-ce que les chiens remuent leurs membres ? Je ne pense pas que personne destine une intelligence pour mouvoir la queue d'un chien ; toutefois tout le monde est d'accord qu'ils remuent leurs muscles comme nous faisons les nôtres. Mais enfin, ni dans le chien, ni dans l'homme même, il n'y a point d'esprit, ni de faculté spirituelle ou corporelle, qui puisse faire enfler le ventre d'un muscle, sans le remplir de quelques corps (…) il est donc bien plus raisonnable de dire que tout ce mouvement du muscle se fait parce que son ventre s'emplit ou se vide de plusieurs petits corps, qu'on nomme les esprits animaux ; lesquels on ne peut pas soupçonner venir d'ailleurs que du cerveau, puisque aussitôt qu'un nerf est coupé, ou bouché, et qu'ainsi la communication du cerveau et du muscle est interrompue, le muscle où ce nerf envoie ses branches perd son mouvement.

Ce que La Forge considère donc comme la plus grosse erreur à éviter, au seuil de l'explicitation du passage de *l'Homme* que Descartes considérait comme le plus important, est l'attribution de la cause de tout mouvement musculaire à une faculté spirituelle, que l'on devrait alors accorder à l'animal comme à l'homme. La détermination précise de ce qui suffit à expliquer le mécanisme de ce mouvement a bien pour enjeu la délimitation exacte des fonctions de l'âme de l'homme dans le corps. Mais cela suppose d'abord de montrer tout ce que le seul mécanisme permet d'expliquer de commun à l'homme et à l'animal. Au lieu de particulariser d'abord une cause psychique volontaire, qui risquerait de nous faire revenir à des formes éculées d'animisme, La Forge insiste ainsi sur ce qui est physiologiquement commun à tout mouvement d'un corps bien disposé :

> (...) quand *l'âme ou quelque autre cause* ferait sortir les esprits des ventricules du cerveau, un peu plus vite et plus abondamment que de coutume, pour hausser le bras par exemple, non seulement ils se répandraient dans le muscle destiné pour cet effet, mais encore dans son antagoniste, et même dans tous les muscles du corps, tout ainsi que le cœur entre dans la grande artère, et se répand de là dans toutes ses branches ; *à moins de feindre que l'âme a mis un portier et un guide à chaque division des nerfs, pour ne laisser passer que les esprits qui ont reçu l'ordre*, et les conduire jusqu'où on les envoie.

Mais de ce même point de vue physiologique, la question du mouvement musculaire concentre des enjeux particuliers. Car elle est « la fonction de tout le corps humain, la plus difficile à comprendre ». Par « la plus difficile », il faut entendre deux choses. Premièrement, ce que les anatomistes ont reconnu, à savoir le rôle des esprits animaux dans ce mouvement, est « trop général » et « ne suffit pas », surtout si on se réfère aux débats sur le mouvement du cœur, pour endiguer le recours à des entités immatérielles venant suppléer le défaut d'expériences. C'est la raison pour laquelle Descartes a proposé, dans l'article XI des *Passions de l'âme* notamment, un raffinement de cette hypothèse, par la distinction et la mise en synergie de trois flux différents d'esprits animaux : un flux en provenance du cerveau, un flux en provenance du muscle antagoniste, et une quantité d'esprits demeurant constante dans chaque muscle. Or, et c'est le second point problématique que souligne la Forge, « le sens ne découvre rien » s'agissant ce ces trois flux. C'est donc « la raison » qui doit « justifier » la pensée de Descartes, ce qui, ajoute-t-il, « ne sera pas fort difficile ». Parmi les arguments avancés ensuite, sous les formes croisées de : « il n'est pas croyable que » et « il faut penser que », La Forge mobilise la volonté : « (…) il n'est pas croyable qu'en aussi peu de temps que met notre volonté à se déterminer, il puisse descendre, par des tuyaux insensibles, autant d'esprits qu'il en faut pour enfler de gros muscles ». La causalité dont More était parti et qu'il avait ensuite étendue à tout mouvement du corps, est donc réintroduite par La Forge du point de vue de son articulation à un mécanisme auto-suffisant. Si on ne peut exclure que certains mouvements très particuliers du corps : les mouvements volontaires, soient initiés par l'âme, il demeure que leur condition *sine qua non* de possibilité reste intégralement corporelle et suffit à expliquer tous ceux qui ne sont pas volontaires.

Mais pour atteindre ce degré d'autosuffisance du mécanisme, il faut « ajouter » à l'explication de Descartes, ou, plus exactement, le corriger, au nom de cette « raison » même qu'il revendique. Selon La Forge, il faut ainsi situer les petits tuyaux des nerfs dans les conduits des muscles et non dans les muscles mêmes, comme l'avait fait Descartes. Faute de quoi on ne peut expliquer de ce dont pourtant on peut aisément faire l'expérience. C'est donc au nom de ce critère de vérité que More reprenait à Regius : celui de l'expérience, que La Forge peut corriger More lui-même et accréditer, avec Regius, la suffisance de l'explication mécanique du mouvement musculaire :

(…) ce qui me porte à *m'écarter ici du chemin qu'il*[1] *a suivi*, c'est qu'il me semble qu'à moins d'établir comme je fais ces petits conduits dans les muscles, il n'y a pas moyen de rendre raison, pourquoi, quand un muscle est coupé selon la longueur de ses fibres, il ne perd pas la faculté de se mouvoir, rien ne pouvant en cet état empêcher l'esprit animal d'en sortir. *Vous verrez même quelques vestiges de ces petits conduits* ou canaux, si vous regardez de près les filets d'une pièce de bœuf quand elle est bouillie : car *vous verrez* qu'ils sont couverts et distingués entre eux par de petites peaux extrêmement délicates ; l'on *voit* aussi la même dans de la chair vive, mais on ne le *remarque* pas si bien » (article 19, p. 339).

Alors qu'il s'appuyait sur le défaut d'expérience pour justifier la fonction métaphysique de la glande, La Forge pousse ici, aussi loin que possible, la concordance entre l'explication mécanique et l'expérience, pour secondariser la principialité de la volonté dans le mouvement corporel. Il va dans le sens de Regius en s'éloignant de More, parce que la consolidation du mécanisme est pour lui le moyen le plus efficace de combattre l'animisme.

La seconde innovation qu'il propose conforte cette interprétation. Elle consiste dans la supposition de canaux de communication entre les muscles antagonistes, sans lesquels la matière ne pourrait pas s'écouler dans le muscle opposé[2]. Mais cette fois, La Forge met en parallèle le mouvement convulsif et le mouvement volontaire. Alors même que dans la convulsion, les valvules s'ouvrent et se ferment contre la règle ordinaire des mécaniques, ce qui importe est d'insister sur les conditions strictement organiques de tout mouvement, volontaire y compris :

---

1. Il s'agit de Descartes.
2. *Cf.* les *Remarques* de La Forge sur *L'Homme*, p. 349.

> (…) *il n'y a point d'autre différence entre les mouvements convulsifs et ceux qui ne le sont pas*, qu'en ce que ceux-ci attendent pour l'ordinaire le consentement de la volonté, et que ceux-là se font sans son consentement ; *mais soit que la volonté y consente ou non*, tout ce qui s'élargit, ainsi que fait le muscle, doit recevoir quelque matière (p. 343).

Afin de servir plus efficacement l'objectif commun que se donnaient Clerselier et More : prouver la distinction réelle de l'âme et du corps, il faut donc, selon La Forge, aller le plus loin possible dans l'explication du fonctionnement autonome du corps. Il faut montrer que ce que l'on ne voit pas fonctionne de manière homogène à ce que l'on voit, en s'appuyant sur la déduction rationnelle et en se servant des relais que nous fournissent les données expérimentales nouvelles, notamment sur l'embryologie du poulet. En « découvrant à la vue » ce qui a été possible, ces expériences aident à formuler ce qui a dû être et à s'acheminer, pour reprendre la terminologie du début de l'article 203 des *Principes de la philosophie*, vers la détermination de l'invisible tout de même que si on le voyait. C'est le sens de la conclusion de La Forge après qu'il ait rationnellement, de nouveau, justifié le rôle des valvules pour empêcher la rétrogradation des esprits animaux dans le muscle :

> Nous ne devons pas non plus douter de toutes ces choses, bien que les sens ne les découvrent point, que nous ne doutons point qu'il y ait des esprits animaux, et cent autres choses qui sont imperceptibles aux sens : car il est certain que la conformation du muscle est telle, qu'il peut produire l'effet que nous voyons ; et si elle n'était telle que nous la venons de décrire, je ne vois pas que nous puissions remuer aucun de nos membres, en la manière que nous les remuons (p. 352).

Or deux points sont ici remarquables. Le premier point est la parfaite congruence des développements de La Forge avec ceux qui, chez Regius, avaient intéressé Clerselier dans le Livre V de la *Philosophia* naturalis consacré à l'homme. Reprenons le texte de Regius en entier [1] :

> (…) *dans le mouvement volontaire, aussi bien que dans le mouvement naturel*, il ne se produit point de nouveau mouvement ; mais les esprits, qui sont agités par la matière subtile, sont déterminés de nouveau vers telles ou telles parties, auxquelles ils communiquent la force de leur mouvement en les agitant d'un côté, ou de l'autre.
>
> Et *bien que l'âme n'ait pas la vertu de mouvoir le corps d'un lieu en un autre*, elle a néanmoins en soi la force de *déterminer* le cours des esprits vers telles, ou telles parties ; aussi bien qu'elle a d'elle-même la faculté d'entendre et de vouloir. Et *il n'est aucunement besoin pour cela de lui attribuer une faculté motrice*, puisque *l'agitation des esprits suffit* pour exciter le mouvement dans les parties. Or *cela ne serait pas non plus conforme à la raison*, puisque notre âme ne peut pas causer le moindre mouvement dans la plus petite partie du corps, si les esprits animaux ne sont dans une assez grande agitation.
>
> Enfin nous mettons des valvules et des pores dans les muscles et dans les fibres des nerfs ; *parce que, cela posé, on conçoit très clairement la manière dont se fait le mouvement naturel et volontaire ; au lieu que si on le nie ; la manière dont se font ces mouvements, est absolument incompréhensible.*
>
> Et *il ne sert de rien d'objecter que toutes ces choses sont imperceptibles à nos yeux.* Car nous posons avec

---

1. Nous sommes à la fin du chapitre, p. 522 et 523 de la traduction française par Claude Rouxel.

raison quantité de choses, qui sont invisibles, comme les esprits animaux, l'âme de l'homme et plusieurs autres ; lesquelles néanmoins notre raison et notre imagination nous obligent d'admettre.

Le deuxième point remarquable est que La Forge cite « l'article II des *Passions* » de Descartes à propos du mouvement des muscles, lorsqu'il revient sur son hypothèse des canaux. Or comme on l'a rappelé plus haut, s'agissant de More, ce n'est pas dans l'article II mais dans l'article XI que Descartes synthétise son explication de la contraction musculaire. La Forge commet donc ici la même « erreur » que More. Il semble, autrement dit, avoir More sous les yeux ou, à tout le moins, à l'esprit. Il entend répondre à l'excès animiste de son collègue britannique par un renforcement, puisé chez Regius, de l'explication mécanique. Avec Regius et en s'appuyant sur l'embryologie nouvelle, La Forge rejoint en cela le Descartes de la préface à la *Description du corps humain*, soucieux d'empêcher toute confusion entre une démarche physiologique statuant sur l'invisible matériel à partir du visible matériel, d'une part, et une démarche recodant immédiatement cet invisible en des termes psychologiques, d'autre part (démarche par laquelle More se rapprochait finalement des scolastiques) :

> (…) tous les mouvements *que nous n'expérimentons point dépendre de notre pensée*, ne doivent pas être attribués à l'âme, mais à la *seule* disposition des organes ; et (…) *même* les mouvements qu'on nomme *volontaires* procèdent *principalement* de cette disposition des organes, puisqu'*ils ne peuvent être excités sans elle, quelque volonté que nous en ayons*, bien que ce soit l'âme qui les détermine (p. 231).

Mais contrairement à Regius, qui en refuse la conséquence, et à Clerselier, qui recherche cette conséquence mais craint de ne pas pouvoir y parvenir à partir de cette prémisse, La Forge fait de la descente dans le détail du mécanisme la condition de préservation de la véritable souveraineté de l'âme immatérielle en l'homme.

En effet, ce que montre l'extrait de la préface à la *Description du corps humain*, c'est que le recul des limites de l'explication mécanique a pour corrélat la circonscription la plus précise possible de ceux des mouvements d'un corps dont le principe « déterminant » peut être la volonté. Le critère indubitable qui est mobilisé est de nouveau celui de l'expérience. Mais d'une expérience psychologique causale, dont la valeur de vérité est telle que lorsque cette expérience n'est pas engagée, nous pouvons, n'en déplaise à More, être certains que la détermination du mouvement est bien de part en part somatique :

> Il est vrai qu'on peut avoir de la difficulté à croire, que *la seule* disposition des organes soit *suffisante* pour produire en nous *tous les mouvements qui ne se déterminent point par notre pensée* ; c'est pourquoi je tâcherai ici de le prouver, et d'expliquer tellement toute la machine de notre corps, que nous n'aurons pas plus de sujet de penser que c'est notre âme qui excite en lui *les mouvements que nous n'expérimentons point être conduits par notre volonté*, et que nous en avons de juger qu'il y a une âme dans une horloge, qui fait qu'elle montre les heures (p. 231).

C'est cette expérience psychologique causale, dans toute sa positivité, qui constitue le cœur du *Traité de l'esprit de l'homme, de ses facultés et de ses fonctions*. Après avoir réarticulé la physiologie cartésienne aux données de l'expérience externe, dans son commentaire de *L'Homme*, La Forge va ainsi réhabiliter le potentiel empiriste de la psychologie cartésienne.

Une psychologie empiriste

Selon Adrien Baillet,

> On peut dire à la gloire de cet ouvrage [le *TEH*] que le
> disciple y a surpassé le Maître par sa propre industrie.
> M. de la Forge y a ramassé tout ce que M. Descartes avait
> dit de beau et de meilleur en divers endroits de ses écrits.
> Il est même allé plus loin. Il a *expliqué en détail* plusieurs
> choses que M. Descartes n'avait touchées *qu'en passant*,
> et ce qu'il en dit se trouve expliqué *d'une manière si claire
> et si naturelle*, qu'il semble qu'il ait *rendu la connaissance
> de notre esprit plus sensible que celle de notre corps* (*Vie
> de Monsieur Descartes*, t. II, *op. cit.*, p. 399).

L'apport du *Traité de l'esprit de l'homme*, par rapport aux
textes disponibles de Descartes, mais aussi à ceux des
premiers cartésiens, résiderait ainsi dans le « détail » et la
« clarification » du type de connaissance auquel nous
pouvons accéder sensiblement, s'agissant de l'esprit. Cette
connaissance expérimentale est jugée plus fiable, s'agissant
de l'esprit, que celle à laquelle nous permet d'accéder
l'expérience que la VIe Méditation désignait comme celle
de ce corps que par un certain droit particulier j'appelle
mien. La particularité de La Forge, selon Baillet, est ainsi
d'avoir explicité l'affirmation cartésienne centrale selon
laquelle l'esprit est plus aisé à connaître que le corps, de
la manière suivante : l'expérience psychologique a un
degré de certitude plus grand que l'expérience corporelle.
Si on relie ce jugement de Baillet à l'explicitation de
l'objectif du traité, par La Forge lui-même : « faire connaître
clairement la part que prend l'esprit de l'homme dans les
mouvements de son corps », on comprend qu'avec La
Forge, le cartésianisme se spécifie comme une psychologie
empiriste dans laquelle l'activité de l'âme joue un rôle
essentiel.

Pour identifier son objet dès la préface à M. de Montmor, La Forge procède en trois temps. Premièrement, il s'appuie sur les textes d'Augustin montrant que ce dernier n'a pas cru que l'âme donne le mouvement au corps « autrement que par sa volonté ». L'âme procède par « une manière de mouvement qui n'est pas local »[1]. C'est une façon de répondre à la lettre de Clerselier, en mobilisant la même référence que ce dernier mais en choisissant d'autres extraits. Deuxièmement, La Forge explique que « bien » lire Descartes suppose de respecter scrupuleusement trois étapes. Il faut commencer par lire attentivement les *Méditations*, pour se défaire des préjugés de l'enfance. Ensuite, il faut lire *L'Homme*, afin d'isoler ce qui est propre à l'âme, à partir de l'identification de ce qui s'explique suffisamment par le corps seul. Bien encadré, *L'Homme* devient ainsi un magnifique témoignage de ce que l'esprit de l'homme est seulement une chose qui pense :

> (…) comme il nous apprend qu'il n'y a aucun mouvement (*à la réserve de ceux qui dépendent de la pensée*) qui ne se peut faire dans une machine qui n'aurait point de connaissance, il apprend en même temps que cette pensée doit être quelque chose de bien différent des qualités de la matière, et qu'il n'y a qu'elle qui appartienne *proprement* à l'esprit de l'homme (p. 101).

Enfin, ceux qui, n'étant point accoutumés aux abstractions métaphysiques, ne peuvent ou croient ne rien pouvoir concevoir qui ne soit étendu, sont bien autorisés à considérer l'esprit avec une extension, « pourvu qu'ils ne lui ôtent point la faculté de penser ». Ce dernier point, que l'on peut

---

1. *TEH*, p. 96-97. Pour renouer le fil du débat avec More, on peut aussi renvoyer à l'« étendue de puissance » thématisée par Descartes dans la lettre qu'il lui adresse le 5 février 1649. Sur cette question, *cf.* I. Agostini, « L'onnipresenza di Dio nel cartesianismo », *in* F. A. Sulpizio (ed.), *Studi cartesiani*, Lecce, Milella, 2000, p. 11-87.

relier à la correspondance entre Descartes et Elisabeth de mai et juin 1643, spécifie la démarche de La Forge par rapport à celle de Clerselier, en l'installant sur le terrain de l'union, plus que sur celui de la distinction de l'âme et du corps. Troisièmement et enfin, La Forge distingue entre les enseignements auxquels on peut accéder par « la seule lumière naturelle » et ce qui relève des « vérités que la Foi nous a révélées », ou des « preuves de l'Écriture ». Il précise ainsi que dans le traité, il se donne pour objectif de rester dans le domaine de ce que l'on peut savoir et faire savoir de l'esprit dans une démarche « purement philosophique »[1]. Or c'est bien ce domaine du « purement philosophique » que Descartes et Regius entendaient circonscrire, sans toutefois s'accorder sur ses limites. C'est bien de ce domaine « purement philosophique » que Clerselier risquait de sortir, en reportant toute forme de causalité en Dieu ; et que More disqualifiait par un relent d'ancienne philosophie, en répandant l'âme dans tous les corps.

En quoi le recours conjoint à la lumière naturelle et à l'expérience unitaire permet-il alors de le définir de manière plus satisfaisante ?

Le chapitre II désigne comme critère de vérité immédiat « ce que chacun de nous expérimente en soi-même », en se « recueillant dans l'intérieur de (sa) conscience »[2]. Or, sur ce terrain de l'expérience psychologique, on peut sans difficulté affirmer la certitude de l'existence de l'âme et la supériorité de cette dernière par rapport à celle du corps : « Cette vérité est si claire, que MM. Gassendi et Le Roy, quoi qu'ennemis déclarés de la Métaphysique de M. Descartes, en sont demeurés d'accord »[3]. On peut ensuite démêler les raisons pour lesquelles, en dépit de ce

1. Chap. I, p. 107.
2. *TEH*, p. 107.
3. *TEH*, p. 108.

point d'« accord », les « ennemis déclarés de la Métaphysique » de Descartes en sont venus à remettre en question la certitude de la connaissance de la distinction substantielle. Or, la particularité de La Forge, ici, consiste à ne pas opposer d'un côté des « dualistes » cartésiens et de l'autre des « empiristes » non cartésiens, mais à déplacer la question épistémologique et ontologique de la connaissance de la nature de l'âme, vers une question empirique distinguant des empiristes cartésiens et des empiristes non cartésiens. Alors que Clerselier préférait fuir ce terrain commun et que More s'y installait pour placer le cartésianisme officiel en défaut, La Forge l'utilise pour justifier ce même cartésianisme contre ses détracteurs.

En soulignant que la confusion entre les forces mouvantes respectives du corps et de l'âme est un point commun entre les scolastiques et certains des partisans de la nouvelle physique, il explique ainsi que c'est lorsque l'expérience n'est pas correctement analysée qu'on produit des ontologies fausses. On peut ainsi répandre l'âme dans les corps, comme le fait More. Mais il est un argument plus subtil et plus fort encore, qui consiste à nier toute possibilité, pour la lumière naturelle, de dire quoi que ce soit de cette ontologie. Derrière le « dira-t-on » qui porte cet argument, on reconnaît sans ambiguïté Regius :

> Mais enfin (dira-t-on) ces deux attributs ne sont pas contraires, mais seulement divers, et partant ils ne sont pas incompatibles. Voilà le dernier refuge de nos adversaires, et le plus fort de leurs arguments (chap. 3, p. 115).

Tant que le doute persiste, les objections demeurent, « la plus considérable de toutes » restant celle de l'âme des bêtes [1], comme l'a bien montré More. Il faut donc terminer

---

1. *TEH*, chap. 4.

de répondre à Regius [1], en se plaçant, comme le fit More, sur son propre terrain, mais en rejetant fermement les conclusions animistes de l'auteur de l'*Immortality*.

Le premier souci de La Forge, qui retrouve en ceci la question de la lettre du 4 décembre 1660, est d'expliquer que les théologiens assurant « qu'une créature ne saurait être le principe de son action » ne remettent pas pour autant en question la validité du témoignage intérieur de la conscience. La Forge se livre alors à une nouvelle explication de texte. Il distingue, d'une part, une surinterprétation, consistant à ajouter au texte des théologiens une « distinction réelle entre une chose et la faculté par laquelle elle agit » et à reporter de ce fait en Dieu tout le principe de l'action humaine. Et il identifie, d'autre part, une interprétation littérale et « très véritable », selon laquelle il n'y a point de créature qui puisse agir sans le secours actuel du Créateur. La particularité de cette seconde interprétation, par rapport à la première, consiste à ne pas nier que la créature en question soit bien « le principe de son action ». Alors que la lettre de Clerselier avait dogmatiquement fermé les possibilités laissées ouvertes par Descartes, au profit d'un report de toute forme de principialité en Dieu ; La Forge recentre ainsi l'attention sur la valeur de vérité de l'expérience intérieure de la force de l'âme. La forme de « dépendance » qui est conservée, entre cette force et l'immutabilité divine, assure en retour l'immortalité de la substance pensante [2]. Mais elle fonde aussi la validité de la preuve de cette force par l'épreuve que chaque homme peut en faire, en cette vie.

La Forge se concentre ensuite sur cette « puissance de vouloir et de nous déterminer de nous-mêmes », comme « source commune de toutes nos déterminations » [3] afin

---

1. Regius est de nouveau nommé p. 128, en référence aux *Notae*.
2. *TEH,* chap. 7, p. 142.
3. *TEH*, p. 149.

de distinguer ce qui dans cette puissance relève de l'âme et ce qui relève du corps. En s'appuyant sur un corpus de lettres de Descartes [1] expliquant, d'une part, que ce que nous expérimentons indubitablement, dans le mouvement volontaire, est la volonté de mouvoir notre corps et, d'autre part, que ce pouvoir est un pouvoir indirect de détermination et non un pouvoir causal direct ; La Forge diffère, comme Descartes avant lui, au moment où il traitera de l'union, l'examen précis de cette force [2]. Car ce qui lui importe à ce stade, lorsqu'il martèle que « la nature de la connaissance se découvre bien mieux par ce que l'expérience nous en apprend, que par le discours » [3], est de bien distinguer cet empirisme-là, qu'il revendique au nom de Descartes, de celui qui soutient qu'il n'y a rien dans l'Entendement qui n'ait été auparavant dans les sens et que Descartes avait critiqué chez Regius. Le partisan de ce second type d'empirisme a évidemment raison de souligner le rôle des circonstances extérieures à l'esprit et de l'observation des sens, dans l'acquisition de nos connaissances. Mais il a tort de croire que là réside la seule et véritable cause de ces connaissances. Il méconnaît voire nie ce qui est pourtant « naturel à l'Esprit ou la faculté qu'il a de penser » et consiste en certaines « notions communes », radicalement indépendantes des mouvements corporels. En reprenant

---

1. Il cite la lettre 21 du premier volume de Clerselier, c'est-à-dire la lettre à Elisabeth du 10 juillet 1647. Mais les arguments qu'il mobilise synthétisent aussi ceux des lettres à Arnaud et à Morus durant les années 1648 et 1649.

2. « Nous n'avons point d'autre idée de cette force, sinon que nous remuons tous nos membres quand et comment nous voulons, sans en pouvoir donner d'autre raison principale que notre volonté même (…) *mais nous parlerons plus amplement de ceci lorsque nous traiterons en particulier de cette force* » (p. 153).

3. *TEH*, p. 157.

les mots de Descartes dans les *Notae*[1], afin de spécifier l'expérience intérieure comme « cause prochaine et principale » de la connaissance et les circonstances ou l'observation des choses, comme « cause(s) éloignée(s) et accidentelle(s) » de cette connaissance, La Forge fait ainsi de cette principialité causale de l'âme humaine la clef de voûte du cartésianisme. Il l'isole de la *causa sui* et des causes secondes, afin de mieux en cerner la valeur de vérité.

Le chapitre X, consacré aux idées, applique à plusieurs reprises[2] le lexique de la cause efficiente à l'esprit, et particulièrement à la volonté, au point d'affirmer que « (…) toutes nos idées considérées en elles-mêmes (…) n'ont *pas besoin*, non plus que toutes nos autres pensées, *d'autre cause* qui les produise *que celle de notre esprit* »[3]. Le moment est venu de répondre plus précisément à Clerselier, s'agissant des rapports entre la causalité de l'âme et celle de Dieu. La Forge propose alors[4] une typologie de trois « causes principales », qui « déterminent » notre esprit à produire telle idée dans telle circonstance. Or la particularité de ces trois causes est de mobiliser, chacune sa manière, la volonté de l'homme. Dans la première cause, Dieu intervient en tant qu'« Auteur de l'union de l'âme et du corps », « pour toutes les idées que nous avons sans le concours de la volonté, à l'occasion des espèces qui se tracent sur la glande par quelque cause que ce soit ». L'action divine est donc renvoyée à celles des idées qui, dans *L'Homme*, étaient imputées à la seule disposition des organes. Le mécanisme est restitué à son ancrage divin et les corps, à leur impuissance ou à leur causalité seulement

---

1. Traduction Clerselier en I, 557 *sq.*
2. *Cf.* notamment les pages 176 et 177.
3. *TEH*, p. 177.
4. *TEH*, p. 178.

occasionnelle. La seconde catégorie renvoie à notre seule volonté « pour toutes les idées des choses auxquelles nous ne pensons que parce que nous voulons y penser ». Cette catégorie semble donc être exclusive à la fois de Dieu et des corps. Plus précisément, et parce qu'elle ne mobilise pas le lexique de l'occasion, elle introduit un décrochement qualitatif entre l'occasion des espèces corporelles et une forme particulière de causalité de l'âme. La troisième catégorie de cause, enfin, renvoie

> (…) en partie (à) cette union et en partie (à) notre volonté, pour toutes celles (les idées) que nous n'avons pas seulement parce que nous nous y attachons librement, mais encore parce que les espèces corporelles avec lesquelles la nature ou notre volonté ont lié ces Idées sont pour lors excitées dans l'organe de l'imagination.

Ici, La Forge articule donc les catégories 1 et 2, mais en dédoublant à chaque fois la volonté. Celle-ci intervient en amont, en relation avec la liberté. Et on la retrouve en aval, en lien avec l'Auteur de l'union ou, potentiellement, seule, en tant qu'elle est capable d'instaurer par elle-même, grâce à l'imagination, de nouvelles connexions entre les idées et les espèces corporelles. Il résulte de cette typologie une mise au premier plan, dans la causalité de toute idée, de la volonté et plus précisément encore de l'expérience que nous en faisons, au sens où dans le critère 1, c'est ce seul défaut d'expérience qui distingue celles de nos idées qui ne sont pas en notre pouvoir.

La Forge franchit encore un pas ensuite, en insistant sur le primat de la volonté sur l'entendement. Loin que l'entendement doive toujours produire une idée de ce à quoi nous voulons penser, avant que nous en ayons la volonté, il faut dire au contraire qu'« il *suffit* que dans le temps précisément que la volonté se détermine, et qu'*elle applique l'entendement à penser* une telle chose, il en forme l'idée »[1]. Cette précision est décisive pour La Forge en ce qu'elle lui permet de redéfinir les relations entre idées innées et idées acquises, qui étaient au cœur de l'échange des *Notae*. Au lieu d'opposer les deux et d'opter, soit pour un empirisme du type de celui de Regius, soit pour une conception quasi théologique (Clerselier) ou animiste (More), il faut en effet définir un innéisme souple, valorisant la part de l'activité de l'âme dans la production des idées. En expliquant la comparaison célèbre des *Notae*, on peut alors affirmer que les idées sont « *nées avec* » l'esprit », « non seulement parce qu'il ne les a jamais reçues des sens, mais encore parce qu'il est *créé avec la faculté* de les former, laquelle en est *la cause prochaine et principale*; de la même façon que l'on dit que les gouttes ou la gravelle sont naturelles à certaines familles, quand les personnes qui y naissent apportent les *dispositions prochaines* à ces maladies »[2]. En revanche, ces idées sont

> (...) acquises et non pas naturelles, si par ce mot de naturelles on entend qu'elles soient dans la substance de l'âme comme dans un réservoir, à la manière qu'on dispose les tableaux d'une galerie, pour les considérer quand on veut. Car il n'y a aucune d'elle en particulier qui exige d'être actuellement présente à notre esprit, qui étant une substance qui pense, ne peut rien avoir actuellement présent dont il n'ait connaissance. C'est pourquoi elles ne sont contenues dans l'Esprit qu'en puissance et non pas en acte; en quoi il y a cette différence à remarquer, que dans la cire cette puissance est seulement passive, au lieu que dans l'esprit, elle est aussi active. Je conclus donc avec M. Descartes, que *l'Esprit n'a pas besoin d'aucune*

---

1. *TEH*, p. 180.
2. *TEH*, p. 1181.

> *des Idées naturelles qui soient différentes de la faculté qu'il a de penser* (p. 181).

En reliant cet extrait à l'explication du texte des théologiens mentionnée tout à l'heure, on comprend que ce que La Forge identifie comme une surinterprétation du texte de Descartes est cela même que Regius reprochait à ce dernier : une dissociation entre la faculté et la chose, et que Clerselier tendait précisément à faire passer pour la doctrine officielle du cartésianisme. Or, en revenant à une interprétation plus littérale et plus exacte du texte des *Notae*, on comprend à la fois qu'un noyau dur commun unit Descartes à Regius : celui du contenu empirique de la conscience [1], et que le second en a faussé toute l'interprétation en l'identifiant à une puissance aussi passive que le morceau de cire.

Le chapitre XI, plus spécifiquement consacré à la volonté, achève d'apporter les précisions requises. La Forge se fonde sur la fin de non recevoir apportée par Descartes à la distinction de l'École entre les causes universelles et particulières, dans la lettre à Elisabeth du 6 octobre 1645 (8ᵉ lettre du premier volume de Clerselier). Et il propose de considérer comme centrale une autre lettre à Elisabeth : celle du 3 novembre 1645 (Lettre 9 du volume 1), dans laquelle Descartes accorde un degré de certitude équivalent à l'expérience interne de notre volonté et à la connaissance rationnelle de l'omniscience et de la toute-puissance de Dieu. Cette fois, La Forge cite Descartes *in extenso* :

> (…) comme la connaissance de l'existence de Dieu ne nous doit pas empêcher d'être assurés de notre libre-arbitre, *parce que nous l'expérimentons et le sentons en nous-*

---

1. C'est le sens qu'on peut donner à l'expression : « Je ne vois pas quelle raison M. Le Roy peut avoir de contredire cette proposition ».

même, ainsi celle de notre libre arbitre ne nous doit pas faire douter de l'existence de Dieu ; car l'indépendance *que nous expérimentons et sentons en nous*, et qui *suffit* pour rendre nos actions louables ou blâmables, n'est *pas incompatible avec une dépendance qui est d'autre nature*, selon laquelle toutes choses sont sujettes à Dieu (p. 193).

C'est ce qui légitime une différence de statut entre la volonté et l'entendement, dans l'esprit de l'homme : « la volonté procède plus du fond de l'esprit que l'entendement »[1], parce que nous sommes « toujours les maîtres » de ses opérations, alors que nous ne le sommes pas de l'entendement. L'entendement, de ce point de vue, est aussi passif que la cire ; là où la volonté manifeste au contraire l'activité de l'homme.

La Forge peut alors en venir au dernier moment de sa démonstration que la mort a empêché Descartes d'achever : le moment qui envisage, non plus l'expérience interne de la volonté seule, mais son extériorisation dans le corps par quoi elle se distingue encore de l'entendement[2]. L'épreuve interne de la volonté se transforme alors en preuve externe de l'indépendance de l'esprit à l'égard des circonstances extérieures, dans le mouvement volontaire.

Le chapitre XIV revient sur le pouvoir de notre volonté de joindre nos pensées à d'autres mouvements que ceux auxquels elles ont été jointes la première fois, comme étant la preuve de ce que Dieu n'a pas souhaité, en nous l'accordant, porter « trop de préjudice à (notre) liberté »[3]. C'est pour La Forge le moment de préciser les conditions physiologiques de cet exercice. En revenant sur la

---

1. *TEH*, p. 196.
2. *TEH*, p. 197.
3. *TEH*, p. 216.

physiologie du mouvement volontaire et la manière dont il a corrigé Descartes sur ce point dans *L'Homme*, il nous permet de comprendre que tout l'enjeu d'une « bonne » physiologie cartésienne est de sauvegarder la part d'activité de l'âme dans ces mouvements très particuliers à l'homme que sont les mouvements volontaires. À cette fin, La Forge élabore une nouvelle et dernière distinction, entre celles des parties du corps que la volonté peut mouvoir directement et celles sur lesquelles elle n'exerce qu'une puissance indirecte. À Clerselier, Regius et More qui, chacun différemment, opposaient pouvoir causal et pouvoir de détermination, La Forge répond une fois encore que les deux doivent au contraire être articulés en l'homme :

> (…) il n'y a que les parties, où les tuyaux des nerfs conduisent quelques esprits animaux, qui soient sujettes à sa volonté. Or comme les nerfs ne versent pas les esprits animaux seulement dans les muscles, mais encore dans plusieurs autres parties, ainsi que l'anatomie nous apprend, et qu'il est mal aisé de concevoir que des esprits, qui sont des corps, aient pu descendre en quelque partie, sans s'y être faits des conduits semblables ou approchants à ceux que nous avons dits dans nos remarques sur le Traité de L'Homme se rencontrer dans les muscles, et sans y exécuter quelque mouvement sensible ou insensible, de même notre volonté n'a pas seulement pouvoir sur les muscles, mais encore sur toutes les parties où aboutissent quelques tuyaux des nerfs ; avec cette différence toutefois, qu'elle a le pouvoir de mouvoir nos membres *directement* en les voulant mouvoir ; mais que ce n'est qu'*indirectement* qu'elle cause quelque mouvement dans les autres parties. Car l'*expérience fait voir* que la volonté n'a pas la puissance d'ouvrir et de resserrer les orifices du cœur, en voulant simplement les ouvrir ou les resserrer, mais en excitant en elle-même les passions auxquelles ces sortes de

mouvements sont joints ; comme aussi elle n'a pas la puissance d'exciter une passion en la voulant avoir, mais en appliquant l'imagination à penser aux objets qui peuvent causer cette émotion [1].

L'enjeu d'une bonne articulation entre la physiologie et l'expérience interne est ainsi de déterminer jusqu'où s'étend le pouvoir direct ou indirect de l'âme sur le corps et d'identifier ce qui rend les hommes si « particuliers » [2], dans le si complexe entrelacs des causalités divine, corporelle et volontaire.

CONCLUSION

L'intertextualité entre Clerselier, More, Regius et La Forge, s'avère très précieuse pour typologiser les principales lectures possibles des textes de Descartes. On retrouve les mêmes problèmes, le même lexique et les mêmes enjeux, mais non les mêmes solutions. La particularité de La Forge, dans cet ensemble, est de *combiner* les vérités rationnelles et expérimentales que chacun de ses interlocuteurs propose, à sa manière et au contraire, de dissocier. Avec La Forge émerge ainsi l'idée qu'on ne saurait penser de « vrai homme », au sens cartésien, sans prendre au sérieux l'union de l'âme et du corps, donc aussi les diverses formes de dépendance qui s'exercent sur la première. Mais ce « vrai homme », pour La Forge, doit être au premier chef un homme actif : montrer comment « conserver l'empire de

---

1. La fin du *TEH*, notamment le chapitre XVIII sur l'Imagination, mobilise davantage encore les textes des *Passions de l'âme*. *Cf.* aussi *Dioptrique* III, AT VI, 107-108.

2. Il faut distinguer ce qui est propre à « l'Esprit de l'homme en général », ou ce que l'homme a de particulier par rapport à tous les autres êtres, et « la différence des esprits en particulier », qui n'est pas l'objet de La Forge dans ce traité (chapitre XV, p. 227).

l'Esprit sur le corps » [1], en considérant exactement la nature de l'un et de l'autre, est bien l'objectif principal que se donne le *TEH*.

La seconde particularité de La Forge consiste à circonscrire le domaine du « purement philosophique » par une mise hors champ de ce que la théologie a de dogmatique et un recentrement sur ce qui, dans l'ensemble des vérités expérimentales, est susceptible d'être indubitable, c'est-à-dire à la fois psychologique et causal. La détermination la plus scrupuleuse possible des conditions physiologiques d'expression de la pensée, notamment dans le mouvement volontaire, sert ainsi, tout entière, la délimitation de ce qui est pleinement humain. Ce délicat équilibre ne peut être obtenu qu'en tempérant les excès de Clerselier et de More par ceux de Regius, et réciproquement parfois. Mais l'avantage de Regius, par rapport à Clerselier et à More, est d'avoir au moins raison localement, c'est-à-dire pour ce qui concerne le mécanisme ; en n'étant jamais faux complètement, puisque Regius ne va jamais jusqu'à nier que l'âme soit immatérielle et immortelle. C'est sans doute parce qu'il ne sort jamais de la « pure philosophie » que Regius est l'adversaire le plus redoutable.

Celui qui sera désigné comme « le cartésien » par tout le XVIIIe siècle : Malebranche, va reprendre le travail de Clerselier, avec les armes de Regius, pour les retourner contre un certain La Forge et déchoir l'âme de Descartes de sa superbe. La critique occasionaliste du *cogito* va marquer le retour en force des arguments de Regius, mais en métaphysique cette fois.

---

1. Chap. XXIV, p. 318.

CHAPITRE VII

INCORPORER

Dans l'ouvrage auquel il travailla pendant presque cinquante ans et qu'il corrigea jusqu'à sa mort, *De la recherche de la vérité*[1], Malebranche martèle que notre principal devoir, si nous voulons espérer progresser dans la plus utile de toutes les connaissances : la connaissance de l'homme, est d'étudier la psychologie des « hommes du commun »[2], afin de mieux comprendre les mécanismes de nos principales erreurs. Or, si cette connaissance ne peut être qu'une « science expérimentale »[3], c'est parce que depuis le renversement de l'union de l'âme à Dieu en dépendance de l'âme envers le corps, suite au péché originel, notre âme est devenue « comme charnelle » et « comme terrestre »[4]. Il est bien rare que les idées qu'elle trouve en elle ne soient pas mêlées à quelque passion petite ou grande. La principale de ces passions est l'orgueilleuse illusion d'être la cause première et efficiente de certaines de ses pensées et de certains de ses actes. L'âme croit que certaines de ses idées, notamment celle d'elle-même, lui sont innées,

---

1. On recense six éditions, toutes remaniées, de *De la recherche de la vérité* entre 1674 à 1715.

2. *RV* II, II, I, § II, OC I, p. 269.

3. *TM*, I, V, § XVII, OC XI, p. 67.

4. *Cf.* par exemple *RV* I, XI, I, § III et V, OC I, p. 136-138.

au sens où elles lui appartiendraient en propre et seraient en elle par elle. Et elle se croit à l'origine de celles de ses pensées et de ses actions qu'elle nomme volontaires. L'âme déchue est en ce sens un résidu de ces formes substantielles ou de ces qualités occultes dont la physique nouvelle nous a à juste titre appris à nous défier.[1] Et apprendre à mieux la connaître consiste essentiellement à nettoyer ce qu'il reste en elle de cartésien au mauvais sens du terme, c'est-à-dire ce qu'il reste de commun entre un certain Descartes et les Anciens : « l'erreur la plus dangereuse »[2] considérant cette âme rationnelle comme potentiellement indépendante du Dieu des chrétiens.

En détaillant les multiples manières dont l'âme de chacun de nous, en cette vie, dépend du corps auquel elle est jointe lorsqu'elle sent (livre I), imagine (livre II), est inclinée (livre IV) ou passionnée (livre V), mais également (le livre III ne fait de ce point de vue pas exception)[3], lorsqu'elle exerce son entendement ; et en produisant une critique radicale des prétentions du *cogito* ; Malebranche,

---

1. Dans « La structure passionnelle de l'âme malebranchiste : entre Descartes et Regius ? » (*Emotional Minds*, S. Ebbersmeyer (dir.), Berlin, W. de Gruyter-Verlag, 2012, p. 51-68) et en m'inscrivant dans la continuité des travaux de Desmond Clarke dans « The Physics and the Metaphysics of the Mind : Descartes and Regius » (*Mind, Method and Morality. Essays in honor of Anthony Kenny*, J. Cottingham, P. Hacker (dir.), Oxford University Press, Oxford, 2010, p. 187-207), je montre la fécondité de ce fil directeur de la critique des formes substantielles pour relire *De la recherche de la vérité*.

2. Cf. *RV* VI, II, III, OC II, p. 309-320 : « De l'erreur la plus dangereuse de la philosophie des Anciens ».

3. Sur cette absence de particularité du livre III, par rapport aux autres, *cf.* « Sommes-nous tous des Lycanthropes ? Imagination, folie et vision en Dieu dans *De la recherche de la vérité* de Malebranche », *Rivista di Storia della Filosofia* 1, 2016, M. Favaretti, M. Priarolo, E. Scribano (dir.), p. 677-692.

dont le XVIIIᵉ siècle identifia très tôt la philosophie au cartésianisme bien compris, s'installe ainsi, très largement, sur le terrain d'arguments similaires à ceux de Regius [1].

On peut retracer la genèse d'une telle installation.

1. Venu à la philosophie en 1664 par la lecture de l'édition de *L'Homme* publiée par Clerselier, chez un libraire de la rue Saint-Jacques à Paris [2], Malebranche possède aussi un exemplaire de la *Philosophia naturalis* dans l'édition parue à Amsterdam en 1654 [3]. Le nom de Regius n'apparaît pas dans le texte de *De la recherche de la vérité*. Mais les références et problématiques communes sont très nombreuses, à l'appui de la démonstration de la « puissance » des corps et de l'impuissance des âmes humaines [4] en cette vie.

2. Pour les contemporains de Malebranche en outre, il est clair que Regius désigne, sur les questions de physiologie, la référence cartésienne privilégiée. On l'a déjà rappelé à propos de La Forge. Mais l'annonce, par Pierre Bayle (1647-1706), de la traduction française de la *Philosophia naturalis*, dans les *Nouvelles de la République des Lettres* d'octobre 1686 [5], montre que cela est peut-être encore plus vrai à la fin des années quatre-vingt qu'au début des années soixante. Aux yeux du monde lettré, il y a une fidélité

---

1. Par « similaires », je signifie qu'ils peuvent être partagés par des Baconiens ou des Gassendistes, par exemple. Mais ce qui m'intéresse particulièrement ici est leur entremêlement au cartésianisme.

2. Fontenelle, « Éloge du Père Malebranche », *Œuvres complètes*, t. VI, Corpus Fayard, textes revus par A. Niderst, 1994, p. 338-339.

3. Cote 157 dans le relevé d'André Robinet.

4. Il faut y ajouter l'impossibilité de prouver l'existence des corps autrement que par la révélation. À ma connaissance, cette proximité entre Malebranche et Regius n'a pas encore été étudiée.

5. *Nouvelles de la République des Lettres*, octobre 1686, catalogue, article III, OD, I, p. 675.

objective fondée sur la compétence, par-dessus l'avis du dernier Descartes, qui l'emporte sur la fidélité subjective. Bayle souligne à ce titre qu'en dépit des démêlés certains qui l'opposèrent à Descartes,

> Monsieur Regius n'est au fond que Cartésien. On a fort bien fait de traduire cette Physique, car quoi que celle de M. Rohault soit très bonne, elle ne fournit pas les lumières que l'on trouve dans celle-ci à l'égard des corps animés. Un habile Professeur en Médecine tel que Monsieur Regius est préférable sur cela à Monsieur Rohault.

Si cette question centrale des corps animés est particulièrement bien traitée par Regius, c'est pour deux raisons essentielles, qui n'ont pas directement à voir avec le contenu de l'explication mais avec sa forme. Tout d'abord, la possibilité de lire cet ouvrage en français, dans la traduction de Claude Rouxel, peut désormais associer « les personnes de l'un et de l'autre sexe qui sans latin ni étude veulent raisonner sur les matières de Philosophie ». Sa valeur tient ainsi à sa plus large portée pour l'instruction des hommes, au sens générique. Deuxièmement, l'ouvrage présente « l'explication d'une infinité d'expériences dont il y en a beaucoup qui n'ont pas été touchées par M. Rohault, ou éclaircies par des figures comme elles le sont ici ». Le livre de Regius n'est pas donc seulement un support unique de vulgarisation de l'explication mécaniste, c'est-à-dire cartésienne, des corps animés. Il met surtout en œuvre, à cette fin, une démarche empiriste soucieuse de fournir à toute personne désireuse d'exercer sa raison les matériaux de sa propre mise à l'épreuve. C'est une physique adaptée à l'homme du commun, c'est-à-dire soucieuse des limites (étendue et bornes) des capacités cognitives de ce dernier.

Et à ce titre, elle est particulièrement susceptible d'intéresser Malebranche.

3. Enfin, il faut rappeler que dans l'histoire de ses réceptions, Malebranche sera désigné comme cartésien par certains libertins comme l'auteur de *L'Âme matérielle*, récemment identifié à Étienne Guillaume[1], à partir de thèses qu'il partage avec Regius. Dans ces textes subversifs, des extraits des *Notae in programma* sont ainsi copiés-collés à des morceaux des livres II et V de *De la recherche de la vérité* ou du XIᵉ *Éclaircissement* pour servir une démonstration générale de la matérialité de l'âme. Même si cette incorporation de Malebranche par ses lecteurs matérialistes a en partie quelque chose de malicieux, elle présente l'intérêt de montrer le type de matériaux que Malebranche lui-même puise dans des philosophies comme celle de Regius, pour corriger ce qu'il identifie comme des résidus de paganisme chez Descartes.

Tout se passe ainsi comme si Malebranche dialoguait toujours, en sous-main mais d'une façon qui devait être plus manifeste pour ses lecteurs contemporains qu'elle ne l'est aujourd'hui pour nous, avec un double interlocuteur. Il dialogue, d'une part, avec un Descartes « rationaliste » qui octroie trop à l'activité de la volonté humaine, par rapport à celle de Dieu. Et il dialogue, d'autre part, avec un Regius « empiriste » dont les arguments, à la fois décisifs

---

1. Sur cette attribution, *cf.* G. Mori, « Un frammento del Traité des trois imposteurs di Étienne Guillaume », *Rivista di storia della filosofia*, 1993, p. 359-376 ; C. Hémon-Fabre, A. Mothu, « Un lecteur des curés Guillaume et Meslier », *La Lettre Clandestine* 12, 2003, p. 91-94 et G. Mori, A. Mothu, « Autour du Curé Guillaume », *La Lettre Clandestine* 12, 2003, p. 311-379.

et provisoires, servent à rabattre la superbe du premier afin de mieux l'élever ensuite vers Dieu.

Chez Clerselier, l'impuissance des âmes était pensée de manière analogique à celle des corps pour servir la thèse de la toute-puissance de Dieu. Chez La Forge, l'examen de l'autonomie du fonctionnement du corps vivant permettait d'assurer la causalité exceptionnelle de la volonté humaine sans la dissoudre dans les qualités des Anciens, auxquelles nous ramenaient finalement aussi des interlocuteurs contemporains comme More. Chez Malebranche, c'est la « puissance » des corps qui sert la démonstration de l'impuissance de la volonté humaine. La physique de Regius permet de ramener Descartes à Augustin sur un plan métaphysique. L'extension de la physiologie mécaniste [1] devient le moyen le plus efficace de déplacer l'innéisme cartésien en Dieu. Le moyen mobilisé par La Forge et la fin visée par Clerselier se trouvent donc, chez Malebranche, à la fois articulés de manière inédite et renforcés.

Dans ce chapitre, je propose de décrire le *modus operandi* de Malebranche en termes d'*incorporation*. On peut conférer trois sens à ce verbe.

1. Tout d'abord, incorporer signifie ordinairement unir, au sens de mélanger. L'eau au plâtre en poudre ou le beurre à la farine, par exemple. En ce premier sens, l'incorporation désigne la focalisation de Malebranche sur l'homme du commun, c'est-à-dire sa concentration sur la description des principales modalités de l'offuscation de son âme par son corps, ici-bas.

2. Deuxièmement, incorporer désigne l'action de faire entrer comme partie dans un tout, c'est-à-dire de réunir.

---

1. Pour l'étendre jusqu'à l'explication de la propagation *carnaliter* du péché originel. Sur ce point, cf. *L'homme cartésien, op. cit.*, p. 81-110.

Ce mécanisme décrit la manière dont Malebranche réinvestit ce que les cartésiens ont de commun avec tous les autres hommes. Il s'agit alors de distinguer ce noyau dur que l'on peut retenir, de ce que les mauvais lecteurs de Descartes valorisent à tort dans la philosophie de celui-ci.

3. Troisièmement, incorporer signifie faire entrer quelqu'un dans une collectivité en tant que membre constituant. L'intégrer ou le réintégrer, lorsqu'il est considéré comme extérieur ou a été rejeté de cet ensemble. En vertu des deux premiers points de vue, ce troisième sens désigne la manière dont Malebranche réinvestit des arguments de Regius pour rendre raison de la psychologie de l'homme du commun et corriger le cartésianisme abstrait, étant toutefois entendu que, chez Malebranche, ces arguments sont destinés à être dépassés. Ils restent une partie d'un tout plus vaste, dans lequel l'occasionnalisme sert le théocentrisme, ce qui n'est évidemment pas l'objectif de Regius.

En articulant ces trois modalités de l'incorporation, on verra ainsi se constituer un cartésianisme empiriste [1] dont la fortune est massive, dans l'héritage des Lumières et dans la psychologie au XIXe siècle. C'est à ce titre que Malebranche occupe une place décisive dans notre enquête, qui comprendra trois moments.

1. Le premier moment s'appuiera sur le XIe *Éclaircissement* et la discussion de la thèse de l'opacité de l'âme à elle-même en cette vie, afin d'identifier une forme expérimentale

---

1. L'absence de chapitre sur Malebranche dans le collectif *Cartesian Empiricism*, dirigé par Minea Dobre et Tammy Nidden (Springer, 2013), témoigne de la difficulté de ce Malebranche-là à prendre toute sa place dans une historiographie du cartésianisme en plein renouvellement. Elle peut aussi s'expliquer par la grande prévalence de l'empirisme des sens externes, par rapport à l'empirisme des sens internes, dans l'état de l'art actuel.

de psychologie comme terrain commun à tous les hommes, contre le rationalisme abstrait de certains cartésiens.

2. À partir du chapitre II du livre VI de *De la recherche de la vérité* et d'une comparaison avec la « physique philosophique » de Claude Perrault (1613-1688), le second moment montrera ce qu'expliquer mécaniquement le mouvement « volontaire » signifie pour Malebranche, sur le plan théologico-métaphysique.

3. Enfin, le troisième moment analysera la déconstruction de l'expérience *certissima et evidentissima* d'être à l'origine de l'effort volontaire, ou d'être soi-même cause, comme condition nécessaire d'accès à la *certa scientia et clamante conscientia*[1] de l'opération divine en nous.

Le point commun à ces trois perspectives est de se recentrer sur le critère de l'expérience, au double sens où c'est sur ce terrain qu'il faut s'installer pour s'adresser adéquatement à l'homme déchu et où c'est par l'expérience seule que cet homme déchu peut espérer se relever, c'est-à-dire se tourner vers Dieu. Par là, il s'agit de donner tout son sens à cette formule de Malebranche : « il est ridicule de philosopher contre l'expérience »[2] et de montrer que celui qui est souvent présenté comme le prototype de l'idéaliste abstrait est au moins tout autant celui qui inscrit une psychologie expérimentale au cœur du canon cartésien.

---

1. Descartes à Arnauld, 29 juillet 1648, AT V 222. La formule est citée par Arnauld et reprise plus tard par Maine de Biran. Mais Augustin la mobilise à l'indicatif : « *sed eam tenet certissima scientia, clamatque conscientia* », Augustin, *De Trinitate*, XIII, chap. I, § 3.

2. *RV* V, II, OC II, p. 134.

L'INCORPORATION D'ARGUMENTS EMPIRISTES
POUR CORRIGER LES EXCÈS RATIONALISTES
DE LA PSYCHOLOGIE CARTÉSIENNE
ET POUR RÉUNIR TOUS LES CARTÉSIENS

Le XIe *Éclaircissement* (1678) est destiné à répondre aux critiques adressées à Malebranche par « quelques Cartésiens »[1] après la première édition de *De la recherche de la vérité* en 1674. Ces critiques portent plus particulièrement sur le chapitre VII de la seconde partie du livre III, où Malebranche affirme prouver « que nous n'avons point d'idée claire de la nature ni des modifications de notre âme ». Il s'agit donc du passage dans lequel Malebranche vise directement le titre de la deuxième Méditation : « *De natura mentis humanae : quod ipsa sit notior quam corpus* »[2].

Les différentes éditions critiques et les commentaires de ce texte ont montré que les « Cartésiens » à qui Malebranche affirme ici « parler »[3] sont essentiellement Antoine Arnauld, Pierre-Sylvain Régis et Robert Desgabets. En reprenant notamment le lexique de ce dernier sur l'âme colorée, il s'agit, pour Malebranche, d'invalider voire de ridiculiser l'affirmation de la possibilité pour l'homme déchu d'accéder à une idée claire et distincte de la nature de son âme. En m'appuyant sur les acquis de ces travaux, je souhaiterais attirer l'attention sur cinq points complémentaires. Chacun d'eux est relatif à la circonscription de cet ensemble des « cartésiens ». Malebranche discute les critères justifiant qu'on puisse ou non y être « incorporé », au sens d'intégré. L'intégration se fait à partir de la

---

1. IXe *Eclt,*, p. 171.
2. *Meditationes*, AT VII, 23.
3. IXe *Eclt*, p. 165.

possibilité, ou non, d'expérimenter en soi-même les vérités dont se réclament ces cartésiens. Ce critère expérimental est donc mobilisé à la fois de manière positive et de manière négative. Ce dont on ne fait pas l'expérience ne peut prétendre au titre de vérité partagée. Mais ce que tout le monde, ces cartésiens y compris, expérimente, désigne bien un ensemble commun. De démarcation en démarcation, on en arrive ainsi à l'affirmation d'une identité, sinon cartésienne au sens où Descartes lui-même l'aurait revendiquée, du moins partageable avec l'ensemble de ceux qui, selon Malebranche, envisagent la philosophie de Descartes de manière cohérente.

1. Le texte s'ouvre sur une référence à l'« autorité de M. Descartes », c'est-à-dire à ce que celui-ci dit « positivement »[1], de telle manière que « ces Philosophes après M. Descartes »[2], auxquels cet éclaircissement s'adresse, ne se donnent plus pour tâche que de le répéter. Or chez Malebranche, la remise en cause de l'autorité de tout homme, Descartes y compris, procède du report de toute autorité en Dieu, qui peut seul désigner notre Maître intérieur à tous. Il faut ainsi distinguer un parti de cartésiens, qui se définit par des préjugés en faveur de l'autorité de Descartes ; et un autre ensemble d'hommes soucieux de rechercher la vérité et qui, suivant en cela les principes de Descartes lui-même[3], demandent la preuve de ces préjugés. L'intérêt de cette distinction est de ne pas interdire la possibilité de réunir les deux parti-e-s au sein d'un tout dont chacun devra alors, pour soi-même, pouvoir

1. IXe *Eclt*, p. 163.
2. *Ibid.*, p. 167.
3. Voir *RV* VI, II, IX, OC II, p. 449 : « Je dois à Monsieur Descartes ou à sa manière de philosopher, les sentiments que j'oppose aux siens et la hardiesse de le reprendre »

expérimenter la vérité. Alors que Malebranche se voit menacé d'exclusion par les cartésiens, il répond d'abord par un souci d'intégration.

2. La première référence explicite mobilisée par Malebranche dans cet *Éclaircissement* est la « Réponse aux Ve *Objections* contre la 2e Méditation vers la fin »[1]. Il s'agit d'une réponse de Descartes à Gassendi, c'est-à-dire à celui dont Clerselier avait pris soin de ne pas éditer les *Instances* et qui était reconnu à la fois comme non-cartésien et comme défendant un empirisme proche de celui de Regius. Ainsi, répondre aux objections de Gassendi sur la question de savoir ce qu'il est possible ou non de connaître de l'essence de l'âme, sans pour autant se rallier à la thèse cartésienne de la connaissance claire et distincte de cette essence, revient *ipso facto* à réinvestir ces arguments empiristes en un sens qui ne se présente pas d'emblée comme anti-cartésien. Si l'ensemble des « cartésiens » ne s'identifie pas à la somme de ceux qui se rallient sans discernement à l'autorité de Descartes (en toute rigueur, ces derniers devraient plutôt en être exceptés), alors on peut trouver, dans cet ensemble, une place pour des cartésiens à sensibilité empiriste. Il n'y a donc pas seulement deux catégories : des cartésiens qui seraient rationalistes et des anti-cartésiens qui seraient empiristes. Il y en a trois et la dernière, qui fait coopérer l'expérience et le raisonnement[2], ne laisse aucun homme de côté mais au contraire les rassemble.

3. Pourquoi les cartésiens qui suivent aveuglément Descartes sont-ils alors condamnés à errer ? Parce que la

---

1. IXe *Eclt*, p. 163.
2. Je reprends ici une expression de Hans Pollnow dans « Réflexions sur les fondements de la psychologie chez Malebranche », *Revue philosophique de la France et de l'étranger* 125, 1938, p. 69.

réponse qu'ils apportent à la question de savoir ce qu'ils peuvent connaître de leur âme n'est en aucune façon « proportionnée » à leur esprit [1]. Elle pèche par démesure parce qu'il est impossible à l'esprit humain de la saisir, de se l'approprier. Parmi les critiques que lui ont adressé ces « cartésiens », Malebranche relève ainsi qu'il

> (…) passe dans leur esprit pour une personne faible, qui ne peut se prendre et se tenir ferme à des vérités abstraites, et incapables de soulager et de retenir l'attention, de ceux qui les considèrent. (p. 163).

Sa réponse tient en trois points. Elle consiste tout d'abord à rappeler la nécessaire « dépendance » de son esprit à lui, Malebranche, à l'égard de son corps. À travers son cas particulier, c'est bien sûr de l'esprit de chacun d'entre nous qu'il s'agit. Or cette dépendance se manifeste de manières si variées qu'il est impossible « de les exprimer ». C'est donc cette dépendance qui empêche l'esprit de conquérir la forme d'autonomie dont se prévalent à tort les « cartésiens » serviles envers Descartes. Deuxièmement, Malebranche revient sur la preuve de cette dépendance. Or cette preuve est une épreuve commune : celle de notre « misère », qui fonde le seul « savoir » dont nous puissions vraiment nous prévaloir si nous voulons espérer progresser dans la connaissance de nous-mêmes :

> Je le sais, je le sens ; et je travaille incessamment à augmenter cette connaissance que j'ai de moi-même. Car, si l'on ne peut s'empêcher d'être misérable, du moins faut-il le savoir et le sentir.

Troisièmement et enfin, cette connaissance expérimentale de notre condition misérable fonde une éthique de l'humilité

---

1. IXe *Eclt*, p. 164.

située aux antipodes de l'assurance illusoire de ceux qui, parmi les cartésiens, ne reconnaissent pas « le besoin qu'on a d'être délivré de ce corps de mort, qui jette le trouble et la confusion dans toutes les facultés de l'âme ». La réponse à la question de savoir ce que l'homme peut connaître de son esprit en cette vie reposera donc toujours sur la prise au sérieux de son incarnation. L'« abstraction » que les « cartésiens » reprochent à Malebranche de ne pas être capable d'atteindre peut du même coup se concevoir au moins en deux sens. Premièrement, cette abstraction désigne une opération mentale qui ne conçoit pas l'esprit humain comme ce qu'il est, c'est-à-dire comme matériel et comme terrestre depuis le péché. Les cartésiens qui s'en prennent à Malebranche construisent en ce sens une représentation de l'esprit qui n'existe pas, à tout le moins en cette vie. Deuxièmement et pour cette raison, cette abstraction ne peut produire une quelconque connaissance de « moi-même ». Son incohérence voue par avance à l'échec le dessein qu'elle est supposée servir.

4. La question des limites de la connaissance de soi par soi est thématisée par Malebranche au moyen du terme de « capacité », distingué de celui de « disposition »[1]. Les modifications dont l'âme est capable sont celles que nous pouvons découvrir dans l'idée de notre esprit, en consultant les modifications qu'il a déjà senties. Ce sont celles dont nous avons eu l'expérience et dont notre mémoire conserve

---

[1]. Sur cette question de la disposition, *cf.* É. Argaud, « Malebranche « épicurien » ? Bayle lecteur du *Traité de la nature et de la grâce* ». « Poids de l'âme » et « disposition » : augustinisme et épicurisme dans les *Pensées diverses sur la comète* », dans *Les malebranchismes des Lumières. Études sur les réceptions contrastées de la philosophie de Malebranche, fin XVIIe et XVIIIe siècles*, dir. D. Antoine-Mahut, Paris, Honoré Champion, 2014, p. 183-206.

des traces. Tout ce dont l'âme est « capable » correspond donc à tout ce que l'âme a déjà éprouvé. Il n'y a pas de capacité en puissance :

> Si nous n'avions jamais senti ni plaisir ni douleur, nous ne pourrions point savoir si l'âme serait ou ne serait pas capable d'en sentir. Si un homme n'avait jamais mangé de melon, vu de rouge ou de bleu, il aurait beau consulter l'idée prétendue de son âme, il ne découvrirait jamais distinctement, si elle serait ou ne serait pas capable de tels sentiments ou de telles modifications (p. 164).

Cela n'interdit évidemment pas qu'au fur et à mesure d'une vie, ces capacités s'accroissent. Cela ne signifie pas non plus qu'on se souvienne actuellement de tout ce qu'on a éprouvé par le passé, ou qu'on sache exactement tout ce dont on est capable [1]. Mais cela interdit d'inclure dans les capacités de l'âme ce dont on n'a pas, ou pas encore, personnellement fait l'expérience. Si on en restait là, Malebranche serait en un sens un empiriste radical. Le lexique des dispositions permet de raffiner cette interprétation. L'argumentation de Malebranche tient en deux points essentiels. D'une part, contrairement à une capacité qui s'ancre dans une mémoire et des habitudes, donc dans notre condition incarnée, une disposition reste une supposition, dont la raison elle-même ne peut rien dire de certain :

> (…) on ne sait point en quoi consistent les dispositions de l'âme qui la rendent plus prompte à agir et à se représenter les objets. On ne peut même pas concevoir en quoi de telles dispositions pourraient consister. Je dis

---

1. Chez Malebranche, cela pose en outre la question de la mémoire trans-générationnelle. Car nous devons tous être « capables » à la fois de pécher et d'entendre la voix de Dieu.

plus; on ne peut par la raison s'assurer positivement si l'âme seule séparée du corps, ou considérée sans rapport au corps, est capable d'habitudes et de mémoire. Mais comment pourrons-nous ignorer ces choses, si la nature de l'âme est plus connue que celle du corps?

Pourtant et c'est le second point important, j'expérimente bien en moi, parfois, une certaine facilité à me représenter des choses non corporelles. C'est ici que Malebranche déplace la critique du contenu de la représentation vers une critique de sa cause. La question n'est alors plus de savoir si l'âme est bien immatérielle et immortelle, mais d'où pourrait provenir une telle connaissance et de qui pourrait dépendre la possibilité pour un esprit humain d'y accéder. Ce travail préalable au déplacement, en Dieu, de la version cartésienne de l'innéisme, s'opère par la mobilisation d'arguments similaires à ceux de la discussion entre Descartes et Regius, à propos de l'article 12, dans les *Notae in programma*, concernant les dispositions à la goutte ou à la générosité dans certaines familles[1]. En suivant le fil empiriste, il faut assurer qu'une disposition ne pourra être validée comme telle, c'est-à-dire être distinguée d'une supposition imaginaire, que lorsqu'elle sera devenue une capacité. Cela ne la rend pas absolument inaccessible en cette vie. Mais cela exclut qu'y accéder puisse, de quelque manière que ce soit, dépendre de moi ou être causé par moi :

> (…) que peut-on concevoir qui soit capable d'augmenter la facilité de l'âme pour agir et pour penser? Pour moi j'avoue que je n'y comprends rien. J'ai beau me consulter pour découvrir ces dispositions, je ne me réponds rien. Je ne puis m'éclairer sur cela, quoi que j'aie un sentiment

1. Sur ce point, *cf.* le chapitre III du présent ouvrage « Répliquer ».

> très vif de cette facilité avec laquelle il s'excite en moi
> certaines pensées. Et si je n'avais de bonnes raisons qui
> me portent à croire que j'ai en effet de telles dispositions,
> quoique je ne les connaisse point en moi, je jugerais en
> ne consultant que le sentiment intérieur, qu'il n'y a point
> en mon âme ni d'habitude ni de mémoire spirituelle.
> (p. 169).

Ainsi chez Malebranche, le travail sur un sens positif possible de la disposition permet de s'élever du corps, dont il faut toujours se souvenir que notre esprit dépend en cette vie, jusqu'à Dieu, dont nous dépendons de manière encore plus radicale. Les dispositions désignent alors les modifications nées en l'esprit sans lui, ou introduites en lui par Dieu. Les dispositions de l'âme sont celles que je trouve en moi sans en être l'auteur, c'est-à-dire sans pouvoir m'en assurer moi-même, « positivement », par la raison (ce même adverbe était utilisé page 163 à propos de l'autorité de Descartes ; il est repris page 169 dans ce nouveau contexte). L'idée cartésienne d'une âme immatérielle et immortelle, à laquelle je pourrais en cette vie accéder si facilement que je rebâtirais ensuite à partir d'elle tout l'édifice des connaissances indubitables, n'est donc pas critiquée en tant que telle, mais au nom de deux arguments emboîtés. D'une part, il semble bien que la majorité des hommes ne l'expérimentent pas. Ces hommes font au contraire l'épreuve d'une dépendance irréductible de leur âme envers le corps auquel elle est jointe. D'autre part, Malebranche ne dit pas que les hommes ne pourront jamais l'expérimenter. Mais en aucune façon l'expérience d'une telle mémoire ou d'une telle habitude « spirituelle » ne dépendra alors d'eux-mêmes. Pour Regius, il s'agissait surtout de montrer l'organicité de toutes nos pensées en cette vie. Chez Malebranche, la mise au jour de cette dépendance est finalisée par la dénonciation de la capacité du moi à causer ses pensées. C'est la critique de cette illusion d'être cause qui constitue le cœur du XIe *Éclaircissement*. Et en toile de fond reste bien sûr l'idée que ces dispositions ne peuvent être causées que par Dieu.

5. Le dernier argument revient sur l'absence de consensus au sujet de la thèse cartésienne, au sein même du parti cartésien. Malebranche commence par souligner un contraste entre le fait que « tous les hommes conviennent de ce que l'on doit croire » au sujet des modifications qui appartiennent ou n'appartiennent pas à l'étendue », d'une part, et « l'ignorance où sont la plupart des hommes à l'égard de leur âme », d'autre part [1]. Il exhibe ensuite une seconde subdivision (un manque d'« accord »), au sein de l'ensemble des cartésiens, sur la question de savoir « où les couleurs, les saveurs, les odeurs, se doivent rencontrer » [2], c'est-à-dire si on doit les localiser dans l'âme ou dans les corps. Ce faisant, il fait se rejoindre une partie des cartésiens et « la plupart des hommes » à partir de deux critères : l'absence d'expérience partagée de la clarté de l'idée de l'âme et l'expérience, partagée par les paysans, les femmes, les enfants et les cartésiens mêmes [3], de la difficulté de la démêler d'avec le corps. Cela ne signifie pas que l'âme de l'homme ne soit pas disposée à une telle idée d'elle-même et qu'elle n'attestera pas cette capacité dans une autre vie, où elle ne sera plus unie à ce corps de chair. Mais nous n'en avons actuellement aucune certitude. Prendre pour norme de cette vie ce dont on ne sait même pas si cela se passera dans l'autre, c'est être cartésien au mauvais sens

1. IXe *Eclt*, p. 164-165.
2. *Ibid.*, p. 166.
3. *Ibid.*, p. 167.

du terme et laisser de côté ce que la grande majorité des hommes expérimentent pourtant avec évidence :

> Si la nature de l'âme est plus connue que celle de toute autre chose ; si l'idée que l'on en a, est aussi claire que celle qu'on a du corps : je demande seulement d'où peut venir qu'il y a *tant de gens* qui la confondent avec lui ? Est-il possible de confondre deux idées claires entièrement différentes ? *Faisons justice à tout le monde.* Ceux qui ne sont pas de notre sentiment, sont raisonnables aussi bien que nous : ils ont les mêmes idées des choses ; ils participent à la même raison. (p. 170).

Au fur et à mesure de la lecture du XIe *Éclaircissement*, on est passé de « l'autorité de M. Descartes » aux « Philosophes après M. Descartes », pour arriver enfin à « quelques Cartésiens » seulement qui « avaient trouvé à redire » à la critique des résultats de la seconde *Méditation métaphysique* dans le livre III de *De la recherche de la vérité*. L'*Éclaircissement* paraît en 1678 ; Regius meurt en 1679. Je n'ai pas trouvé trace d'une réaction directe ou indirecte de ce dernier à la critique malebranchiste du *cogito*. Toutefois, l'exemple de Jean Meslier/ Étienne Guillaume montre que, pour certains lecteurs des deux auteurs, la proximité des arguments a semblé évidente. Dans la continuité de la démarche intégrative du XIe *Éclaircissement*, Meslier/Étienne Guillaume a ainsi pu s'autoriser, dans *L'Âme matérielle*, à attribuer la thèse malebranchiste la plus dérangeante pour « quelques Cartésiens », à tous les Cartésiens :

> (…) l'âme est si aveugle qu'elle se méconnaît elle-même et qu'elle ne voit pas que ses propres sensations lui appartiennent. Elle est, *disent-ils*, si intimement unie au

corps et elle est devenue si charnelle depuis le péché,
qu'elle ne se distingue presque plus de son corps, de sorte
qu'elle ne lui attribue pas seulement toutes ses sensations,
mais aussi sa force d'imaginer et quelquefois même sa
puissance de raisonner [1] (p. 319).

En soulignant l'inconséquence de ce cartésianisme qui se
cramponne à l'immatérialité de l'âme, alors même qu'il
en souligne, par ailleurs, l'irréductible dépendance envers
le corps, Meslier/Étienne Guillaume revient au point
d'intersection entre Malebranche et Regius. Il ne lui reste
plus alors qu'à évacuer le théocentrisme. Au Descartes de
Malebranche, qui superposait un esprit pur à l'âme charnelle,
succède le Malebranche-cartésien-radical, qui évacue les
pensées inorganiques.

Or, si une lecture comme celle de Meslier/Guillaume
est légitime, ce n'est pas seulement parce qu'elle puise
bien les matériaux psychologiques qui l'intéressent dans
un ensemble plus vaste d'arguments disponibles chez
Malebranche. C'est aussi parce qu'elle articule ces
matériaux à d'autres qui sont également présents chez
Malebranche. La thèse cartésienne du fonctionnement
mécanique du corps humain, articulée à celle de l'opacité
de l'âme à elle-même, fonde ainsi de manière très cohérente
un matérialisme comme celui de Meslier/Guillaume.

1. J'étudie plus en détail ce réseau argumentatif dans « Le paradoxe
des conséquences. Malebranche radicalisé », *La Lettre Clandestine* 25,
2017, p. 181-200. Sur les réceptions de la thèse malebranchiste de l'opacité
de l'âme à elle-même, *cf.* A. Ferraro, *La réception de Malebranche en
France au XVIIIe siècle. Métaphysique et épistémologie*, Paris, Classiques
Garnier, 2019, p. 103-166. Sur Meslier (édité et commenté par Jean
Deprun), son rapport à Malebranche et, plus largement, au matérialisme,
cf. les travaux en cours de Manuel Tizziani.

Chez Malebranche, cette articulation sert, bien sûr, un théocentrisme. Mais à cette fin, elle se focalise sur ce qui a tout de suite divisé entre eux les premiers cartésiens : la question de la « puissance » de l'âme humaine. C'est dans cette optique que je vais maintenant revenir sur la physiologie du mouvement volontaire, en comparant les entreprises de Claude Perrault et de Malebranche.

LES ENJEUX D'UNE INCORPORATION DU MÉCANISME POUR EXPLIQUER LE MOUVEMENT VOLONTAIRE

Alors que les cinq premiers livres de *De la recherche de la vérité* ont décrit les principales causes de nos erreurs, le livre VI (1678) présente les principes méthodologiques susceptibles de nous conduire à la vérité. Le mouvement volontaire sert à ce titre de modèle d'application privilégiée de la manière dont il convient de procéder dans les questions « très composées ».

Au moment où écrit Malebranche, ce qui est désigné comme l'« opinion commune » sur la contraction musculaire renvoie à l'opinion des cartésiens, c'est-à-dire à la thèse mécaniste, revivifiée en iatromécanisme par des savants comme Giovanni Alfonso Borelli (1608-1679). Mais cette opinion commune est très contestée et Malebranche est informé de ces débats. En raison du succès de l'accusation de plagiat portée par Descartes à l'encontre de Regius et de l'avancée de la science anatomique depuis leur différend, l'explication du mouvement musculaire est en outre susceptible de diviser les cartésiens entre eux. En tant que lecteur assidu de *L'Homme* dans l'édition de Clerselier, Malebranche n'ignore pas non plus ce paramètre. Il en résulte un « texte très travaillé », qui découvre un « arrière-pays considérable » [1]. Je propose de comparer ici sa démarche à celle de Claude Perrault. Pourquoi ?

Perrault est une figure officielle de l'Académie des sciences et particulièrement de l'observation et de la description de l'anatomie animale. Il est lié à Christian Huygens (1629-1695) ou encore à Gilles Personne de Roberval (1602-1675). Et il travaille en équipe avec des médecins comme Marin Cureau de La Chambre (1594-1669), Louis Gayant (?-1673) et Jean Pecquet (1622-1674). Ses recherches sont centrées sur le mouvement parce qu'il l'évalue comme une des questions « les plus difficiles de la physique » [2]. En 1668 et 1669 il propose ainsi à l'Académie un programme de recherche complet sur le mouvement des muscles et des intestins [3]. Il s'y consacre pendant cinq ans. Puis il communique à ses confrères les textes *Du mouvement péristaltique* (1677) et *De la mécanique des animaux* (1679) [4], lesquels sont ensuite publiés avec d'autres textes dans les *Essais de physique* (1680) [5]. Enfin, la

1. A. Robinet, *Malebranche, de l'Académie des Sciences. L'œuvre scientifique. 1674-1715*, Paris, Vrin, 1970, p. 368. Dans cet ouvrage, A. Robinet a mis au jour toute l'attention que Malebranche accorde à l'expérience scientifique. Plus récemment, *cf.* aussi l'ouvrage de C. Schwartz, *Mathématiques et philosophie*, Paris, PUPS, 2019.

2. *Essais de physique, ou Recueil de plusieurs traités touchant les choses naturelles*, A Paris, chez J.-B. Coignard, 1680, t. 3 : « De la mécanique des animaux », IIe partie : « Les organes du mouvement », chap. II, p. 73.

3. Pour une histoire de l'importance philosophique de la digestion, *cf.* C. Bognon, « Entre chimie et biologie : nutrition, organisation, identité », thèse soutenue à l'IHSPT le 30 novembre 2018.

4. W. Herrmann, *La Théorie de Claude Perrault*, traduit de l'anglais par M.-C. Stas, Paris, Pierre Mardaga, 1973, p. 13.

5. Un quatrième volume paraît de façon posthume en 1688. L'édition de 1721 : C. Perrault, *Œuvres diverses de physique et de mécanique*, parue à Leyde chez Pierre Vander, les rassemble tous.

particularité de Perrault, dans un paysage académique dominé par les iatromécaniciens, est d'être un cartésien en physiologie, c'est-à-dire un adepte du mécanisme scientifique, mais de revendiquer aussi « la nécessaire hégémonie d'un principe animique sur les processus mécaniques de la vie animale »[1]. Malebranche possédait dans sa bibliothèque les *Essais de physique* dans l'édition de 1680 (cote 366), ainsi que le *Recueil de plusieurs machines* (cote 94) dans l'édition parisienne de 1700. Comparer les usages, par Malebranche et Perrault, de la physiologie du mouvement volontaire, est ainsi un moyen efficace de mettre au jour le lien différent que chacun d'eux établit entre la physiologie et la métaphysique et de spécifier le rapport complexe de Malebranche avec l'héritage cartésien[2]. Je vais présenter ces rapports en allant du plus général au plus particulier : de la physique philosophique à la cause principale du mouvement de nos membres en passant par une étude des limites du mécanisme. À chaque étape, nous retrouverons le critère expérimental comme étant à la fois commun aux deux hommes et susceptible de les différencier.

1. C'est cette articulation qui, selon François Duchesneau, confère à la théorie de Perrault sa dimension éminemment paradoxale. Cf. *Les modèles du vivant de Descartes à Leibniz*, Paris, Vrin, 1998, chap. IX : « Du mécanisme à l'animisme. Perrault et Stahl », p. 266. Sur l'animisme de Perrault, *cf.* aussi Fr. Azouvi, « Entre Descartes et Leibniz : l'animisme dans les *Essais de physique* de Claude Perrault » (*Recherches sur le XVIIe Siècle* 5, 1983, p. 9-18).

2. F. Duchesneau rappelle qu'en février 1676, soit à la fin de sa période parisienne, Leibniz a critiqué la théorie de l'âme animale chez Perrault : « il ressort de cette critique que Leibniz attachait une signification physiologique indéniable au modèle de Perrault dont il intégrera plusieurs éléments à son propre modèle dans le cadre épistémologique divergent d'un micromécanisme renouvelé et d'une conception monadologique de l'organisme » (*Les modèles du vivant, op. cit.*, p. 312).

LA *PHYSIQUE PHILOSOPHIQUE*

Le premier point reliant Perrault et Malebranche à la tradition cartésienne est le travail sur ce que Perrault désigne comme une « physique philosophique ». L'expression apparaît dans la préface aux *Essais de Physique*[1]. Elle traduit la nécessité de voir dans la Physique « autre chose que ce que les yeux en peuvent apprendre ». Par « philosophique », Perrault désigne ainsi la recherche des causes invisibles de ce qui apparaît. Mais par « Physique », il signifie que ces causes doivent rester de nature matérielle. Ainsi, de même que la pesanteur s'explique par le choc des particules de la partie éthérée de l'air avec les autres corps dont elle pénètre les intervalles ; ou qu'on explique le mouvement du fer et de l'aimant l'un vers l'autre par « la pression de ce qui les environne » ; de même, toutes les actions des corps vivants sont attribuées à des actions naturelles de compression et de compulsion définies en termes de ressort[2]. Dans la continuité des principes fondateurs de la physique cartésienne, Perrault construit ainsi ses explications positives sur une critique des qualités, comme « ce qu'on appelle vulgairement attraction ».

Ceci étant posé, Perrault travaille sur les différentes manières de connaître les choses de la nature et sur le rôle des expériences, au sens ici d'expérimentations, dans cette physique philosophique. Il distingue tout d'abord une « manière historique » et une « manière philosophique » de procéder[3]. La manière historique dénombre et décrit les particularités qui peuvent être connues par les sens. Elle fait voir les pièces distinctement et séparément, sans

1. Préface aux *Essais de Physique*, t. 1, p. 7.
2. *Cf.* par ex. *Du mouvement péristaltique*, t. 3, p. 137.
3. *De la mécanique des animaux*, t. 3, p. 8-9.

médiation ou grâce aux lunettes d'approche. Et la manière philosophique tâche de découvrir par le raisonnement les causes cachées de ces particularités, en se donnant la liberté de « supposer tout ce qui ne répugne point aux faits avérés »[1]. Ce qui fonde la validité de la démarche philosophique de déduction rationnelle est ainsi, *in fine*, son articulation permanente à la démarche historique inductive. La croyance imaginaire en des facultés est invalidée par le fait même qu'aucune expérience sensible n'est en mesure de l'avérer. Cette valeur conférée aux données sensibles amène en outre Perrault à distinguer trois types d'expérience[2]. Tout d'abord, les « expériences nouvelles » sont « faites pour appuyer les conjectures qu'on a d'ailleurs pour la probabilité de la chose pour laquelle elles ont été faites ». Elles ont été « vérifiées par la plus grande partie de la compagnie » mais restent plus « suspectes » que les autres. La deuxième sorte d'expériences désigne celles qui sont « communes et connues de tout le monde ». Le traité *De la circulation de la sève des plantes* donne les exemples des arbres qui bourgeonnent au printemps et de ce que l'on peut observer dans l'écorce des vieux chênes ou dans les pavots[3]. Ces expériences sont considérées comme plus fiables que les précédentes, à la fois parce qu'elles s'appuient sur « tout le monde » et non sur certaines vérifications seulement (fussent-elles professionnelles) et parce qu'elles consistent en données sensibles récurrentes (à chaque printemps par exemple) et immédiates. On retrouve un des critères de valorisation de Bayle dans l'annonce de la traduction française de la *Philosophia naturalis* de Regius.

1. Préface aux *Essais de Physique*, t. 1, p. 3.
2. Ce point est particulièrement manifeste dans la deuxième partie du traité sur les plantes.
3. *De la circulation de la sève des plantes*, t. 1, p. 245-246.

Enfin, Perrault distingue une troisième catégorie d'expériences : l'expérience analogique [1]. Par exemple, la distillation des feuilles de romarin, pour donner une idée de la manière dont les différents sucs montent dans les plantes et dont les sucs utiles sont retenus quand les sucs inutiles retournent à la racine. Ce type d'expériences est lui aussi jugé plus fiable que le premier parce qu'il bénéficie du deuxième. Mais il reste inférieur à ce dernier en ce qu'il nécessite un certain nombre de médiations. Distiller du romarin n'est pas une opération très complexe, pas plus que de trouver du romarin. Mais tout le monde n'a pas la possibilité de distiller du romarin chez soi ou d'en faire distiller devant soi.

Lorsqu'on tente de reconstituer le schéma global proposé par Perrault, on obtient ainsi la structure emboîtée suivante : la dimension « philosophique » de la physique désigne sa dimension déductive rationnelle ; cette dimension déductive rationnelle peut être considérée comme une conjecture fondée distincte d'une supposition fantaisiste à partir du moment où elle ne contredit pas les « faits avérés » ; enfin, ces faits sont considérés comme d'autant plus avérés qu'ils sont constatés ou à tout le moins constatables par le plus grand nombre, soit directement, soit analogiquement [2].

Sur ces différents points, la position de Malebranche est très proche de celle de Perrault. À quelques nuances près.

---

1. *Cf.* notamment *De la circulation de la sève des plantes*, t. 1, p. 248.
2. Le rôle que Perrault assigne aux figures se situe en ce sens au carrefour de ces trois sens : elles représentent à tous quelque chose de nouveau, c'est-à-dire qui n'avait pas antérieurement été observé et expliqué de cette manière (Avertissement à *De la mécanique des animaux*, t. 3, p. 4). C'est exemplairement le cas de la grande diversité des valvules dans les différents organes (p. 243-261).

Le premier déplacement réside en ceci que, commençant lui aussi par l'explication mécanique de l'attraction de l'aimant et la négation des formes substantielles en physique, Malebranche l'accompagne pour sa part de la nécessité d'éradiquer tout recours à une intelligence :

> (…) il ne faut point recourir à quelque qualité, à quelque forme ou à quelque entité que l'on ne connaît point clairement être capable de remuer un corps ; ni même à quelque intelligence : car on ne sait point avec certitude que les intelligences soient les causes ordinaires des mouvements naturels des corps, ni même si elles peuvent produire du mouvement.

Une telle focale mérite d'être soulignée. Dans le onzième des *Entretiens sur la métaphysique et la religion*, on verra en effet Malebranche, sur ce point en parfait accord avec Perrault, recourir au préformationnisme [1] pour isoler la causalité divine dans la création de la vie. Or ici, son argumentation est finalisée par la dénonciation de toutes les formes d'animisme qui pourraient persister au sein du mécanisme. Cela signifie que la métaphysique de Perrault elle-même se trouve englobée dans cette condamnation. La promotion d'une causalité animique créée, de quelque nature qu'elle soit et y compris chez ceux qui peuvent représenter les plus fervents adeptes du mécanisme, est ce que Malebranche cherche avant tout à dénoncer ici.

Dans le livre VI, II, VIII, de *De la recherche de la vérité*, ce préalable est la condition pour thématiser sans ambiguïté un invisible de nature strictement matérielle [2].

---

1. Sur Regius et le préformationnisme comme seule façon convaincante de préserver le mécanisme, voir la note 1 du présent volume p. 145 du présent volume. À ma connaissance, cette proximité entre Malebranche et Regius, et étant entendu que Malebranche a pour sa part en vue la seule causalité divine, n'a pas encore été étudiée.

2. De ce point de vue, on pourrait comparer la démarche de Malebranche à celle de Florent Schuyl dans sa préface à *L'Homme*.

Or Malebranche souligne que pour découvrir la nature des petits corps à l'origine de ces mouvements, il ne faut pas se fier à l'expérience sensible :

> (…) il ne faut pas ouvrir les yeux et s'approcher de cet aimant : car les sens imposeraient à la raison, et l'on jugerait peut-être qu'il ne sort rien de l'aimant, à cause qu'on n'en voit rien sortir. (OC II, 402).

Dans un second déplacement significatif, Malebranche réinvestit donc, plus positivement que Perrault, la dimension rationnelle de la déduction cartésienne. Mais alors que dans le premier cas (celui d'une éventuelle causalité naturelle intelligente), il s'agissait de ne pas postuler dans la nature ce dont nous ne savons rien avec certitude ; il s'agit ici d'accepter de passer de ce que nous n'expérimentons pas directement à l'assurance de l'existence de la chose en question. La nature philosophique de la physique repose donc bien tout entière, chez Malebranche, sur un travail constant d'interprétation et de rectification des données empiriques.

Parmi les trois types d'expérience distinguées par Perrault : les expériences nouvelles, les expériences qui sont connues de tout le monde et les expériences analogiques, Malebranche valorise lui aussi la deuxième. Car elle seule valide la déduction rationnelle en la rendant « effective » :

> L'impénétrabilité des corps fait clairement concevoir que le mouvement se peut communiquer par impulsion, et l'expérience prouve sans aucune obscurité qu'effectivement il se communique par cette voie (p. 403).

Celui-ci s'attache en effet, essentiellement, à éradiquer la croyance en une âme des bêtes que d'aucuns auraient pu tenter de déduire de la physique. En commençant par la dénonciation de toute forme d'intelligence créée, Malebranche poursuit en un sens le même objectif que Schuyl, mais en inversant l'ordre d'exposition choisi par ce dernier.

Pour chasser l'illusion selon laquelle le mouvement « paraît se faire par attraction » et prouver qu'il « ne se fait que par impulsion », il faut ainsi en passer par des expériences reçues « de tous les peuples et de tous les temps »[1]. Enfin, Malebranche recourt lui aussi à des expériences analogiques pour expliquer le mouvement des muscles. Ces expériences mobilisent des ballons, des vases et des sarbacanes, c'est-à-dire ces objets que chacun peut aisément se procurer ou fabriquer afin de faire lui-même l'épreuve de la vérité de ce qui est avancé.

Si on assemble, comme on l'a fait pour Perrault, ces différents éléments, on obtient pour Malebranche le schéma similaire suivant : la dimension « philosophique » de la physique désigne sa démarche déductive rationnelle ; cette dimension déductive rationnelle ne peut être distinguée d'une supposition fantaisiste que par des « faits effectifs » constatés ou, à tout le moins, constatables par le plus grand nombre, soit directement, soit analogiquement. Mais pour Malebranche, il faut impérativement ajouter : ce qui n'est pas le cas de la capacité des intelligences à causer ordinairement le mouvement naturel des corps. On retrouve les matériaux théoriques essentiels mobilisés dans XIᵉ *Éclaircissement*, sur le terrain psychologique. Ils se précisent ici par des considérations sur les limites du mécanisme.

---

1. *RV* VI, II, VIII, p. 403. Dans sa critique célèbre de « ceux qui font des expériences » (*RV* II, II, VIII, § IV, OC I, p. 318), Malebranche soutient que « les expériences visibles et sensibles prouvent certainement beaucoup plus que les raisonnements des hommes ». Il critique en outre ceux qui suivent aveuglément les opinions des défenseurs de la « philosophie expérimentale ».

Les limites du mécanisme

Perrault fait toujours preuve de modestie ou de prudence[1] épistémologiques. Dès le début de la préface aux *Essais de Physique*, il explique ainsi qu'en physique, « on ne peut guère faire autre chose que d'essayer et de chercher »[2]. Les nouvelles observations servent plus à détruire les anciennes connaissances qu'à les confirmer. Et on peut certes donner des explications à ce que la nature a voulu cacher, mais aucune ne sera jamais « la véritable »[3]. Néanmoins, il est possible de hiérarchiser entre elles les connaissances, en fonction de leur utilité pour nous et de ce que nous pouvons savoir. Ainsi, contrairement à une science comme l'astronomie, qui traite de questions largement hors de notre portée, il n'y a point de sujet plus central pour progresser dans la connaissance de l'homme que la mécanique des animaux[4]. Et sur une question de cette importance, le physicien doit pousser l'explication le plus loin possible, ce qui implique de corriger autant qu'il le peut l'« opinion commune » en vigueur. Cela est particulièrement vrai pour l'explication de la manière dont chaque fibre « s'accourcit ». C'est pourquoi Perrault s'engage :

> Je crois, *contre l'opinion commune*, qu'*il y a apparence* que les fibres de la chair du muscle ne sont pas celles dont la contraction fait l'accourcissement du muscle, mais celles qui partant des tendons se mêlent parmi la chair du

1. Ce sont les termes employés par Éric Baratay dans « Claude Perrault (1613-1688), observateur révolutionnaire des animaux », *XVIIᵉ Siècle* 2, 255, 2012, p. 309-320 (p. 316 ici).

2. *Essais de Physique*, t. 1, p. 1.

3. *Ibid.*, p. 4.

4. C'est ce que Perrault explique à l'orée de *De la mécanique des animaux*.

muscle, et forment aussi la membrane qui l'enveloppe. Car les fibres de cette membrane forment un tissu ferme et robuste qui étant attaché aux cordes et aux tendons par lesquels les muscles sont liés aux os, elles sont capables de les tirer l'une vers l'autre, lorsqu'elles s'accourcissent, en sorte que les fibres de la chair du muscle sans être accourcies peuvent contribuer à son accourcissement.[1].

Sans entrer dans les détails de cette nouvelle explication[2], on retiendra que contrairement à ce qui se produit dans la myologie cartésienne, les esprits animaux qui viennent du cerveau y servent au mouvement des muscles en les relâchant et non en les contractant. Pousser les limites du mécanisme signifie donc, chez Perrault, montrer en quoi l'opinion antérieurement validée est insuffisante et proposer une nouvelle explication davantage en accord avec l'expérience faite par un petit nombre (la communauté des savants), mise à la portée de tous par des figures et analogiquement réitérable par tout un chacun.

Dans la préface à *De la recherche de la vérité*, Malebranche hiérarchise lui aussi les connaissances scientifiques du point de vue de leur aptitude à servir le projet à la fois le plus essentiel à l'homme et le plus délaissé par lui : le projet de se connaître soi-même. De ce point de vue, l'astronomie et la chimie[3] sont bien moins utiles que l'anatomie, dans la mesure où cette dernière est susceptible de nous faire savoir de quelles multiples manières notre

---

1. *Du mouvement péristaltique*, seconde partie, chapitre II, p. 72-73 dans le tome 3.

2. *Cf.* sur ce point F. Duchesneau, *Les modèles du vivant, op. cit.*, p. 270-271.

3. La critique des défauts de « ceux qui font des expériences » est particulièrement dirigée contre les chimistes (*RV* II, II, VIII, § IV, OC I, p. 318).

âme dépend de notre corps en cette vie. Or la stratégie
adoptée par Malebranche dans le livre VI est différente de
celle de Perrault mais aussi de celle qu'on a vue à l'œuvre
dans le XIe *Éclaircissement*, s'agissant de la connaissance
de l'âme. Car au lieu d'attirer l'attention sur les divergences
entre cartésiens, afin de mieux les ramener ensuite à lui,
Malebranche se focalise d'emblée sur ce qui les rassemble.
Comment expliquer cela ?

Dans le livre II de *De la recherche de la vérité* et en
se référant aux différentes hypothèses de ses contemporains
sur le siège cérébral de l'âme [1], Malebranche donne une
idée précise de ce qui importe pour lui. Il souligne qu'il
juge comme « assez inutile »[2] l'entreprise consistant à
« faire une physique »[3], au sens de rechercher la nature
exacte de ce centre encéphalique. Car le plus important
est qu'en chacune des hypothèses concurrentes, la fonction
de cette glande demeure inchangée. Avec cette fonction
subsiste ainsi, finalement, « le fond du système de Monsieur
Descartes », soit ce qu'André Robinet désigne comme
« les données du problème métaphysique de la jonction
de l'âme et du corps »[4]. Cela signifie que le critère de ce
qui est physiologiquement important n'est pas le même
pour Perrault et Malebranche. Le mécanisme ne vaut chez
Malebranche que dans le cadre d'une entreprise plus
générale de délimitation des fonctions respectives de l'âme
et du corps, d'une part, et de l'âme et du corps par rapport
à Dieu, d'autre part. Alors que chez Perrault, l'exigence

1. *RV* II, I, I, OC I, p. 192-194. Malebranche cite Fernel, Willis,
Sténon ou encore Rochon. Sur ce point, cf. *L'homme cartésien*, *op. cit.*,
p. 92-95.

2. *RV* II, I, I, § I.

3. *RV* II, I, II, § III, OC I, p. 200.

4. *Malebranche de l'Académie des sciences*, *op. cit.*, p. 367.

mécaniste renvoie d'abord à la description la plus juste possible des parties et des fonctions de la machine [1]. Chez Malebranche, on a juste besoin de savoir qu'un centre cérébral est requis pour que l'âme et le corps exercent l'un sur l'autre leur causalité seulement occasionnelle. Pour Perrault, il faut tenter de connaître le plus exactement possible la nature de ce centre indépendamment de la causalité animique éventuelle qui s'exerce sur lui comme sur les autres organes du corps. L'articulation cartésienne entre des caractéristiques anatomico-physiologiques et des données métaphysiques se trouve donc recentrée sur les premières dans le cas de Perrault et sur les secondes dans le cas de Malebranche.

Quel est alors le contenu de « l'opinion commune » à laquelle se rallie Malebranche dans le livre VI ? Il la présente tout d'abord en articulant les deux premiers types d'expériences dégagés plus haut. Ce que je peux savoir de la contraction musculaire et qui me suffit, c'est ce que je peux me faire montrer directement par un membre de la communauté savante, mais dans une démarche active dans laquelle c'est moi qui formule et teste mes suppositions :

> Je m'instruis de sa composition par quelque livre d'Anatomie, ou plutôt par la vue sensible de ses fibres et de ses tendons que je me fais disséquer par quelque habile Anatomiste, à qui je fais toutes les demandes, qui pourront dans la suite me faire naître dans l'esprit quelque moyen de trouver ce que je cherche. (OC II, p. 407).

À ce titre, l'opinion commune est d'abord celle qui est susceptible d'être validée par tout homme soucieux de

---

1. Sur la critique, par Perrault, de la localisation des sens internes dans le cerveau, *cf.* F. Duchesneau, *Les modèles du vivant, op. cit.*, p. 278-279.

rechercher la vérité sur une question qui doit en effet lui importer. Les termes de cette recherche commune sont ensuite repris de manière quasi littérale au commentaire de *L'Homme* par La Forge. Malebranche écrit :

> (...) *toute* la question qui regarde le mouvement volontaire, *sera réduite à* savoir : comment le peu d'esprits animaux qui sont contenus dans un bras, peuvent en enfler subitement les muscles selon les ordres de la volonté (p. 409) ;

là où La Forge, commentant *L'Homme*, avait désigné ce problème comme le projet d'« expliquer comment ce peu d'esprits qui descendent du cerveau, dans l'instant que nous nous déterminons à quelque action, est capable de mouvoir nos membres avec tant de promptitude ». En identifiant ce problème et la solution satisfaisante que celui-ci est susceptible de recevoir à une telle formulation « réduite », Malebranche souligne que ce qui importe n'est pas le détail du phénomène, mais la capacité de l'explication apportée à rendre raison de l'expérience commune et étonnante que nous faisons tous de la violence et de la promptitude de ce mouvement. Troisièmement, Malebranche se rallie à l'explication cartésienne globale, sans entrer dans les détails, notamment sur la question de l'insertion des nerfs dans les fibres des muscles :

> (...) si je veux bien, *pour ne pas m'embarrasser de trop de choses*, supposer selon l'opinion commune que cet accourcissement se fait par le moyen des esprits animaux qui remplissent le ventre de ces muscles (p. 407).

Contrairement à Perrault, Malebranche estime ainsi le problème posé par le mouvement volontaire suffisamment résolu par l'explication générale en termes d'afflux des esprits animaux dans le muscle. Il ajoute que cela ne signifie pas qu'il n'y ait pas dans nos muscles « mille autres ressorts »[1] qui facilitent les mouvements. Mais ceux-ci « seront entièrement inconnus à ceux mêmes qui devinent le mieux sur ces ouvrages »[2]. Le lien établi entre la pluralisation indéfinie des ressorts dans les nouvelles expériences des savants et les « devinations » de certains d'entre eux n'est pas loin de réinvestir le lexique des formes substantielles. Il renvoie dos à dos des explications comme celle de Perrault et « l'erreur la plus dangereuse de la philosophie des Anciens »[3].

Repousser les limites du mécanisme du mouvement volontaire n'a donc pas le même sens dans la physique philosophique de Perrault et dans celle de Malebranche. Chez Perrault, cela signifie : rectifier la physiologie de ses prédécesseurs cartésiens en mobilisant par ailleurs une causalité animique étendue à l'animal et en ce sens différente de celle que les cartésiens reconnaissent à la seule volonté humaine. Chez Malebranche, cela signifie : conserver juste ce dont on a besoin pour comprendre que notre expérience commune du mouvement volontaire peut se réduire à un « Problème des Mécaniques » et se résoudre « par les mécaniques »[4], c'est-à-dire sans aucun recours à une causalité psychique naturelle.

Or c'est justement parce que les hommes pensent expérimenter en eux un tel « pouvoir » de mouvoir leur corps et qu'ils le projettent dans les autres corps, animaux et naturels, que Malebranche nous ramène sans cesse à ce

---

1. *RV* VI, II, VIII, OC II, p. 410.

2. *Cf.* aussi *RV* I, XV, OC I, p. 164 (add. de 1712, var. d) et *RV* II, I, V, § IV, OC I, p. 227.

3. Comme La Forge l'avait fait à propos de More. *Cf.* le chap. VI « Combiner ».

4. *RV* VI, II, VIII, OC II, p. 409.

que l'expérience est effectivement susceptible de prouver. Son problème principal, autrement dit, est que dans le cas précis du mouvement volontaire, l'épreuve ne joue pas complètement son rôle de preuve.

Il nous faut donc, pour terminer ce parcours physiologico-métaphysique, revenir sur la « vraie » ou « principale » cause du mouvement.

LA « VRAIE » OU « PRINCIPALE » CAUSE DU MOUVEMENT

Pour Perrault, l'âme est de fait la « principale cause » des mouvements du corps animal. Il s'en explique très clairement dans l'Avertissement à *De la mécanique des animaux* [1]. Je reprends les quatre moments principaux de son argumentation. Le premier moment consiste en une définition de l'animal. Perrault précise qu'il la fournit afin d'éviter par la suite toute équivoque. Et en effet il n'y reviendra pas :

> j'avertis que j'entends par animal un être qui a du sentiment, et qui est *capable d'exercer les fonctions de la vie par un principe qu'on appelle Âme* ; que l'âme se sert des organes du corps, qui sont de véritables machines, comme étant *la principale cause* de l'action de chacune des pièces de la machine ; et que bien que la disposition que ces pièces ont à l'égard les unes des autres, ne fasse *guère autre chose* par le moyen de l'âme, que ce qu'elle fait dans les

1. Dans les pages qu'il consacre à l'âme physiologique chez Perrault et en s'appuyant surtout sur le traité *Des sens externes*, F. Duchesneau montre parfaitement dans quelles situations précises Perrault en appelle à l'âme animale comme « cause de régulation fonctionnelle des microprocessus mécaniques » ou pour penser le « lien d'articulation de la fonction animique à la gestion des opérations organiques » (*Les modèles du vivant, op. cit.*, p. 274 et 277).

> pures machines, *toute la machine a néanmoins besoin d'être remuée et conduite par l'âme* de même qu'une orgue, laquelle quoique capable de rendre des sons par la disposition des pièces dont elle est composée, ne le fait pourtant jamais que par la conduite de l'organiste (t. 3, p. 1).

Agent capable de sentiment, d'appétit et de connaissance, l'âme joue chez Perrault le rôle d'un régulateur, d'un principe d'intégration et de contrôle s'étendant à toutes les parties du corps, cœur y compris, de sorte qu'elle ne s'aperçoit pas de la plupart de ses états volitifs. La différence entre un animal et une « pure machine » se loge ici dans un « guère », signifiant à la fois qu'on peut repousser très loin les limites de l'explication mécanique et qu'il restera toujours un résidu de mouvements qui, notamment parmi les mouvements volontaires mais pas seulement parmi eux, requièrent l'intervention de l'âme. Le deuxième moment de l'argumentation désigne l'Auteur de la machine du corps comme « le principe qui la fait agir ». Mais contrairement à la « principale cause » animique, qu'on retrouvera dans certaines explications physiologiques, le « principe qui fait agir » la machine reste complètement en-dehors du champ d'investigation de la physique :

> Je me contente ici d'expliquer ce qu'est la machine du corps des animaux, sans prétendre à *m'élever plus haut dans la recherche du principe qui la fait agir*. C'est beaucoup que de pouvoir pénétrer les secrets de l'Art dont *l'Auteur de cet excellent ouvrage* s'est servi pour rendre toutes les parties commodément disposées au mouvement qui leur est donné par ce qui les anime. *C'est la seule chose qu'il nous est permis de connaître dans la Nature* ; mais il faut avouer que si on la considère bien elle ne mérite pas moins d'admiration que celles dont les causes sont cachées.

Chez Perrault, la reconnaissance de la principialité divine « qui remue la machine des animaux » a donc pour corrélat la détermination du registre des causes secondes, âme physiologique y compris, comme seul registre possible pour la philosophie naturelle. Dans un troisième moment, Perrault identifie deux excès à éviter absolument. Le premier excès est celui de ces philosophes qui s'appuient sur notre impossibilité à « voir goutte » dans les ouvrages de Dieu pour, au nom du « respect qu'ils feignent pour la profondeur impénétrable de la Sagesse éternelle », en conclure à l'inutilité de toute entreprise de connaissance. Or une telle attitude, qu'on pourrait désigner comme radicalement sceptique, nous empêche de nous délivrer des « fausses préventions dans lesquelles on peut être sur la Physique »[1]. Elle est en ce sens anti-scientifique. Le deuxième excès, symétrique et inverse, est celui de la « nouvelle secte » des iatromécaniciens. Ses partisans croient que « par le moyen des mécaniques on peut connaître et expliquer tout ce qui appartient aux animaux »[2]. « Dans le style de ces Philosophes », la Nature devient alors une « cause sans intelligence, et qui dans ses ouvrages ne se conduit que par le hasard ». Tout bien pesé, Perrault se reconnaît comme moins éloigné de cette « nouvelle » secte que de la première. Cela implique, d'une part, de « retenir l'esprit et la Raison dans la soumission et dans la dépendance » envers la cause première[3] et, d'autre part, de se donner pour objectif de progresser le plus possible dans la connaissance de

1. Cette typologie est différente de celle qui est établie par F. Duchesneau p. 277 des *Modèles du vivant (op.cit)*. Car le premier camp n'est pas réductible à celui des partisans des facultés et qualités occultes à l'origine des opérations vitales. Il désigne davantage la secte des sceptiques en tous genres, ici, que celle des scolastiques.

2. *De la mécanique des animaux*, t. 3, p. 4.

3. *Ibid.*

l'ouvrage, c'est-à-dire du fonctionnement mécanique d'un corps dont les mouvements et les perceptions sont parfois (c'est l'espace du « guère », dans le texte cité plus haut) diversifiés par l'intervention de l'âme.

Le quatrième et dernier moment de l'argumentation peut alors circonscrire le domaine de la « pure » physique. Dans ce traité, explique ainsi Perrault, il ne sera question que

> (…) des *choses qui sont purement physiques*, et qui ne tombent pas tant sous nos sens que celles qui tiennent de la mécanique qui dépendent d'une composition que l'on peut connaître sans savoir les véritables causes des parties qui entrent dans cette composition ; et de considérer que la physique ne se peut guère traiter que de cette manière, c'est-à-dire par *des problèmes*, *ce qui est d'une autre nature ne lui appartient point* (p. 5).

À ce titre, la causalité divine, qui ne tombe pas plus sous nos sens que certains changements de la matière mais qui est d'une tout autre nature que matérielle, restera chez Perrault un problème extérieur à la physique. En revanche, la « pure physique » englobera bien, au titre de tâche progressive d'élucidation pour le savant, l'étude des modalités et des effets de la principale cause animique du mouvement des corps.

Malebranche est en parfait accord avec Perrault pour situer la science au niveau des causes secondes. Car on n'a rien expliqué une fois qu'on a dit, ce qui par ailleurs est vrai [1], que Dieu est la seule vraie cause de l'assèchement

---

1. On ne s'étonnera pas, de ce point de vue, que Malebranche valorise l'article 36 de la deuxième partie des *Principes de la philosophie*, dans le cadre de la célèbre critique des causes secondes développée dans le XVe *Éclaircissement*. L'importance scientifique accordée aux causes secondes ne se comprend donc que corrélée à ce rappel décisif destiné

ou de la crue de tel marais, ou de tel mouvement de mon corps. Mais ce qui l'intéresse surtout ici est l'évacuation de la causalité animique du registre de la philosophie naturelle. Or si ce point est décisif, c'est parce qu'il permet d'englober dans un même opprobre un élément commun aux métaphysiques de Perrault et de Descartes. Qu'elle soit étendue à l'animal ou restreinte à la volonté humaine, la reconnaissance d'une puissance réelle de l'âme créée relève tout autant d'une conception païenne de l'Ordre. Comme dans le cas de Perrault, l'argumentation malebranchiste peut se décrire en quatre moments.

Premièrement et comme l'avaient fait avant lui Clerselier et La Forge, Malebranche réinvestit, à propos du mouvement volontaire, le lexique de la détermination :

> (…) d'ailleurs, si l'on prend garde que par les lois de l'union de l'âme et du corps, les mouvements de ces esprits, *quant à leur détermination*, dépendent de la volonté des hommes, on verra bien que les mouvements des bras doivent être volontaires (p. 410) [1].

Ici, les « lois de l'union de l'âme et du corps » font office d'explication sans véritablement la fournir. La question de savoir si un tel « pouvoir » peut bien être concédé à l'âme reste donc dans l'ombre. Deuxièmement, Malebranche précise que

---

à « ceux qui font des expériences » en *RV* II, II, VIII, § IV, OC I, p. 319 : « (…) il est indubitable qu'on ne peut connaître clairement et distinctement les choses particulières de la physique, si on ne possède bien ce qu'il y a de plus général, et si on ne s'élève même jusqu'au Métaphysique ».

1. C'est la seule réponse que Malebranche apporte au problème soulevé dans *RV* VI, II, VIII, OC II, p. 409 : « trouver par des machines pneumatiques le moyen de vaincre telle force comme de cent pesant, par une autre force si petite que l'on voudra, comme celle du poids d'un once ; et que l'application de cette petite force pour produire son effet dépende de la volonté ».

La force des hommes est très peu de chose, si l'on considère que la puissance qu'ils ont de mouvoir leur corps en tant de manières *ne* vient *que* d'une très petite fermentation de leur sang, laquelle en agite quelque peu les parties, et produit ainsi les esprits animaux. Car *c'est l'agitation de ces esprits qui fait la force de notre corps et qui nous donne le pouvoir de faire ces efforts, que nous regardons sans raison comme quelque chose de fort grand et de fort puissant* (p. 440). [1]

Il reformule ici de manière saisissante le « problème des mécaniques » qu'il s'agit de résoudre. Le renvoi, à la seule agitation des esprits animaux, de l'explication de ce dont nous octroyons illusoirement à notre esprit la primauté, retrouve l'argument dont Clerselier s'était emparé chez Regius, pour le faire ensuite servir la cause de Dieu. Troisièmement, le livre VI est supposé être le lieu privilégié où Malebranche se prononce sur l'existence d'une éventuelle « force » d'âme.

Au livre II, I, V, § IV [2], il avait en effet souligné que

(…) pour l'explication des habitudes, il est nécessaire de savoir la manière dont on a sujet de penser que l'âme remue les parties du corps auquel elle est unie. La voici. Selon toutes les raisons du monde, il y a toujours dans quelques endroits du cerveau, quels qu'ils soient, un assez grand nombre d'esprits animaux très agités par la chaleur du cœur d'où ils sont sortis, et tous prêts de couler dans les lieux où ils trouvent le passage ouvert. Tous les nerfs aboutissent au réservoir de ces esprits, et l'âme a le pouvoir de déterminer leur mouvement, et de les conduire par les nerfs dans tous les muscles du corps.

1. On est ici en *RV* VI, II, IX.
2. OC I, p. 226.

Mais il n'avait pas précisé à quelle opinion commune renvoyait ce « on » qui confère à la thèse du « pouvoir » de l'âme sur le corps une « apparence » de vérité. En revanche, il indique dans une note propre à III-IV le lieu d'exposition de sa propre thèse à ce sujet : « J'expliquerai en quoi consiste ce pouvoir, en VI, II, III et *Éclaircissement* XV ». Or le premier de ces textes renvoie au célèbre chapitre dénonçant « l'erreur la plus dangereuse de la philosophie des Anciens ». En repartant de la croyance aux formes substantielles et aux qualités réelles, Malebranche y montre que les « philosophes ordinaires » continuent de la propager et de croire en l'existence de « puissances subalternes » autres que la « puissance souveraine » de la « souveraine divinité »[1]. Le XVe *Éclaircissement* s'emploie quant à lui à récuser méthodiquement toute efficace des causes secondes, volonté humaine y compris. Pour comprendre le « pouvoir » de l'âme sur le corps, Malebranche nous renvoie donc aux chapitres démontrant… son inefficacité totale. Sa conclusion est sans appel : « il n'est *pas concevable* que Dieu puisse communiquer aux hommes ou aux Anges la puissance qu'il a de remuer les corps »[2]. Quatrièmement et enfin, si Malebranche, contrairement à Perrault, finalise le traitement de la question du mouvement volontaire par la dénonciation de l'illusion d'un pouvoir de la volonté humaine sur le corps auquel elle est jointe, c'est parce

---

1. OC II, p. 312 : « il est nécessaire d'établir clairement les vérités qui sont opposées aux erreurs des anciens philosophes, et de prouver en peu de mots qu'il n'y a qu'une vraie cause, parce qu'il n'y a qu'un vrai Dieu : que la nature ou la force de chaque chose n'est que la volonté de Dieu : que toutes les causes naturelles ne sont point de *véritables* causes mais seulement des causes *occasionnelles*, et quelques autres vérités qui seront des suites de celle-ci » (c'est Malebranche qui souligne).

2. OC II, p. 316.

qu'une telle croyance n'est pas seulement une erreur parmi d'autres. Elle est à l'origine [1] de toutes les erreurs les plus dangereuses. C'est parce que notre volonté semble « produire quelque chose au-dehors » d'elle-même, au moyen de notre corps, que nous croyons que la pierre tombe vers le centre de la terre en vertu d'une faculté, que les bêtes ont une âme, ou que Dieu nous délègue, ainsi qu'aux anges, une partie de sa puissance [2].

Pour que l'explication soit complète, Malebranche doit donc montrer que ce que nous avons seulement l'illusion d'expérimenter fait écran à l'expérience qui devrait être partagée par tous : celle de la présence de Dieu en nous et de sa toute-puissance.

EXPÉRIMENTER DIEU ?

La thèse de Malebranche est très claire : Dieu seul « remue notre bras selon nos diverses volontés. (C'est une) vérité évidente et que la métaphysique nous apprend » [3]. Le problème central, déplacé ici de la physique à la psychologie, est alors celui de la rencontre potentielle entre cette évidence métaphysique et l'expérience commune. Ce que nous éprouvons, en tant que pécheurs, peut-il en

---

1. *Cf.* notamment XV ᵉ *Éclaircissement*, OC III, p. 227 ; *Rmqs* sur l'in-4° de la *RV*, « Sur les causes secondes », OC XVII-1, p. 544 et *EMR* I, OC XII, p. 371. *Cf.* aussi les *Réflexions sur la prémotion physique*, § XIX, OC XVI, 102, où Malebranche dénonce ces « préjugés qui naissent du sentiment intérieur qu'on a de soi-même » ; et le XV ᵉ *Éclaircissement*, qui définit « la conviction sensible (que les hommes) ont de l'efficacité des causes secondes », comme le « principe » de leur « désordre ».

2. Un des textes les plus clairs sur ce point se trouve en *RV* V, III, OC II, p. 151.

3. *Défense de M. Arnauld Docteur en Sorbonne contre la Réponse au livre Des vraies et des fausses idées*, V, X., dans *Œuvres*, Édition de Lausanne, *op. cit.*, t. XXXVIII, p. 553-554.

venir à coïncider avec ce que nous déduisons *a priori*? Malebranche propose trois façons principales d'ouvrir une telle voie.

Premièrement, en travaillant sur le thème topique de l'anthropocentrisme, Malebranche se focalise sur l'illusion de familiarité dans laquelle bon nombre d'hommes se sentent à l'égard de Dieu. Ce sentiment de familiarité provient de ce que ces hommes jugent de Dieu par rapport à l'expérience illusoire qu'ils ont d'eux-mêmes et non à partir de l'idée de l'être infiniment parfait[1]. Il en résulte que leur âme, « ayant un sentiment intérieur de sa force, devient courageuse contre Dieu même »[2] et se figure expérimenter le *modus operandi* de Dieu lui-même. Pour détruire une telle illusion, Malebranche propose de faire jouer une expérience familière non illusoire contre la première. Dans le cas présent, c'est l'expérience de la honte qui remplit cette fonction. En tant que « preuve naturelle de la noblesse de la nature et de sa dégradation », la honte est en effet, en chacun de nous, « une marque certaine qu'il (l'homme) n'est plus tel qu'il devrait être »[3]. Plus encore, parce qu'« il n'y a rien de plus honteux que la perte du pouvoir que nous devrions avoir sans le péché sur notre corps »[4], revenir à l'expérience commune de la honte est un moyen à la fois praticable et très efficace de contrebalancer l'illusion de puissance et de restituer cette dernière à Dieu seul.

---

1. Cf. *EMR* VII, § V, OC XII, p. 155 et *TM* I, V, § XVIII, OC XI, p. 67.

2. *Rmqs* sur l'in 4° de la *RV*, OC XVII-1, p. 546. *Cf.* aussi *RV* III, II, IX, § IV, OC I, p. 473 et *RV* VI, II, III, OC II, p. 317.

3. *EMR* I, OC XII, p. 374-375.

4. *Rmqs sur l'in quarto de la RV*, OC XVII-1, p. 541.

Le deuxième type d'argument mobilisé par Malebranche pour réunir les voies empirique et *a priori* consiste à s'attaquer au sentiment de l'efficience lui-même, en le décomposant afin de distinguer, là aussi, la familiarité illusoire de l'épreuve véritable. Dans le mouvement volontaire de « MM. Les Cartésiens », le premier sentiment authentique désigne ainsi la conscience de la volonté, ou la décision prise de remuer le bras :

> (…) lorsqu'on remue son bras, on a sentiment intérieur de la volonté actuelle par laquelle on le remue : et l'on ne se trompe point de croire qu'on a cette volonté.

Le second comprend la conscience de l'effort. Cette expérience n'est pas liée, comme dans le premier cas, à la représentation d'un but poursuivi, mais apparaît au cours de l'exécution proprement vite. Elle désigne le sentiment du mouvement se faisant ou de la volonté pratique, qui comprend la mise en œuvre des moyens destinés à réaliser l'effet poursuivi :

> (…) on a de plus sentiment intérieur d'un certain effort qui accompagne cette volonté, et l'on doit croire aussi qu'on fait cet effort.

Malebranche ajoute : « enfin, je veux qu'on ait sentiment intérieur que le bras est remué dans le moment de cet effort ». Mais il corrige aussitôt dans une note :

> (…) il me paraît évident que l'esprit ne connaît pas même par sentiment intérieur ou par conscience le mouvement du bras qu'il anime. Il ne connaît par conscience que son sentiment, car l'âme n'a conscience que de ses seules pensées. C'est par sentiment intérieur ou par conscience que l'on connaît le sentiment que l'on a du mouvement de son bras ; mais ce n'est point par conscience qu'on est averti du mouvement de son bras.

C'est donc l'analyse minutieuse de l'intervalle psychologique séparant l'apparition de la volonté de mouvoir le corps de son accomplissement effectif, alors considéré comme extérieur à elle, qui dissipe l'illusion d'une causalité réelle de celui-ci sur celui-là [1]. Ce que nous désignerions aujourd'hui comme une forme d'introspection réflexive vient rectifier l'interprétation spontanée erronée.

Troisièmement et enfin, les textes de Malebranche problématisent une distinction, essentielle à notre propos, entre l'expérience de mon impuissance et celle de ma passivité. En effet, de ce que je ne suis pas l'auteure de la puissance qui s'exerce en moi lorsque je meus mon bras, il ne résulte pas que je perde tout « libre pouvoir de résister et de consentir à cette efficace » [2]. Ce que Malebranche réinvestit dans l'illusion de puissance elle-même est ainsi la part d'activité de l'âme qui permet à l'homme à la fois

---

1. Ce point a été particulièrement souligné par Léon Brunschvicg : « non seulement Malebranche (…) a compris que l'appel au sentiment intérieur était la pierre angulaire de la doctrine de la causalité. Mais il a démêlé en même temps à quelles équivoques et à quelles confusions prête l'idée de sentiment intérieur. Quand on réclame pour ce sentiment le privilège de l'infaillibilité, on sous-entend qu'il est une donnée simple de la conscience. Or dès que l'on analyse avec rigueur la connaissance que l'on a du mouvement par lequel on remue le bras, on s'aperçoit de la richesse et de la complexité des réalités psychologiques que le sentiment comprend » (*L'expérience humaine et la causalité psychique*, Paris, Alcan, 1922, 3ᵉ éd., Paris, P.U.F., 1949, p. 6). Sur la connaissance par sentiment chez Malebranche, *cf.* L. Simonetta, *La connaissance par sentiment au XVIIIᵉ siècle*, Paris, Honoré Champion, 1ʳᵉ partie, chap. I, p. 57-100.

2. Sur l'importance de cet « élément actif », éclipsé par toute une tradition d'interprétation du sens intime en termes de passivité (*cf.* par exemple, au sujet de Lelarge de Lignac, J.-C. Bardout, « Sentiment et connaissance de soi autour de Lelarge de Lignac », *Dix-Huitième siècle* 39, 2007, p. 41-54), *cf.* G. Dreyfus, *La volonté selon Malebranche*, Paris, Vrin, 1958, p. 196.

de pécher et de ré-ouvrir la voie de l'ordre. Alors que Descartes s'efforçait de tenir ensemble l'évidence empirique de ma puissance causale, d'une part, et l'évidence rationnelle de la toute-puissance divine, d'autre part ; Malebranche s'essaie ainsi, par ce travail sur l'ambivalence de l'activité de l'âme humaine, à faire coïncider l'expérience de Dieu et de notre individualité finie, « en prenant garde de ne jamais faire évanouir aucun des deux termes et de marquer toujours exactement la place de l'un et de l'autre »[1]. Il ne s'agit donc pas tant, pour lui, de distinguer deux registres d'évidences : une évidence empirique et une évidence rationnelle, que d'identifier deux types d'expériences tout aussi « incontestables » l'une que l'autre : d'une part, « les faits que la foi nous enseigne » et, d'autre part, « ceux dont nous sommes convaincus par le sentiment intérieur que nous avons de ce qui se passe en nous »[2]. En ce sens et derechef, la démarche de Malebranche peut se définir comme un empirisme intégral.

CONCLUSION

1. Dans son ouvrage sur *Le cartésianisme de Malebranche*, Ferdinand Alquié avait parfaitement posé le problème et les enjeux de cette relation complexe :

> (…) l'occasionnalisme, bien que s'étant constitué, chez les cartésiens, à partir de réflexions relatives à l'impuissance des corps, (a) été aussitôt appliqué par Malebranche à la

---

1. J. Laporte, « La liberté selon Malebranche », *Revue de métaphysique et de morale*, juillet 1938, p. 409. Les travaux de Jean Laporte sont sans doute les premiers à avoir donné à l'expérience toute son importance chez Descartes et dans le cartésianisme. *Cf.* surtout *Le rationalisme de Descartes*, Paris, P.U.F., 2015 (rééd.). Première édition en 1945.

2. *TM* I, V, § XVI, OC XI, p. 66-67.

causalité des esprits (…). On pourrait penser qu'en cela
la théorie se retourne contre le projet qui, d'abord, était
le sien, celui d'éviter le matérialisme et l'idolâtrie par le
refus d'attribuer aux corps une quelconque puissance. La
lutte contre le matérialisme ne suppose-t-elle pas que,
d'une façon ou d'une autre, on accorde à l'âme le pouvoir
que l'on dénie aux corps, et cette libre causalité que lui
reconnaissait Descartes ? [1]

Dans le compte rendu qu'il a proposé de cet ouvrage,
Jean-Luc Marion a souligné que la « généalogie unissant,
contre nature et par Malebranche interposé, Descartes aux
hommes du XVIIIe siècle » [2], était davantage un objet pour
l'historien des idées, attentif à au « rétabli(ssement) des
connexions invisibles ou dissimulées, mais historiquement
efficaces » ; que pour l'historien de la philosophie, plus
sensible à la contradiction entre l'« explicite » et les
« intentions », d'une part, et ce qui en a ensuite été fait,
d'autre part. De ce point de vue, la place de Malebranche,
pour l'historien de la philosophie scrupuleux, resterait bien
celle d'un jalon essentiel dans une histoire de la métaphysique qui, au moment de l'écriture de ce compte-rendu,
« rest(ait) à écrire ».

2. Or, ce que montre l'analyse de l'incorporation
d'arguments de Regius par Malebranche, c'est que si
Malebranche appartient bien à une histoire de la métaphysique, c'est au moins autant et très « naturellement »,
à celle de la métaphysique *empirique*, qui nous mène à

1. F. Alquié, *Le cartésianisme de Malebranche*, Paris, Vrin, 1970,
p. 248.
2. J.-L. Marion *Revue Philosophique de Louvain*, 4e série, t. 72,
n°16, 1974, p. 772-773.

Condillac [1] et se transforme ensuite, au XIXe siècle et en suivant entre autres les développements de la psychologie, en métaphysique positive.

Condillac s'est en effet clairement installé dans la continuité de ce Malebranche psychologue expérimental :

> L'âme étant distincte et différente du corps, celui-ci ne peut être que cause occasionnelle (…). Avant le péché, elle était dans un système tout différent de ce lui où elle se trouve aujourd'hui. Exempte d'ignorance et de concupiscence, elle commandait à ses sens, en suspendait l'action, et la modifiait à son gré. Elle avait donc des idées antérieures à l'usage des sens. Mais les choses ont bien changé par sa désobéissance. Dieu lui a ôté tout cet empire : elle est devenue aussi dépendante des sens, que s'ils étaient la cause physique de ce qu'ils ne font qu'occasionner ; et il n'y a plus pour elle de connaissances que celles qu'ils lui transmettent. De là l'ignorance et la concupiscence. C'est cet état de l'âme que je me propose d'étudier, le seul qui puisse être l'objet de la philosophie, puisque c'est le seul que l'expérience fait connaître. Ainsi, quand je dirai que *nous n'avons point d'idées qui ne nous viennent des sens*, il faut bien se souvenir que je ne parle que de l'état où nous sommes depuis le péché. Cette proposition appliquée à l'âme dans l'état d'innocence, ou après sa

---

1. L'importance décisive de la réception de Malebranche dans l'édification de l'empirisme de Condillac a été mise au jour par André Charrak dans *Empirisme et métaphysique. L'« Essai sur l'origine des connaissances humaines » de Condillac*, Paris, Vrin, 2003. Sur la réception condillacienne de la physiologie malebranchiste de l'esprit, *cf.* A. Ferraro, *La réception de Malebranche, op. cit.*, p. 65-72. Sur les réceptions croisées de Malebranche et de Spinoza chez Condillac, *cf.* L. Simonetta, « La réception condillacienne de Malebranche et de Spinoza », dans *Spinoza-Malebranche. À la croisée des interprétations*, R. Carbone, C. Jaquet, P.-Fr. Moreau (dir.), Lyon, ENS Éditions, 2018, p. 209-220.

séparation du corps, serait tout à fait fausse. Je ne traite pas des connaissances de l'âme dans ces deux derniers états, parce que je ne sais raisonner que d'après l'expérience [1].

3. Par là et avec Malebranche, Condillac a engendré une postérité cartésienne raffinant l'opposition entre « rationalisme » et « empirisme » par différentes tentatives d'articulation entre expériences d'entendement et expériences sensibles. Dans le mémoire qu'il consacre à l'histoire du cartésianisme, à l'occasion du concours ouvert en 1839 par L'Académie des sciences morales et politiques, le catholique ultramontain Jean-Baptiste Bordas-Demoulin (1798-1859) déplace le cursus du côté de l'entendement pour récuser la primauté du « sensualisme » :

> L'expérience invoquée par Condillac pour établir que depuis la chute nous ne pensons qu'avec les sens, l'accuse hautement d'erreur. Toute expérience n'est pas dans la sensation ; l'entendement en a une qui nous est plus intime et plus palpable, si j'ose parler ainsi, puisqu'elle se passe dans le fond de notre être [2].

Un autre lauréat de ce concours, encore mobilisé aujourd'hui pour ses travaux d'historien de la philosophie

---

1. Condillac, *Essai sur l'origine des connaissances humaines*, 1 re partie, section première, § 8, édition critique, introduction et notes par J.-Cl. Pariente, M. Pécharman, Paris, Vrin, 2014, p. 72-73.
2. *Le cartésianisme ou la véritable rénovation des sciences. Ouvrage couronné par l'Institut. Suivi de la théorie de la substance et de celle de l'infini, par Jean-Baptiste Bordas-Demoulin. Précédé d'un discours sur la réformation de la philosophie au dix-neuvième siècle, pour servir d'introduction générale, par F. Huet, Professeur à la faculté de Philosophie et Lettres de Gand*, Paris, J. Hetzel, 1843, vol. I, 1 re partie, chapitre IV, p. 212.

cartésienne : Francisque Bouillier (1813-1899), revient pour sa part sur l'importance accordée par Malebranche aux arguments de type gassendiste :

> On s'étonne de le voir, en ce point essentiel, abandonner Descartes pour suivre Gassendi. L'âme est plus certaine et plus claire que le corps, selon Descartes, et, selon Malebranche, comme selon Gassendi, c'est le corps qui est plus clair sinon plus certain que l'âme.

Mais c'est pour déplorer aussitôt qu'il en ait perdu l'essentiel en chemin :

> Mais, tandis que Gassendi arrive à cette conséquence par la préoccupation du sensible, c'est par la préoccupation du divin que Malebranche a perdu le sentiment de l'évidence et la réalité de la conscience[1].

Si Malebranche occupe une place si déterminante dans l'histoire qui nous intéresse, c'est ainsi parce qu'il se situe exactement au moment qui « mêle le point de vue expérimental au point de vue métaphysique »[2]

---

1. F. Bouillier, *Histoire de la philosophie cartésienne*, Paris-Lyon, 1854, t. II, chap. III, p. 58.
2. Ce sont les termes de Paul Janet : « *il y a dans Malebranche, non seulement une psychologie métaphysique, mais encore une psychologie expérimentale* ; c'est même là un des points les plus nouveaux de cette philosophie. Il est difficile d'admettre, comme on l'a souvent dit, que Descartes soit le fondateur de la psychologie moderne. Pour être parti d'un point de vue psychologique, il n'en est pas moins presque exclusivement un métaphysicien. Le vrai fondateur de la psychologie expérimentale est Locke, et c'est une part d'invention et de création qu'on ne peut lui refuser. Or entre Descartes et Locke il est juste de placer Malebranche, qui, dans la *Recherche de la vérité*, a commencé à mêler le point de vue expérimental au point de vue métaphysique » (*Les maîtres de la pensée moderne*, Paris, Calmann Lévy, 1883, p. 170-171).

et dont Bergson a fait une des caractéristiques de ce qu'il appelle la « philosophie française » [1].

---

1. Bergson, « La philosophie française. Tableau récapitulatif destiné à l'Exposition de San Francisco », *La Revue de Paris*, livraison du 15 mai 1915, p. 6 : « Il y a chez Malebranche toute une psychologie et toute une morale qui conservent leur valeur, même si l'on ne se rallie pas à sa métaphysique. Là est une des marques de la philosophie française : si elle consent parfois à devenir systématique, elle ne fait pas de sacrifice à l'esprit de système ; elle ne déforme pas à tel point les éléments de la réalité qu'on ne puisse utiliser les matériaux de la construction en dehors de la construction même. Les morceaux en sont toujours bons ».

RETENTISSEMENTS DU CANON
DESTUTT DE TRACY, COUSIN, RENOUVIER

> « Amintus :
> Tout ce qui s'est passé ne peut que tourner à votre gloire ;
> venez… Nous nous isolerons obscurément dans la foule ;
> vous qui êtes si solitaire,
> que peu de gens ici connaissent votre figure.
> Venez Descartes….Venez ! [1] »

---

1. *René Descartes. Trait historique en deux actes et en prose*. Par le citoyen Bouilly (Jean-Nicolas). Au Cinquième de la République -1796- acte II, scène II. La scène se passe à Utrecht, au plus fort des démêlés entre Descartes et Voetius. Descartes a trouvé l'hospitalité chez Marck et sa fille Florina. Il consacre une partie de ses journées à jardiner. Un officier de justice est venu avec des gardes pour l'arrêter. Mais « Maurice », alors présent, a révélé sa véritable identité : Maurice de Nassau, et s'est interposé. Amintus est décrit par Bouilly comme « jeune savant, disciple et ami de Descartes ». Les spectateurs peuvent y reconnaître Regius.

CHAPITRE VIII

RESTITUER

Le geste fondateur de Condillac, pour l'Idéologie, a consisté en une distinction claire entre deux sortes de métaphysique. Tandis que la première est à proscrire de toute démarche philosophique rigoureuse, la seconde ouvre la voie de la science véritable de l'esprit humain :

> L'une, ambitieuse, veut percer tous les mystères ; la nature, l'essence des êtres, les causes les plus cachées, voilà ce qui la flatte et ce qu'elle se promet de découvrir ; l'autre, plus retenue, *proportionne ses recherches à la faiblesse de l'esprit humain*, et aussi peu inquiète de ce qui doit lui échapper, qu'avide de ce qu'elle peut saisir, elle sait *se contenir dans les bornes qui lui sont marquées*. La première fait de toute la nature une espèce d'enchantement qui se dissipe comme elle : la seconde, *ne cherchant à voir les choses que comme elles sont en effet*, est aussi simple que la vérité même. Avec celle-là les erreurs s'accumulent sans nombre, et l'esprit se contente de notions vagues et de mots qui n'ont aucun sens : avec celle-ci on acquiert *peu de connaissances ; mais on évite l'erreur : l'esprit devient juste et se forme toujours des idées nettes*[1].

---

1. Condillac, *Essai sur l'origine des connaissances humaines*, *op. cit.*, p. 59-60.

Si Condillac a préféré le terme de métaphysique à celui de psychologie, c'est parce que le second lui semblait trop lourd de multiples interprétations fautives, là où le premier avait seulement besoin d'être rectifié et dissocié de son interprétation dominante. Au nombre des métaphysiciens abstraits et faiseurs de systèmes, il faut ainsi compter le Descartes des idées innées et le Malebranche de la vision en Dieu. Et du côté de la saine métaphysique, on classera Bacon et Locke, corrigés ensuite par Condillac lui-même. Si d'aventure le cartésianisme peut avoir quelque part à la métaphysique bien fondée, chez Condillac, ce ne peut donc être qu'à deux conditions. Il faut, d'une part, que la critique lockéenne des idées innées ou, à tout le moins, ce qu'il est possible d'en faire, procède plus de la caricature de la philosophie de Descartes que de la réfutation rigoureuse de ce dernier. Et il faut, d'autre part, qu'un Malebranche sécularisé et dépouillé de ses résidus d'innéisme fournisse des matériaux théoriques conséquents à la nouvelle métaphysique empirique.

En 1796, celui qui fut ensuite surnommé « le métaphysicien des Idéologues »[1] : Antoine Destutt de Tracy (1754-1836), lit à l'Institut deux mémoires sur l'analyse de la faculté de penser. Il demande que la science résultant de cette analyse soit nommée « *idéologie* ou science des idées », pour mieux la distinguer de « l'ancienne

---

1. C'est ainsi que le désigne Jean-Philibert Damiron (1794-1862) dans son *Essai sur la philosophie en France au XIXᵉ siècle*, Paris, Ponthieu et Cie, 1828, p. 14. Il classe par ailleurs Destutt de Tracy dans l'école « sensualiste ».

métaphysique » [1]. Dans la préface de 1804 à ses *Éléments d'idéologie* [2], il précise en outre que

> (...) les philosophes classiques ont seulement « dogmatisé avec une grande hardiesse sur la nature de notre âme ; mais c'était toujours en vue *non de découvrir la source de nos connaissances, leur certitude et leur limite, mais de déterminer le principe et la fin de toutes choses, de deviner l'origine et la destination du monde. C'est là l'objet de la Métaphysique. Nous la rangeons au nombre des arts d'imagination, destinés à nous satisfaire et non à nous instruire.*

Pourquoi Destutt tient-il autant à congédier le terme même que Condillac s'était employé à requalifier [3] ? C'est que, selon Destutt, le fondateur de l'Idéologie lui-même est demeuré trop abstrait. Il en est resté à l'expérience de pensée ; il n'a pas réussi à ramener toutes les opérations

1. « Mémoire sur la faculté de penser. Mémoires de l'Institut National des Sciences et des arts », *Classe des Sciences morales et Politiques*, 1798, I, p. 324 : « La science de la pensée n'a point encore de nom. On pourrait lui donner celui de psychologie. Condillac y paraissait disposé. Mais ce mot, qui veut dire *science de l'âme*, paraît supposer une connaissance de cet être que sûrement vous ne vous flattez pas de posséder ; et il aurait encore l'inconvénient de faire croire que vous vous occupez de la recherche vague des causes premières, tandis que le but de tous vos travaux est la connaissance des effets et de leurs conséquences pratiques. Je préférerais donc de beaucoup que l'on adoptât le nom d'*idéologie*, ou science des idées ». Sur ce point, *cf.* E. Picavet, *Les Idéologues*, Paris, Alcan, 1891, p. 306 et S. Nicolas, A. Marchal, F. Isel, « La psychologie au XIXᵉ siècle », *Revue d'Histoire des Sciences humaines* 1, 2, 2000, p. 57-103, plus particulièrement les pages 77 à 80 : « Du sensualisme de Condillac à l'idéologie de Cabanis et Destutt de Tracy : une psychologie qui ne dit pas son nom ».

2. 3ᵉ édition, 1817, p. XVI, chap. XI, p. 214.

3. Sur le rejet conjoint, par Destutt, des termes de « psychologie » et de « métaphysique », *cf.* L. Clauzade, *L'idéologie ou la révolution de l'analyse*, Paris, Tel-Gallimard, 1998, p. 26-27.

de l'âme à la seule sensation ; il n'a pas assez « serré » ou
« décrit » le réel « d'aussi près que possible ; il a conservé
le cadre d'une « systématisation rigoureuse » qu'il dénonçait
pourtant par ailleurs et a, pour cette raison, manqué « la
variété et l'hétérogénéité des faits telle que l'observation
les montre ». Bref, son empirisme est resté tout teinté
d'« intellectualisme »[1].

En me focalisant sur son adresse aux Rédacteurs de *La
Décade*, journal quasi officiel des Idéologues, le 1er juin
1806, dans le petit texte intitulé « Sur les Lettres de
Descartes »[2], je vais montrer que la correction des résidus
d'abstraction dans l'empirisme de Condillac revêt chez
Destutt la forme d'une restitution, à Regius dont il s'étonne
de ne l'« avoir jamais vu cité nulle part »[3], de la paternité
de l'Idéologie. En revenant au noyau dur, c'est-à-dire selon
Destutt, au noyau véritablement empirique, du cartésianisme,
il s'agit du même coup d'identifier la version métaphysique
officielle de ce cartésianisme à une complète perversion.
L'intellectualisme se trouve alors relégué à la fois hors du
cartésianisme bien compris et hors de l'Idéologie
conséquente. Le cartésianisme se retrouve positivement

---

1. Je reprends ici l'analyse et l'expression de Georges Gusdorf dans
son *Introduction aux sciences humaines*, Paris, Orphys, 1974, p. 178.

2. *Décade*, 49e Vol., (avril-juin 1806), Section Philosophie,
2e trimestre (calendrier grégorien), p. 392-401. Je suis redevable à Josiane
Boulad-Ayoub de la découverte de ce texte, à l'occasion d'une de mes
premières conférences sur Regius proposée à son instigation, à l'UQAM,
en 2011. Sur la *Décade*, *cf.* J. Boulad-Ayoub, *La Décade comme système*,
1794-1807, 9 volumes, PUR, 2003. Le texte de Destutt se situe dans le
tome I, *L'Encyclopédie vivante*, p. 411-417. Dans ce chapitre, je cite la
pagination du deuxième volume de l'édition de *Œuvres complètes*
de Destutt, *Essais philosophiques*, éd. C. Jolly, Paris, Vrin, 2017,
p. 303-312.

3. *Ibid.*, p. 312.

annexé par cette dernière, au lieu d'être négativement désigné comme son en-dehors. Le cartésianisme véritable devient le cartésianisme empirique.

LA RESTITUTION DU NOYAU EMPIRIQUE
DU CARTÉSIANISME

Destutt commence par souligner une carence matérielle induisant une carence théorique : les œuvres de Descartes sont difficiles à se procurer[1], « même au milieu de Paris ». Et lorsqu'on y parvient, on peut certes, mais on peut seulement, accéder à sa philosophie « en général », c'est-à-dire au *Discours de la méthode*, désigné comme « première partie de ses Essais », aux *Méditations* et aux deux premières parties des *Principes*, « c'est-à-dire moins de trois cents pages en tout »[2]. Le « général » renvoie à l'œuvre méta-physique de Descartes amputée de sa partie scientifique, parce que cette dernière a été balayée par l'ouragan newtonien[3]. Mais il impose du même coup de trier, au sein de ce « général », ce que l'on peut éventuellement en conserver en particulier.

---

1. Sur les éditions de Descartes disponibles au moment où Destutt écrit et, plus largement, sur les réceptions de Descartes chez les Encyclopédistes, *cf.* M. Spallanzani, *L'arbre et le labyrinthe. Descartes selon l'ordre des Lumières*, Paris, Honoré Champion, 2009 (p. 53 pour les éditions).

2. *Œuvres complètes* de Destutt, *Essais philosophiques*, éd. C. Jolly, *op. cit.*, p. 306.

3. Les Intellectuels du Comité d'Instruction publique ne se sentent en effet héritiers que du Descartes critique. Sur ce point, *cf.* J. Boulad-Ayoub, « La figure de Descartes au XVIII e siècle », dans F. Charbonneau (éd.), *La Fabrique de la modernité scientifique. Discours et récits du progrès sous l'Ancien régime*, Oxford, Oxford University Studies in the Enlightenment, 2015, p. 85-109.

Destutt revendique ensuite un retour aux *Lettres* de Descartes. Or celles-ci sont bien disponibles, dans l'édition de l'Institut (1724-1725) enrichie par d'autres apports de Clerselier lui-même, du mathématicien La Hire et des abbés Baillet et Legrand[1]. Mais leur pleine exploitation est rendue très difficile en raison même de ces choix éditoriaux successifs :

> Le recueil n'en est pas fait d'une manière très satisfaisante, car la plupart sont sans date ; et comme elles ne sont point rangées dans leur ordre chronologique, on aurait souvent beaucoup de peine à s'y reconnaître, et à en voir les à propos, si l'on n'avait pas recours à la vie de l'auteur par Baillet (p. 306).

Destutt établit ainsi un lien entre la prédominance écrasante d'une interprétation officielle du cartésianisme comme une

---

1. C. Jolly (*Destutt de Tracy, Essais philosophiques, op. cit.*, p. 39 et 306), affirme que Destutt lit Descartes dans l'édition originale de Clerselier. Or il faut aussi souligner l'importance du volume *Lettres de M. Descartes ( ) où l'on a joint le Latin de plusieurs Lettres qui n'avaient été imprimées qu'en Français ; avec une Traduction Française de celles qui l'avaient jusqu'à présent paru qu'en Latin*, 6 vol., Paris, La Compagnie des Libraires, 1724-1725. Sur la genèse tumultueuse de cet exemplaire de l'Institut de France, qui commence à la mort de Roberval en 1675, lorsque La Hire récupère les lettres de Descartes à Mersenne que Roberval s'était appropriées à la mort de ce dernier (1648), et qui comprend une abondante documentation réunie par Clerselier et enrichie à compter de 1684 par les abbés Legrand et Baillet (ainsi que des lettres autographes déposées par La Hire à l'Académie des Sciences), *cf.* l'introduction à *René Descartes. Lettres. Esemplare annotato dell'Institut de France* (edition de Claude Clerselier, 1666-1667), J.-R. Armogathe, G. Belgioioso (dir.), Lecce, Conte Editore, 2005. Il est très vraisemblable que Destutt travaille (aussi) sur cet exemplaire ; peut-être même travaille-t-il à partir de sa bibliothèque, en tant que membre de l'Institut. Enfin, Destutt a pu lire des extraits de lettres de Regius lui-même, dans la biographie de Descartes par Baillet.

métaphysique dualiste minorant une branche scientifique de toute façon obsolète, et l'ordre d'exposition des lettres, qui bouleverse la genèse de la pensée cartésienne en l'écrasant sous des choix thématiques. Rétablir le sens véritable du cartésianisme suppose ainsi de revenir à ces lettres, mais en les classant autrement.

Pour retrouver la chronologie, il faut commencer par recontextualiser le cartésianisme dans les débats brûlants de son époque. Car ce sont les pressions d'abord subies par Descartes de son vivant qui rendent raison de son devenir métaphysicien second. La comparaison entre le descriptif des textes disponibles au début du XIXe siècle et leur genèse controversiale du temps de Descartes, met ainsi au jour un lien intrinsèque entre les choix de Descartes et la version métaphysique « générale » de sa philosophie officielle, aujourd'hui disponible pour les lecteurs de *La Décade*. Plus encore, elle introduit un hiatus entre ce que cette philosophie aurait pu être si elle n'avait pas été impactée par ces controverses et ce qu'elle est devenue ensuite, sous la pression de ces dernières. Elle établit, en somme, une différence entre le potentiel de la philosophie de Descartes à devenir la vraie philosophie remplaçant le « verbiage » scolastique, d'une part, et ce que Descartes en a effectivement fait parce qu'à un moment donné il a pensé secourir son entreprise de l'autorité théologique, d'autre part :

> La connaissance approfondie de cette science de mots (le « verbiage » scolastique) était exigée pour entrer dans toutes les professions savantes de la société. Toutes les sectes chrétiennes en avaient fait la base de la religion à laquelle on était alors très attaché. Des corps très puissants, tels que les Oratoriens, les Jésuites, fondaient leur considération sur la manière dont ils enseignaient

cette doctrine. La Sorbonne, la Faculté de théologie de toutes les Universités, les autorités ecclésiastiques de tous les pays la surveillaient avec un soin jaloux, faisaient un bruit effroyable à la moindre assertion nouvelle, et en exigeaient avec la plus grande hauteur la condamnation solennelle, dès qu'elles avaient déclaré qu'elle tendait directement ou indirectement à ébranler quelqu'une de leurs décisions antérieures.

C'est dans ces circonstances que vint Descartes ; Il n'y avait pas quatre ans que l'Inquisition avait condamné Galilée, lorsqu'il publia en 1637 ses Essais de philosophie, c'est-à-dire son Discours sur la méthode, et ses Traités de dioptrique, des météores et de géométrie ; et quatre ans après (en 1641) quand il donna ses Méditations métaphysiques, il les dédia à la Sorbonne, puisque, dit-il dans une de ses lettres, la vérité est si peu de chose par elle-même, qu'elle a besoin du secours de l'autorité pour se soutenir (p. 308-309).

La démarche de Destutt s'affirme ainsi, davantage, comme un travail sur les effets produits par les arguments de Descartes (eux-mêmes envisagés comme les effets d'un ensemble donné de contingences), que comme une analyse détaillée de ces arguments. En bon Idéologue, Destutt ne se réfère pas à une cause ou à une essence immuable de la philosophie cartésienne, mais à ce que cette dernière a effectivement produit, dans une histoire que le XIX e siècle naissant doit s'attacher à comprendre s'il veut progresser encore sur le chemin de la vérité.

Un tel état des lieux ouvrait deux routes possibles à un Idéologue. La première consistait à mobiliser Descartes, tel qu'il s'est lui-même radicalisé en métaphysicien complaisant envers les autorités de la Sorbonne, comme un repoussoir, afin de revenir au premier fait dont nous sommes assurés et dont dérive la certitude de tous les autres, sans retomber dans l'abstraction du *cogito* et les spéculations sur la nature divine, bref, dans les idées innées. Cette voie royale avait été ouverte par Condillac. Elle congédiait Descartes en rendant hommage à Bacon et en rectifiant Locke. Une seconde voie consistait à retourner aux premiers écrits publics de Descartes, avant la compromission des *Méditations*, afin d'exploiter les controverses qu'ils ont suscitées, au nom de la cohérence du cartésianisme. Par là, il devenait possible de réinscrire ce même cartésianisme, « même malgré lui »[1], au cœur de l'histoire de la véritable décomposition de la pensée, au lieu de l'en exclure[2]. C'est très exactement le rôle que Destutt confère à Regius dans ce texte. « Reprendre les choses d'un peu plus haut »[3] signifie ainsi qu'il s'agit, à partir d'un retour sur l'« anecdote singulièrement remarquable »[4] de la brouille entre Descartes et Regius, de réhabiliter le potentiel empiriste premier du cartésianisme, que seule une Idéologie

---

1. *Œuvres complètes* de Destutt, *Essais philosophiques*, éd. C. Jolly, *op. cit.*, p. 312.

2. De ce point de vue, la démarche de Destutt peut s'interpréter comme une rectification de celle de François Thurot. Dans les Mémoires de l'Institut national (Sciences morales et politiques, Paris, an IV de la République, 1798, t. 26), celui-ci faisait en effet du *cogito* « le mot le plus profond qui ait jamais été dit et le seul vrai début de toute saine philosophie ». Il plaçait en cela Descartes au-dessus de Bacon (cité par J. Boulad-Ayoub, « La figure de Descartes au XVIIIe siècle », *op. cit.*, p. 95).

3. C'est par cette même expression que Condillac caractérise sa démarche dans l'introduction à l'*Essai sur l'origine des connaissances humaines* (*op. cit.*, p. 62-63), afin de « remont(er) à la perception parce que c'est la première opération qu'on peut remarquer dans l'âme ; et (faire) voir comment et dans quel ordre elle produit toutes celles sont nous pouvons acquérir l'exercice ».

4. *Œuvres complètes* de Destutt, *Essais philosophiques*, éd. C. Jolly, *op. cit.*, p. 306.

trop révérencieuse à l'égard des propos de Descartes et de Clerselier avait pu manquer dans sa propre genèse.

Dans la lignée de Carolus Fabricius [1], Destutt s'emploie alors à redresser le jugement scandaleux [2] porté sur celui qui eut le courage de ne céder, ni aux pressions de celui qui voulait rester le seul maître, ni au « joug » des théologiens, afin de « perfectionner » la « vraie » philosophie dans la bonne direction. Il rétablit le magistère institutionnel et théorique de Regius en son temps et dénonce l'invraisemblable inversion ultérieure qui a fait « regarder (ce dernier) comme » un schismatique et un déserteur du cartésianisme :

> Un de ses premiers disciples fut Henri Le Roy (ou *Regius*), professeur de médecine à l'Université d'Utrecht qui venait d'être fondée. Cet homme fort inconnu actuellement, mais alors fort célèbre, adopta les opinions de Descartes sans restriction, les enseigna avec succès, et même en fut le martyr. Mais les premiers principes de cette doctrine sont si lumineux qu'ils lui firent bientôt apercevoir où elle commençait à faillir. Il voulut la perfectionner ; et l'on voit dans les *Lettres* de Descartes, que dès l'année 1641, son maître se plaignait de ses innovations. Il ne tint point compte de ces reproches. Il publia en 1646 son livre intitulé : *Fundamenta Physicae* (*Fondements de la physique*) ; et, en 1647, Descartes prit occasion de la publication de la traduction française de ses *Principes* pour désavouer hautement Regius, et le renier absolument pour son disciple. Dès ce moment, celui-ci fut regardé comme un déserteur et un schismatique, au grand scandale de tout le monde savant, tant était universelle alors l'opinion qu'il n'est jamais permis de rien changer aux opinions de

---

1. Auquel il ne se réfère pas explicitement.

2. *Œuvres complètes* de Destutt, *Essais philosophiques*, éd. C. Jolly, *op. cit.*, p. 310. C'est aussi comme à un scandale que Carolus Fabricius se référait à la préface de Clerselier au premier volume des Lettres.

ses maîtres, et que quand on y ajoute quelque chose, il
faut toujours prouver que les nouvelles vues sont comprises
implicitement dans les anciennes. C'est ce que Descartes
avait tâché de faire relativement à la philosophie de l'école ;
et c'est ce qui est indispensable quand on est sous le joug
des principes théologiques suivant lesquels toute innovation
est toujours un crime. (p. 309-310)

Une fois restituée, à Regius, la paternité du véritable
cartésianisme, il devient possible d'annexer ce dernier
dans l'Idéologie, et de dissocier définitivement cette
Idéologie du cartésianisme métaphysique complaisant à
l'égard des théologiens.

LA RESTITUTION À L'IDÉOLOGIE
DE SA VÉRITABLE ORIGINE CARTÉSIENNE

Destutt propose d'abord de reconsidérer les fonctions
usuellement attribuées, dans l'historiographie idéologue,
à Bacon, à Descartes et à Locke. Dans le projet capital de
refondation de toutes nos connaissances et de renouvellement de l'esprit humain, le « fameux chancelier » doit
ainsi être désigné plutôt comme celui qui provoqua cette
révolution, que comme celui qui la commença :

> Tout ce qu'il a fait pour l'opérer, se réduit à peu près à
> montrer que dans la recherche de la vérité, il ne faut pas
> prendre pour base les principes généraux, mais les faits ;
> que ce sont les faits et non les maximes qui sont à la source
> de toute certitude ; et que nous ne devons pas perdre notre
> temps à de vaines argumentations, mais l'employer à faire
> des observations et des expériences. Du reste, il n'a pas
> vu par quelles observations il convient de commencer, ni
> quel est le premier fait dont nous sommes assurés, et
> duquel dérive la certitude de tous les autres ; et quant aux
> règles qu'il nous a données dans son *Novum Organum*,

pour nous guider dans toutes nos recherches quelconques, on peut assurer, je crois, sans témérité, qu'elles ne sont guère propres à nous conduire à la vérité. (p. 306)

En déplaçant Bacon, de la fonction de phare de l'Idéologie vers celle d'un simple clignotant ayant attiré l'attention sur le chemin que devait suivre la lumière de la vérité, Destutt libère du même coup cette place de phare. S'agit-il alors de l'attribuer au premier Descartes, nettoyé de sa perversion théologico-métaphysique ultérieure?

Descartes a bien fait progresser la science, de deux manières. D'abord, il a spécifié le projet baconien dans les termes d'une refonte de son propre esprit et non de l'esprit humain en général, puisque c'est par l'étude du premier que doit commencer celle du second. Ensuite, il a mis au jour « un premier fait inaccessible à toute incertitude » : la certitude d'exister et d'être un être pensant[1]. Mais au lieu de faire progresser ensuite la science de l'entendement humain en analysant les effets ou les modifications de la pensée, il s'est concentré sur leur cause. Il s'est alors montré doublement téméraire sur le plan théorique. D'une part, il a affirmé, comme résistant « à ce doute absolu dans lequel il s'était si heureusement placé », que l'idée de la pensée et l'idée de l'étendue s'excluaient mutuellement et ne pouvaient coexister dans le même être. Et d'autre part, il a soutenu

> (…) que la pensée et l'étendue ne pouvaient être les *attributs* d'aucun être, qu'il fallait nécessairement que ce fût deux substances, l'une ou *l'esprit* dont l'essence était

---

1. Il est remarquable que Destutt reformule le *cogito* dans un lexique sensualiste : « Il (Descartes) a dit : je doute, je sens que je doute. Je suis sûr de douter ou du moins de croire douter. Mais douter ou seulement croire douter, c'est sentir, c'est penser quelque chose ; et penser ou sentir, c'est exister » (p. 307).

de penser, et le corps ou la matière dont *l'essence* était d'être étendu ; en sorte que la pensée et l'âme étaient absolument une seule et même chose, comme aussi il en était de même de la matière et de l'étendue.

Par là, il a établi plus nettement qu'on ne l'avait jamais fait avant lui, la distinction de l'âme et du corps ; mais aussi il a été inévitablement forcé d'assurer, d'une part, que l'âme ne pouvant exister sans penser, elle pensait toujours, que par conséquent elle pensait indépendamment de nos organes, et qu'ainsi elle avait des *idées innées* ; et, d'autre part, que l'étendue ne pouvant exister sans la matière, le *vide* était absolument impossible dans la nature. Or de ces deux assertions, l'une a gâté toute sa métaphysique et l'autre toute sa physique. (p. 307-308)

Locke a corrigé la première erreur, en prouvant que nous n'avons pas d'idées qui n'aient leur origine dans la sensation. Et Newton a corrigé la seconde, en démontrant que la supposition du vide ne répugne point à la raison [1]. Locke et Newton ont ainsi nettoyé les résidus d'hypothèses chez Descartes. Destutt passe très vite sur ce qui constitue un lieu commun de l'historiographie idéologue. Car le point notable se situe pour lui ailleurs. Destutt insiste ainsi, lourdement, pour désigner les erreurs de Descartes comme les matrices positives de ces deux avancées. Car c'est pour lui le moyen de se demander pourquoi il fallut attendre si longtemps ces rectifications. Ne s'est-il donc rien passé entre le Descartes des idées innées et sa critique par Locke ? Locke serait-il sorti de la terre philosophique comme un champignon ?

---

1. Sur la double influence de Locke et de Newton sur Condillac et sur l'ambition de ce dernier d'obtenir, dans l'étude de l'esprit humain, « une aussi belle réussite que Newton dans les sciences physiques », *cf.* G. le Roy, *La psychologie de Condillac*, Paris, Boivin, 1937, p. 33.

Force est de constater qu'il manque une médiation, qui puisse à la fois commencer, comme Descartes, la révolution seulement provoquée par Bacon, mais en se concentrant, malgré Descartes, sur les effets et non sur les causes, sur les modalités ou les attributs et non sur la substantialité. Cette médiation manquante, intégrant les bornes de l'esprit humain précisément pour en montrer de façon plus lucide l'étendue, c'est Regius, qui retrouve ainsi sa place, « bien avant Locke » et « peut-être plus nettement que lui », dans l'histoire du rejet des idées innées par les Idéologues. Le remplacement de Bacon par Regius, au plan focal de l'historiographie de la décomposition empiriste de la pensée, se traduit par un travail sur l'apport de Regius à la science de l'esprit, dans le dossier des *Notae* fourni avec les Lettres :

> Malgré cette réprobation (de Descartes), Regius tint bon ; il publia cette même année 1647 un petit ouvrage intitulé *Explication de l'esprit humain ou de l'âme raisonnable, où l'on montre ce qu'elle est et ce qu'elle peut être*. C'est cet écrit en 21 articles, imprimé bientôt en forme de placard, que l'on trouve dans la 99 e du tome 1 er des Lettres de Descartes, édition in-4°, avec les réponses de celui-ci article par article. C'est là qu'il est curieux d'observer les progrès invincibles de la raison, une fois que la bonne route est ouverte (p. 310).

Dans ce dossier, Destutt ne s'attache pas du tout aux propos de Descartes. Il cherche uniquement à mettre au jour le noyau de vérité des arguments de Regius. Par là, il retourne l'entreprise éditoriale de Clerselier. Le premier point qui retient son attention est celui qui rapproche Regius de Locke et montre, du même coup, en quoi Locke ne fut pas le premier à défendre la nécessité du report de toute certitude concernant l'existence des corps dans le domaine de la révélation, donc aussi l'« aveu », contre la témérité cartésienne, de l'incapacité de nos « moyens naturels » à prouver cette existence. Cependant, cette juste intuition ne s'est pas traduite, en physique, par une critique de la substantialité appliquée à l'étendue et de l'identification de cette étendue à la matière. Ainsi, dans ses *Fundamenta Physices* puis dans sa *Philosophia naturalis*, Regius a prolongé l'erreur de Descartes et manqué le progrès principal en physique : la démonstration de l'existence du vide. Sur ce terrain, la référence reste donc Newton.

En métaphysique en revanche, « la gloire d'avoir complètement ouvert le chemin » revient bien à Regius :

> (…) car il a dit, art. 2, 3 et 4, que bien qu'il soit connu par la révélation que l'esprit ou la pensée est une substance distincte du corps, il n'y a rien dans la nature des choses qui empêche que la pensée ne puisse être un mode de la substance corporelle : c'est-à-dire, comme Locke l'a dit depuis, que nous n'en savons pas assez par les lumières naturelles, pour oser prononcer qu'il est impossible à Dieu de douer une portion de matière du don de la pensée. Car, ajoutent-ils l'un et l'autre, la pensée et l'étendue sont bien deux attributs très divers, mais non pas opposés ; et rien n'empêche absolument qu'ils se trouvent réunis dans un même sujet (p. 310-311).

Cette réserve pourrait sembler un piètre résultat, comparée aux affirmations tonitruantes de Descartes. Mais c'est précisément du contraire qu'il s'agit. Car en congédiant les « accessoires parasites et inutiles »[1] de la métaphysique

---

1. *Œuvres complètes* de Destutt, *Essais philosophiques*, éd. C. Jolly, *op. cit.*, p. 311.

de Descartes, Regius a, positivement, enraciné *toutes* les idées de l'esprit humain dans la sensation :

> Elle n'est pas seulement plus sage cette réserve, elle conduit bien plus directement à la vérité : car elle a tout de suite amené Regius à voir et à dire, art. 12 et 13, *que l'esprit n'a pas besoin d'idées qui soient nées ou naturellement imprimées en lui, et que ses notions tirent toutes leur origine de l'observation des choses ou de la tradition.* Ainsi voilà Regius qui bien avant Locke a rejeté les idées innées, et peut-être plus nettement que lui (p. 311. Les italiques sont de Destutt, qui cite ici Regius).

Le résultat de ce rejet d'une fausse entité n'est rien de moins qu'une rectification complète du regard. Du désir illusoire de conférer aux moyens naturels de l'esprit humain des pouvoirs disproportionnés, on progresse vers cette vue nette des « effets tels qu'ils sont », que Condillac revendiquait pour la nouvelle métaphysique. En ce sens, Regius est bien le véritable père fondateur de la science de la décomposition de l'esprit humain que Destutt appelle de ses vœux :

> Mais ce qui est encore plus remarquable, c'est que cette manière si sage de considérer les effets de la faculté de penser, sans prétendre en déterminer la nature, a en outre amené immédiatement notre philosophe à faire une analyse excellente de cette faculté, c'est-à-dire, voir les effets tels qu'ils sont. Il dit, art. 16, 17 et 18, que la *pensée* comprend *l'entendement* et la *volonté* ; que l'entendement renferme la perception et le jugement ; que la perception consiste dans le *sentiment*, la *réminiscence* et *l'imagination*. Si l'on ôte de là l'imagination qui, comme il est aisé de le faire voir, n'est qu'une manière d'employer les facultés de sentir, de se ressouvenir et de juger, il me semble qu'il n'y a rien de plus à désirer, et que cette décomposition de la pensée est ce que nous avons de plus parfait dans ce

genre, puisqu'elle présente bien tout ce qui compose notre
intelligence, sans aucun mélange d'accessoires parasites
et inutiles (p. 311 ; *idem*).

CONCLUSION

1. À l'orée du XIXᵉ siècle, le court article « Sur les
Lettres de Descartes » opère ainsi un véritable tour de
force. À ceux des cartésiens restés trop proches de la
version officielle médiatisée par Clerselier, Destutt ré-
explique qu'ils ont jeté le bon noyau et conservé seulement
un fruit pourri. Et à ceux des Idéologues qui rejettent en
bloc le cartésianisme, il montre que ce noyau est ce qui
permet de relever Condillac lui-même des dérives des
premiers, donc de nettoyer l'Idéologie. Il faut donc, soit
accepter d'identifier le cartésianisme à un empirisme et
l'intégrer dans l'Idéologie ; soit répudier le cartésianisme
dans son ensemble, y compris ce qu'il en reste chez
Condillac.

2. Pour finir, Destutt souligne l'importance décisive
d'un ouvrage que Descartes choisit de ne pas publier, les
Regulae :

> Je pourrais bien, si vous le permettez, vous parler une
> autre fois d'un petit ouvrage de Descartes compris dans
> ses *Œuvres posthumes*. Ce sont ses *Règles pour la conduite
> de notre esprit*. Ce morceau, quoique très court et incomplet,
> suffirait seul, ce me semble, pour expliquer les grands et
> utiles effets qu'ont produits et que doivent produire les
> idées de Descartes. Jamais auparavant la raison n'avait
> parlé un langage si ferme, quoique, suivant moi, cela ne
> pénètre pas encore parfaitement jusqu'aux causes de la
> certitude de nos déductions. Mais c'est trop me livrer
> aujourd'hui au plaisir de vous faire part de mes réflexions.
> (p. 312)

Indépendamment de son contenu, la fécondité de la philosophie de Descartes se spécifie ainsi, surtout, par une méthode, que chacun peut réinvestir ensuite pour produire, à partir d'elle, des effets très variés. Plus que le *Discours de la méthode*, qui articule à l'exposition de règles pour bien conduire sa pensée, des résultats devenant de nouveaux points de départ, comme le *cogito*; les *Regulae* peuvent ainsi servir de feuille de route pour tout esprit soucieux de décomposer ou d'analyser au mieux tout objet de connaissance possible, afin de parvenir à l'évidence. Elles indiquent un chemin pouvant mener à des applications très diversifiées qui feront progresser la philosophie, ce à quoi se sont avant tout attachés les Encyclopédistes.

C'est très exactement en réponse à Destutt et, par l'intermédiaire de Destutt, à la dissociation opérée par les « sensualistes » entre le cartésianisme métaphysique officiel et l'empirisme, que Victor Cousin va consacrer le canon cartésien métaphysique et dualiste dans l'institution française.

CHAPITRE IX

OMBRAGER

Victor Cousin (1792-1867) occupa en France les fonctions de titulaire de la chaire d'histoire de la philosophie moderne à la Sorbonne, directeur de l'École Normale de la rue d'Ulm, conseiller d'État, Pair de France, membre de l'Académie Française, directeur de l'Académie des Sciences Morales et Politiques, ministre de l'Instruction publique et président du jury d'Agrégation en charge de la nomination et de l'inspection des professeurs de philosophie partout en France. Il fut à ce titre l'acteur clef du processus d'institutionnalisation du canon philosophique qui, en France et dans la continuité de ce qui démarre un peu plus tôt en Allemagne, atteint son apogée au milieu du XIXe siècle.

Dans ce projet, l'histoire de la philosophie moderne (celle des XVIIe et XVIIIe siècles) est mobilisée pour édifier au présent une « philosophie d'État »[1], alternativement désignée comme l'« éclectisme » ou comme le « spiritualisme français », par différence avec l'« idéalisme allemand »

---

1. Sur ce point, *cf.* l'ouvrage de référence de P. Vermeren, *Victor Cousin. Le jeu de la philosophie et de l'État*, Paris, L'Harmattan, 1995. Pour une étude de la contribution cousinienne à la constitution d'un « Self » libéral et bourgeois, *cf.* J. Goldstein, *The Post-revolutionary Self. Politics and Psyché in France, 1750-1850*, Harvard University Press, 2008.

et l'« empirisme anglais ». La figure de proue de ce spiritualisme est celle d'un Descartes rationaliste [1], érigé en fondateur de la psychologie moderne, dont il s'agit de retrouver le message afin d'effacer les effets épistémologiques, moraux et politiques délétères de la Révolution Française. Jean-Pierre Cotten fut à ce titre le premier à parler d'une « politique de l'utilisation de Descartes et du cartésianisme chez Cousin » [2] en se référant aux propos de Cousin dans son Introduction aux *Œuvres philosophiques* du Père André (1843) :

> (...) le cartésianisme, c'était tout le XVIIe siècle dans ce qu'il avait de plus original et de plus grand (...) La philosophie cartésienne forme (...) un grand ensemble, où un génie commun, semblable à la puissance médiatrice de la nature, suffit à prévenir ou à réparer les légers désordres qui naissent de la surabondance des forces, et entretient la santé et l'énergie du corps tout entier. Elle offrait à la morale publique, à la religion et à l'État, les plus sûres garanties qu'ait jamais pu donner aucune philosophie, depuis la grande école de Socrate et de Platon [3].

1. Cette « renaissance » de Descartes a fait l'objet de la thèse de Christiaan Peter Ziljstra, *The Rebirth of Descartes. The nineteenth century Reinstatement of Cartesian Metaphysics in France and Germany*, University Library Groningen, 2005. Je remercie E.-J. Bos de m'en avoir communiqué le manuscrit.

2. « La philosophie écossaise en France avant Victor Cousin. Victor Cousin avant sa rencontre avec les Écossais », dans *Victor Cousin. Les idéologues et les Écossais*, Colloque international de février 1982 au Centre international d'Études pédagogiques, Sèvres. Université d'Edimbourg, ENS Ulm. Paris, PENS, 1985, p. 133. Sur le Descartes de Cousin, *cf.* aussi P.-Fr. Moreau, « Ajourner l'ontologie ». Le cartésianisme relu par Victor Cousin », dans D. Antoine-Mahut (éd.), *Qu'est-ce qu'être cartésien ?*, Lyon, ENS Éditions, 2013, p. 521-530.

3. V. Cousin, *Œuvres philosophiques du Père André*, Paris, Adolphe Delahays, 1843, p. CCXXVI-CCXXIX.

Le rapport de Cousin à l'histoire de la philosophie moderne a ainsi été analysé comme une « instrumentalisation » et une « occultation »[1] des matériaux théoriques susceptibles de servir ou d'entraver le projet politique de centre droit porté par la Charte et la Monarchie constitutionnelle. La réhabilitation d'un certain Descartes serait en ce sens l'envers et le moyen de la disqualification globale des philosophies « sensualistes » du XVIIIe siècle, que de nouvelles catégories historiographiques comme celles de « Lumières radicales »[2] ou de Lumières tout court[3] ont permis depuis de réhabiliter.

Il pouvait donc sembler naturel de structurer ce chapitre sur un mécanisme d'expurgation[4]. Il se serait alors agi de montrer, non seulement comment Cousin déforme la philosophie Descartes, mais aussi, surtout, ce qu'il en supprime, en en modifiant du même coup le sens, par exemple lorsqu'il édite le *Discours de la méthode* sans les Essais scientifiques qui l'accompagnaient pourtant dans

1. *Cf.* en particulier L. Rey, *Les enjeux de l'histoire de la philosophie en France au XIXe siècle. Pierre Leroux contre Victor Cousin*, Paris, L'Harmattan, 2012, ainsi que la bibliographie jointe au volume. Sur les relations entre philosophie, histoire de la philosophie et politique chez Cousin, *cf.* aussi M. Meliadò, *Géopolitique de la raison. Sur la pratique de l'histoire de la philosophie à l'école de Victor Cousin*, dans C. König-Pralong, M. Meliadò, Z. Radeva (eds.), *The Territories of Philosophy in Modern Historiography*, Turnhout-Bari, Brepols, 2019, p. 169-186.

2. Pour une discussion critique de ces catégories, *cf.* L. Bove, T. Dagron, C. Secretan (éd.), *Qu'est-ce que les lumières « radicales » ?*, *op. cit.*

3. Il est de ce point de vue intéressant que ces catégories puissent être remplacées, aujourd'hui, par celle d'éclectisme (*cf.* A. Garrett, « Introduction : the eclecticism of eighteenth-century philosophy », in *The Routledge Companion to Eighteenth-Century Philosophy*, Londres, Routledge, 2014. p. 1-28).

4. Sur la dénonciation cousinienne de l'*expurgantur* comme consistant à ordonner que les propositions suspectes soient rayées, *cf.* « De la persécution du cartésianisme », dans *Fragments de philosophie cartésienne*, Paris, Charpentier, 1845, p. 299.

le projet originel. Or une telle entreprise ne s'est pas avérée complètement satisfaisante à l'analyse, pour deux raisons essentielles.

Premièrement, elle ne suffit pas à expliquer que ce qui est bien présent, sous nos yeux (les Essais scientifiques, dans l'exemple pris, figurent bien dans l'édition des *Œuvres complètes* de Descartes par Cousin, mais à une autre place que dans le corps du *Discours*) ait au final été invisibilisé[1]. En revenant, pour les comparer, sur les éditions de Descartes par Cousin et Louis Alexandre Foucher de Careil (1824-1826 pour l'édition Cousin et 1859-1860 pour l'édition Foucher)[2], et en se référant à plusieurs reprises à l'apport physiologique de Regius au cartésianisme, un spiritualiste plus tardif, Albert Lemoine (1824-1874), décrit parfaitement ce paradoxe et son enjeu :

> On savait depuis longtemps que Descartes ne s'était pas occupé seulement de géométrie et de physique en même temps que de philosophie, mais aussi d'anatomie et de physiologie. *Ce qui est plus grave que si on l'avait ignoré, on le savait et on l'a oublié.* Les œuvres inédites (de Foucher de Careil) *nous le remettent en mémoire.* Les traités de *L'Homme*, de la *Formation du fœtus*, des *Passions, ne nous laissaient pas ignorer* que Descartes

---

1. Eugène Lerminier (1803-1857) mobilise une citation qu'il attribue à Théodore Jouffroy afin d'expliquer l'emprise du Descartes de Cousin sur tous les esprits, depuis le début de l'édition des *Œuvres complètes* en 1824 : « Le *Discours sur la méthode* est la préface de la philosophie moderne ; les *Méditations* en sont le premier chapitre » (« Du cartésianisme et de l'éclectisme », *Revue des deux Mondes*, t. 4, 1843, p. 929).

2. Je compare les mécanismes structurant ces trois entreprises éditoriales (Cousin, Garnier et Foucher de Careil) dans « Bien reçu ? Trois éditions de Descartes au XIXe siècle en France », *Fabula / Les colloques*, Accuser réception, Th. Roger, S. Zékian (ed.) 2020, URLhttp ://www.fabula.org/colloques/document6563.php.

cultivait l'étude du corps humain et en connaissait la structure aussi bien qu'homme de son temps. Mais ce n'est pas dans ces traités que nous allons chercher Descartes et nous avons bien quelque raison[1].

Lemoine nous permet ainsi de distinguer la démarche de Cousin d'une simple expurgation, déformation voire dissimulation. Il y a bien « quelque raison » qui explique que nous ayons « oublié », après Cousin, le Descartes physiologiste, au point que se soit progressivement généralisé ce que Lemoine désigne à plusieurs reprises comme une « erreur historique » : nous avons vraiment cru que ce que Descartes avait à nous apprendre sur l'homme se réduisait à une psychologie ou à une métaphysique pures. Mais ces matériaux philosophiques que nous avons oubliés, dans un coin, étaient pourtant bien présents, là, sous nos yeux. Et il nous revenait bien de les voir, ou non.

Deuxièmement et ce faisant, Lemoine montre que ce que nous avons oublié, selon un curieux mécanisme dont il importe d'interroger « la raison », reste bien présent quelque part, dans notre mémoire académique collective. Dans le Descartes-Glaucus du canon dualiste, les traces du « vrai homme », fait de l'union d'une âme et d'un corps, n'ont pas disparu. Plus encore : si Cousin les avait purement et simplement expurgées, il aurait lui-même disparu dans cette entreprise. Si Cousin est encore si présent aujourd'hui, c'est ainsi parce que, derrière sa contribution décisive au façonnage du Descartes-Glaucus, on retrouve quelque chose du Descartes intègre.

---

1. « Descartes médecin », dans *L'âme et le corps. Etudes de philosophie morale et naturelle*, Paris, Didier, 1865 (nouvelle édition), p. 299.

Afin de le montrer et d'éclairer la « raison » de l'« oubli » souligné par Lemoine, je propose donc de réinvestir plutôt, dans ce chapitre, le verbe *ombrager*. On peut le définir de trois manières, que je classe ici de la signification la plus négative à la plus positive. Nous retrouverons constamment ces trois sens, isolés ou combinés, dans la suite de nos analyses.

1. Ombrager signifie tout d'abord assombrir, obscurcir, rendre plus confus et indistinct. Le Descartes à ombrager, pour Cousin, serait alors celui qui se rattache aux arguments de Regius, c'est-à-dire celui qui, par certains aspects qu'il serait aventureux de nier complètement, tient à la forme particulière de sensualisme représenté par ce dernier : celle qui limite toutes les connaissances auxquelles l'esprit humain est susceptible de parvenir en cette vie, aux connaissances auxquelles nous pouvons accéder par les sens externes. Mais c'est aussi celui qui, parfois, s'est montré trop confiant dans la méthode géométrique ou dans la puissance dogmatique de la raison. Un Descartes un peu trop spinoziste en somme, qui peut donner du grain à moudre aux spiritualistes théologiens pour attaquer le spiritualisme rationnel. Ici, l'ombragement ne nie pas le mécanisme d'occultation [1]. Il l'intègre, mais en insistant plutôt sur ce

---

1. L'idée de réinvestir ce verbe à propos de Cousin est venue de la relecture de cet extrait du *Discours de la méthode*, AT VI, 42. Descartes y revient sur le *Traité de la Lumière*, non publié : « Même, *pour ombrager un peu toutes ces choses*, et pouvoir dire plus librement ce que j'en jugeais, sans être obligé de suivre ni de réfuter les opinions qui sont reçues entre les doctes, je me résolus de laisser tout ce Monde ci à leurs disputes, et de parler seulement de ce qui arriverait dans un nouveau, si Dieu créait maintenant quelque part, dans les Espaces imaginaires, assez de matière pour le composer, et qu'il agitât diversement et sans ordre les diverses parties de cette matière, en sorte qu'il en composât un Chaos aussi confus que les Poètes en puissent feindre, et que, par après, il ne

qui continue de rester visible, sous le voile, que sur ce qui est mis en lumière et invisibilise du même coup l'ombragé.

2. Deuxièmement, ombrager signifie protéger des rayons d'un soleil qui tape trop fort et pourrait s'avérer nocif. Le Descartes à ombrager, en ce sens, est celui que les « philosophes » du XVIIIe siècle ont fini par éclipser en métaphysique grâce à Locke et en physique à l'aide de Newton. C'est aussi celui que les spiritualistes théologiens identifient à tort comme une cible sceptique (le Descartes du doute) ou hyper-rationaliste (le Descartes du *cogito* et, surtout, des preuves de l'existence de Dieu). C'est le Descartes qui, à condition qu'on en laisse de côté certains aspects, peut à lui seul fonder l'autorité philosophique du nouveau spiritualisme français.

3. Enfin, ombrager revient à (se) focaliser. Car il n'est possible de « laisser dans l'ombre » ou d'« éclairer par reflet les autres parties »[1], qu'en posant un miroir grossissant sur ce que l'on juge être le plus digne d'intérêt. Ce qui, en retour, peut créer un effet de synecdoque : on prend la partie pour le tout ; on a bien sous les yeux des « œuvres complètes », mais on réduit la philosophie de leur auteur à ce qui est exprimé dans tel ou tel de ses textes. Ombrager, en ce sens, c'est mettre en pleine lumière tel ou tel aspect

---

fit autre chose que prêter son concours ordinaire à la Nature, et la laisser agir suivant les Lois qu'il a établies ». Cet ombragement rend parfaitement compte du *modus operandi* de Cousin lui-même.

1. Dans la notice de présentation à leur édition de *Mademoiselle de Scudéry : sa vie et sa correspondance, avec un choix de poésies* (1873, p. 1, repr. Slatkine, Genève, 1971), Rathery et Boutron expliquent ainsi que dans son travail sur Scudéry, Cousin s'est focalisé sur le contexte de publication du Grand Cyrus : « Il a concentré sur ce point unique tout l'intérêt de son tableau, *laissant dans l'ombre ou n'éclairant que par reflet les autres parties* ».

seulement des problèmes traités par un auteur, en tenant les autres « à l'écart »[1].

Afin de montrer comment Cousin mobilise et articule ces trois dimensions de l'ombragement, je procéderai en deux moments, correspondant à l'analyse de deux types de supports caractéristiques du travail de Cousin historien de la philosophie. Je reviendrai tout d'abord sur son traitement de la figure de Condillac, dans ses leçons sur la philosophie sensualiste du cours de 1818-1819[2]. Puis je me focaliserai sur son édition des *Œuvres complètes* de Descartes parue chez Pichon et Didier entre 1824 et 1826. L'articulation, décisive dans le projet cousinien, entre les philosophies de Descartes et Condillac, est thématisée dans l'Avant-Propos aux *Fragments de philosophie cartésienne*[3]. Cousin y explique qu'à l'initiative de Voltaire, Bacon a été associé à Locke « pour tourner la philosophie du XVIIIe siècle contre le cartésianisme ». Mais ce faisant, on a aussi perdu en cours de route ce qui faisait de Condillac « le premier et presque le seul métaphysicien français du

1. C'est le sens que l'on peut donner à cette expression de Foucher de Careil : « Descartes est généralement considéré comme le père de la psychologie. M. Cousin, quand il entreprit sa réforme, fit remonter jusqu'à lui l'origine de cette science, avec raison selon nous. Jouffroy développa ce point de vue dans un remarquable mémoire sur la légitimité de la distinction entre la psychologie et la physiologie ; mais on vit aussi dès le principe un soin scrupuleux, et qu'on pourrait dire excessif, de *se tenir à l'écart* de la physiologie. Ils croyaient sauver par là la nouvelle science des atteintes du matérialisme de Cabanis et de Tracy ; et ils exagérèrent, comme il arrive presque toujours, la direction contraire, en la mettant sous la protection d'un spiritualisme jaloux et délicat » (*Œuvres inédites*, *op. cit.*, préface, p. XCV).

2. Cité ici dans la cinquième édition de la *Philosophie sensualiste au XVIIIe siècle*, Paris, Didier et Cie, 1866. Sur les réécritures de ses cours par Cousin, et à compter de 1815, *cf.* P. F. Daled, *Le matérialisme occulté et la genèse du « sensualisme ». Écrire l'histoire de la philosophie en France*, Paris, Vrin, 2005, en particulier les pages 135-141 sur Condillac.

3. Paris, Charpentier, 1845, p. VIII-IX.

XVIIIe siècle »[1] ou ce par quoi, justement, Condillac tenait encore à Descartes.

Afin de remettre en lumière le potentiel philosophique du cartésianisme, il faut donc se focaliser sur ce que ses détracteurs partagent avec Descartes au bon sens du terme et assombrir ce que Descartes lui-même partage avec eux au mauvais sens du terme. *Assombrir, protéger et focaliser* : le fonctionnement en miroir de ces trois dimensions de l'ombragement, dans les deux types de textes que nous allons étudier, va nous permettre de suivre, en d'autres temps, en d'autres lieux et avec d'autres figures philosophiques, le destin institutionnel français des principaux arguments du débat qui avait commencé, deux siècles plus tôt, entre Descartes et Regius.

CONDILLAC : « LE SEUL, LE VRAI MÉTAPHYSICIEN FRANÇAIS DU XVIIIe SIÈCLE ».

La philosophie de Condillac a occupé une place centrale dans la formation de Cousin par Pierre Laromiguière, éditeur de Condillac, et par Pierre-Paul Royer-Collard, auquel Cousin succède en 1815. Elle a été commentée et critiquée par Maine de Biran, dont Cousin fut l'éditeur très controversé[2]. Elle fut très tôt étudiée de première main par Cousin lui-même, qui lui consacra sa thèse en latin (*Dissertatio philosophica de methodo sive de analysi*[3],

---

1. *Ibid.,* p. VIII.

2. Je reviens sur cette édition et sur les relations entre Biran et Cousin dans « L'éclectisme de Victor Cousin : une philosophie *française* sans *philosophie* française », *in* C. König-Pralong, M. Meliadò, Z. Radeva (eds.), *The Territories of Philosophy, op. cit.*, p. 149-168.

3. Le titre complet est : *Dissertatio philosophica de methodo sive de analysi, quam ad publicam disceptationem proponit ac doctoris gradum promovendus Victor Cousin, die julii decima nona*, Imprimerie de Fain, 1813.

1813). Enfin, Cousin accorde à Condillac une place décisive dans son cours d'histoire de la philosophie moderne. Et il réécrit et ré-édite ce cours jusqu'à la fin de sa vie.

La figure de Condillac occupe ainsi, dans la démarche de Cousin, un statut plus paradoxal qu'on ne l'a dit et qui ne se réduit pas à une occultation [1]. Ce paradoxe s'atteste dans la mise en regard de ces deux jugements, apparemment contradictoires :

> Osons dire la vérité : le XVIIIe siècle en France, si riche en grands hommes, n'en a pas produit un seul en philosophie, si du moins par philosophie on entend la métaphysique. (*Fragments de philosophie cartésienne*, *op.cit.*, p. VIII) ;

et :

> (…) le seul, le vrai métaphysicien français du XVIIIe siècle est l'abbé de Condillac. (*Philosophie sensualiste, op. cit.*, p. 47-48) [2].

Condillac apparaît ainsi, à la fois, comme un des principaux tenants d'une philosophie à condamner : le sensualisme propre au XVIIIe siècle ; et comme une figure résistant à la réduction en ce qu'une partie de sa démarche et de ses

---

1. *Cf.* en particulier O. Bloch, *Matière à histoires*, Paris Vrin, 1997, seconde partie, chapitre III, « Oublier le matérialisme », p. 349-360 (le titre initial de cette contribution était : « Sur l'image du matérialisme français du XVIIIe siècle dans l'historiographie philosophique du XIXe siècle : autour de Victor Cousin ») et P. F. Daled, *Le matérialisme occulté, op. cit.*, p. 91-154.

2. « Si nous passons en France, nous y trouvons, vers la moitié du dix-huitième siècle, l'abbé de Condillac, dont les nombreux ouvrages embrassent toutes les parties de la philosophie ; mais c'est en lui le métaphysicien qui domine » (*Cours sur Locke*, 1829- leçon II : « École sensualiste au XVIIIe siècle », dans *Philosophie de Locke*, 4e édition revue et augmentée, Paris, Didier, 1861, p. 29).

résultats philosophiques, au moins, pourraient être réinvestis, au présent, par les « vrais » spiritualistes ou « philosophes français ». Il est en ce sens le candidat idéal à l'ombragement.

Protéger ce qu'il y a de bon chez Locke en l'articulant à ce qu'il y a de bon chez Leibniz, afin de focaliser sur ce que Locke et Leibniz partagent avec le vrai ou le bon spiritualisme : celui de Descartes.

Si Locke est le premier métaphysicien du cours d'histoire de la philosophie moderne de Cousin, sur le sensualisme, c'est parce que l'*Essai sur l'entendement humain* fut « le premier traité régulier de psychologie »[1].

La psychologie est envisagée comme l'étude des limites (étendue et bornes) de la connaissance humaine[2] et, plus particulièrement encore, de la connaissance que l'homme peut prendre de son esprit. De son étendue, contre un sensualisme extrême qui dégénère en scepticisme ; et de ses bornes, contre le dogmatisme de type théologique et mystique. Voilà « la vraie méthode philosophique », que Locke a posée, mais à laquelle il n'est malheureusement pas resté fidèle. La « saine psychologie » ou la « vraie méthode », désignée aussi par Cousin comme « la vraie méthode expérimentale », consiste, comme en sciences physiques et en histoire naturelle, à partir de l'observation de l'effet pour en induire la cause, au lieu de supposer

1. *Philosophie sensualiste,* p. 4.
2. Cousin cite l'*Essai sur l'Entendement Humain* où Locke se donne pour objectif de « découvrir jusqu'où notre entendement peut porter sa vue », afin d'« apprendre à nous contenter des connaissances auxquelles notre esprit est capable de parvenir, dans l'état où nous nous trouvons dans ce monde » (p. 7). Ce Locke minimal là pourrait parfaitement coïncider avec celui de la *Lettre sur Descartes* de Destutt, qui assure le lien métaphysique avec Regius.

(hypothétiquement) la cause pour en déduire l'effet[1]. Cette méthode est en outre « expérimentale » parce qu'elle est à la fois intérieure et extérieure, ou parce qu'elle comprend la sensation proprement dite et la réflexion. Cela signifie que l'esprit humain ne peut être conçu comme « une simple capacité passive recevant tout du dehors sans rien y mettre du sien ». Il est « une machine intelligente et puissante, qui n'est pas créée par la sensation, mais la met en mouvement. Il est un principe actif.

C'est pourquoi, selon Cousin, Locke doit être complété par Leibniz et sa théorie de « l'innéité de l'esprit, celle des facultés et des lois inhérentes à ces facultés, c'est-à-dire d'une source intérieure d'idées qui jaillit aussitôt que la sensation la sollicite »[2], afin de produire une analyse plus satisfaisante d'« idées très réelles, tout à fait incontestables », comme le principe de causalité ou les idées d'espace, de temps et d'infini, dont le nominalisme de Locke a altéré le caractère.

La critique cousinienne des excès lockéens met du même coup en lumière ce qu'un spiritualiste conséquent peut aussi retenir de la démarche de Locke : une certaine conciliation de la sensation et de la réflexion ; une certaine conception de l'innéisme refusant le dogmatisme ; et une valorisation absolue de l'activité de l'esprit, que Locke n'a pas complètement manquée mais qu'il a minorée, qui se manifeste dans la liberté et s'incarne dans l'effort[3]. C'est le contenu philosophique que Locke partage avec Descartes[4].

---

1. *Philosophie sensualiste*, p. 8-9.
2. *Ibid.*, p. 11.
3. *Ibid.*, p. 34-35.
4. Pour une étude approfondie des relations entre Locke et le cartésianisme, *cf.* Ph. Hamou et M. Pécharman (éd.), *Locke and Cartesian*

*Assombrir ce que Condillac a de mauvais en se
focalisant sur ce qu'il a de bon, y compris malgré lui, afin
de le faire concourir à la protection de Descartes (leçons
2 et 3).*

Le nerf de l'argumentation de Cousin réside dans la
distinction de deux époques dans la philosophie de Condillac. Premièrement, l'époque où Condillac « ne fait guère
que reproduire Locke, quoi qu'on sente déjà l'esprit de
système et l'ambition d'un novateur ». C'est essentiellement la période de l'*Essai sur l'origine des connaissances
humaines*, en 1746. Et deuxièmement, l'époque où Condillac
« parvient à une certaine originalité en donnant plus de
rigueur à la doctrine de Locke, et en la ramenant à un
principe unique ». C'est le tournant du *Traité des sensations*,
en 1754. Cette deuxième époque correspond à la fois à
l'émancipation d'un maître et à une régression par rapport
à la vérité, selon Cousin. C'est le moment où « Condillac
méconnaît absolument l'esprit de la philosophie expérimentale et y substitue celui de la géométrie » et où il
devient, en conséquence, le principal représentant de ce
qu'il a pourtant commencé par critiquer chez ses prédécesseurs, à la suite de Locke : l'esprit de système et le goût
pour les hypothèses absconses.

On peut ainsi distinguer, dans l'argumentation de Cousin,
trois processus d'ombragement emboîtés. Premièrement,
ce par quoi Condillac tient encore à Locke et par Locke à
Descartes efface l'originalité de Condillac, mais protège
le noyau dur d'une philosophie de l'expérience pouvant
ensuite se transformer, soit en sensualisme, soit en
spiritualisme. Deuxièmement, ce par quoi Condillac devient
Condillac en se focalisant sur un seul des aspects de la

Philosophy, Oxford, Oxford University Press, 2018.

philosophie de Locke et en perdant par là, à la fois, tout lien avec la « bonne » philosophie et toute cohérence (il se contredit). Mais même dans ce deuxième Condillac perdure quelque chose du lien qui le rattache à Descartes. Il faudra ainsi, troisièmement, distinguer le Condillac assombri par ses principaux lecteurs, à l'origine de sa figure contemporaine sensualiste, d'une part, du « vrai » Condillac qui, y compris dans le *Traité des sensations*, reste le seul vrai métaphysicien du XVIIIe siècle, d'autre part.

L'intérêt de L'*Essai*, dans la première époque de Condillac, est de manifester une heureuse contradiction entre l'esprit et la lettre. Alors que Condillac affirme vouloir ramener les deux principes de Locke : la sensation et la réflexion, à « une expérience première et unique », il ne va pas pour autant, dans les faits, jusqu'à réduire la réflexion à la perception. Le plus important pour Cousin est ainsi de montrer qu'en identifiant la réflexion à de l'attention aidée de l'imagination et de la mémoire, après avoir défini l'attention comme une transformation de la perception ou impression occasionnée par les sens, Condillac a « très effacé », sans encore la « détruire » complètement, la « distinction célèbre que Locke avait mise entre la sensation et la réflexion, c'est-à-dire entre les matériaux que les sensations fournissent et la puissance qui travaille sur ces matériaux »[1]. C'est ce qui n'est pas encore détruit et que Condillac, contre ses propres déclarations, valorise parfois mieux que Locke, qui désigne le point d'intersection possible entre le spiritualisme et la philosophie de Condillac non encore complètement sensualiste et qui mérite à ce titre d'être protégé. La seconde partie de l'*Essai*, consacrée au langage, permet d'expliciter le hiatus entre l'esprit et la lettre, identifié dans la première, par une confusion

---

1. *Philosophie sensualiste,* p. 59.

latente entre la cause et l'effet dans l'explication d'un fait. Condillac cède à l'« esprit de système », qui pousse à croire que le langage a le pouvoir magique de créer la pensée alors qu'il en est aussi l'effet. Ainsi, plus on avance dans l'*Essai*, plus on s'achemine vers les excès du *Traité des sensations*. La lecture de Cousin est téléologique. Elle vise à expliquer à la fois pourquoi Condillac a été le plus grand métaphysicien français du XVIIIᵉ siècle et pourquoi il l'a été malgré lui. L'ombre de Locke, qui suivait encore Cousin dans l'*Essai*, s'efface progressivement.

Le *Traité des systèmes* est à ce titre une plaque tournante. Cousin souligne qu'il s'agit du meilleur ouvrage de Condillac, au motif qu'« on est toujours plus fort quand on attaque que quand on se défend et qu'on entreprend d'établir une opinion quelle qu'elle soit »[1]. Or, c'est bien dans ce texte que « Descartes est souvent attaqué et ouvertement sacrifié à Locke »[2]. Le *Traité des systèmes* est en cela « le manifeste de l'école de Locke et de la philosophie du XVIIIᵉ siècle contre la philosophie du XVIIᵉ siècle »[3]. Du détail du *Traité des systèmes*, Cousin ne dit finalement rien. Peut-être parce qu'il est toujours dangereux de citer dans le texte un brûlot efficace contre la tradition philosophique dont on se réclame. L'essentiel est de souligner que dès ce moment, Condillac, contrairement à Locke et, du même coup, à un certain Descartes, s'est souvent montré bien peu en accord avec l'expérience et trop enclin à l'abstraction. Ce principe de Condillac, de « la nécessité de l'observation et de l'expérience », devient alors, souligne Cousin, « notre arme contre lui-même »[4].

1. *Ibid.*, p. 65.
2. *Ibid.*
3. *Ibid.*, p. 67.
4. *Philosophie sensualiste*, p. 67.

La seconde époque de Condillac est l'objet de la troisième leçon. Cousin montre que le *Traité des sensations* se caractérise par un « abus des hypothèses », au sens même qui a été dénoncé par Condillac dans le *Traité des systèmes*. La focalisation de Condillac a donc ceci de particulier qu'elle réinvestit cela même qu'elle critiquait chez autrui. Cousin insiste sur le fait que dans cette outrance, Condillac « laisse Locke bien loin derrière lui » [1] : il « est enfin lui-même ». La théorie de la sensation transformée consacre l'excès sensualiste, par quoi Condillac est parvenu jusqu'à nous. Mais elle révèle aussi, en retour, ce par quoi le premier Condillac tenait encore, avec Locke, à un certain Descartes : un noyau dur expérimental, non encore réduit à de l'empirisme [2].

On peut identifier quatre arguments essentiels de Cousin sur ce point.

Le premier argument réside dans la distinction, non entre ceux qui seraient « pour » et ceux qui seraient « contre » le recours aux hypothèses, mais entre deux types d'hypothèses : un type d'hypothèse propre aux philosophes du XVII e siècle et un type d'hypothèse propre aux philosophes du XVIII e siècle. Dans ce qui s'apparente à une réponse à la critique condillacienne des spéculations de Malebranche [3],

---

1. *Philosophie sensualiste*, p. 69.
2. Le lien à Descartes est explicite, par exemple dans la référence de Cousin au *Traité des animaux* de 1755, dans lequel Condillac « se sépare à la fois de Buffon et de Descartes ».
3. Cela ne signifie pas que Cousin considère Malebranche comme un bon psychologue. Car au lieu de chercher la pensée en l'homme, Malebranche l'a cherchée en Dieu. Le Discours d'ouverture du cours le 4 décembre 1815 propose, là encore, une synthèse tout à fait éclairante de sa position : « Sans doute Malebranche est, sur quelques points, descendu très avant dans l'observation intérieure ; mais la plupart du temps il se laisse emporter dans un monde imaginaire, et il perd de vue

notamment dans le *Traité des Systèmes*, Cousin explique que prétendre, comme Condillac, observer la nature actuelle de l'homme en remontant à son enfance, ne permet pas davantage de « prendre sur le fait » cet état actuel que de remonter à l'homme d'avant la Chute. Sur ce point, Condillac n'a peut-être pas fait pire que ceux qu'il critique. Mais il n'a pas fait mieux non plus. Cette identification de la démarche de Condillac à une méthode « bêtement » historique, méconnaissant qu'elle prend pour norme le temps des préjugés, permet en tout cas à Cousin de disculper les hypothèses des métaphysiciens du XVII e siècle d'être des spéculations du même genre que celles de Condillac lui-même. La critique que Condillac leur adressait se retrouve nulle et non avenue. Mais elle devient du même coup pertinente s'agissant de sa propre démarche [1].

Le deuxième argument de Cousin entre dans le détail de cette critique, en faisant de l'homme fictif du *Traité des sensations* un homme totalement abstrait. Car la « très

le monde réel. Il en vient jusqu'à révoquer en doute l'autorité de la conscience, et par le renversement le plus étrange de l'ordre naturel, au lieu de chercher Dieu par l'intermédiaire de la nature et surtout de la pensée, comme Descartes, il croit l'atteindre directement, et c'est en Dieu qu'il voit toutes choses. » (*Du Vrai, du Beau, du Bien*, Paris, Didier et Cie, 1853, p. 4-5).

1. « On craint d'être dupe des préjugés en observant la nature humaine telle qu'elle est aujourd'hui ; mais toute hypothèse sur la nature humaine primitive de l'homme qui ne repose pas sur l'observation de sa nature actuelle, est une rêverie. Comme vous ne pouvez prendre sur le fait cet état que vous voulez connaître, vous l'inventez. Et sur quoi l'inventez-vous ? Sur vos préjugés aussi, c'est-à-dire sur les habitudes de votre esprit et de votre siècle. Au XVII e siècle on fait des hypothèses d'une certaine nature, et on en fait d'autres de nature opposée au XVIII e. Toutes ces hypothèses se combattent et s'écroulent les unes sur les autres, il n'y a de durable que les faits et les théories qui les expriment fidèlement » (p. 73).

bizarre hypothèse » de la statue revient à considérer une machine vide, dont « la sensibilité, la volonté, l'intelligence, l'âme, tout », lui viendra « du dehors », comme par une baguette magique. Ce qui caractérise au premier chef la seconde époque de Condillac, c'est donc que « la réflexion par laquelle Locke sauve l'activité propre de l'âme, la réflexion qu'il nous donne comme différente de l'impression sensible », n'est plus qu'une des nombreuses transformations de la sensation. Cousin copie-colle alors les citations de Condillac, afin de distinguer radicalement la passivité, la fatalité et le caractère involontaire de la sensation, d'une part, et l'activité véritable, la liberté et le caractère volontaire de l'attention, d'autre part. La focalisation du *Traité des sensations* relègue progressivement dans l'ombre ce noyau dur, qu'il s'agit d'autant plus de préserver.

Le troisième argument pousse cette logique à son terme. Cousin souligne que la sensation est un phénomène bien plus complexe que ne l'a soutenu Condillac : elle implique une conscience active qui part du dedans de l'homme, là où ce qui est devenu « l'école empirique » (excès d'une philosophie de l'expérience) réduit la pensée de l'homme au produit contingent d'accidents extérieurs[1]. La sensation n'est donc pas seulement la condition de certaines des opérations de l'intelligence. Elle est aussi causée par la réflexion, qui devient donc la cause de toutes ces opérations.

Le quatrième et dernier argument pourrait être désigné comme celui du mathématisme. Il consiste à expliquer qu'après avoir montré le danger de l'importation des mathématiques en philosophie, dans le *Traité des systèmes*, Condillac finit par prendre pour modèle de la science philosophique, la plus abstraite des sciences mathématiques :

1. *Philosophie sensualiste*, p. 84-86.

l'algèbre [1]. Le point intéressant est que, selon Cousin, le geste du XVIIIe siècle, consistant à examiner ce que l'homme sait et ce qu'il peut savoir et à « ramener la philosophie à l'étude de nos facultés, comme la physique venait d'être ramenée à l'étude des propriétés des corps », revenait à « donner à la philosophie, sinon sa fin, du moins son vrai commencement ». Il ne remet donc pas en cause la légitimité du modèle physique ou physicaliste en psychologie. Mais à la condition de le considérer comme un commencement qui, dans un second temps, permet de retrouver les idées immuables et innées dans l'expérience réflexive qu'on en fait. La focalisation dénoncée chez Condillac prend donc ici la forme d'une synecdoque : Condillac a considéré comme le tout ce qui ne pouvait au mieux que constituer un point de départ. Mais ce noyau dur commun reste bien visible sous le voile.

La lecture de Condillac par Cousin, téléologiquement orientée par le *Traité des sensations*, l'amène à distinguer l'esprit de la lettre afin d'isoler, dans un processus menant malheureusement au sensualisme, un noyau dur de psychologie à la fois expérimentale et rationnelle, qui est à protéger. Mais une perspective téléologique envisageant cette philosophie par rapport aux autres, sur une plus longue durée, suppose de distinguer aussi ce que Condillac a vraiment dit, d'une part, et ce qu'on en a fait [2], ou ce qu'on

---

1. Condillac, *Traité des systèmes*, p. 103. Il faut souligner que selon Cousin, Descartes lui-même, ouvrant en cela la voie à Spinoza et à d'Alembert, a parfois cédé aux charmes de la méthode mathématique. Ce mathématisme cartésien sera ainsi constamment, pour Cousin, ce qu'il s'agira d'ombrager, au sens d'assombrir.

2. « L'auteur du Traité des sensations a *très infidèlement pratiqué* l'analyse, mais il en *parle* sans cesse » (Discours prononcé à l'ouverture du cours le 4 décembre 1815, *op. cit.*, p. 7)

a ensuite décidé de lui faire dire, d'autre part. Le « véritable »
Condillac a ainsi, aussi, été assombri par ses lecteurs. Le
traitement que Cousin réserve à l'Appendice du *Traité des
sensations* est de ce point de vue exemplaire. Cousin montre
que dans cet appendice, Condillac reconnaît l'existence
de la liberté et la reconnaît sans aucun doute « sincèrement ».
Pourtant, ses héritiers ont tous ignoré ce texte. Et un texte
qui n'est pas lu, commenté ou exploité, est en toute rigueur
un texte qui n'existe pas. En ce sens, il faut compter cet
appendice « pour rien » dans le système de Condillac. Par
là, Cousin renvoie aux médiations sensualistes qui se sont
intercalées entre Condillac et lui, la responsabilité d'avoir
construit la figure déformée de Condillac avec laquelle il
lui faut désormais composer. Par les médiations de Helvétius
et de Saint Lambert, c'est ce Condillac défiguré qui a
progressivement construit le lit de Procuste des nouveaux
positivistes. C'est de ce Condillac-là qu'il faut expliquer
la genèse et la puissance, sans que cela ne signifie, par
ailleurs, que le « vrai » Condillac, le Condillac métaphysicien, le Condillac lu dans son intégralité et son
intégrité, n'ait rien à partager avec le spiritualisme cartésien.

Revenir à ce que la philosophie de Condillac peut
proposer comme valide revient du même coup, pour Cousin,
à se distinguer du « respectable vieillard qui (…) est
aujourd'hui parmi nous le représentant le plus fidèle et le
plus complet de l'école sensualiste du XVIIIe siècle : vous
pensez tous à notre compatriote si justement estimé,
M. Destutt de Tracy »[1]. Alors que Destutt avait réintégré
un Descartes rectifié par Regius dans l'histoire de l'école
sensualiste, Cousin réintègre un Condillac rectifié par
Locke dans l'histoire de l'école spiritualiste. On peut ainsi

1. *Philosophie de Locke*, IIe leçon, *op. cit.*, p. 30.

relire l'interprétation cousinienne des deux époques de Condillac comme une prise de position en faveur de Descartes dans le débat opposant ce dernier à Regius dans les *Notae in Programma*. Les problèmes philosophiques demeurent. Seules changent les figures. Le second Condillac est au premier ou à un certain Locke, partageant avec Descartes une psychologie expérimentale prudente, ce que le Regius du Placard et du livre V de la *Philosophia naturalis* est au premier titulaire de la chaire de médecine et de botanique à l'Université d'Utrecht, qui acceptait encore les corrections de Descartes concernant les « perceptions inorganiques ».

On peut à présent suivre le même processus à l'envers, dans la monumentale édition des *Œuvres complètes* de Descartes.

Faire le portrait d'une icône
par ombragements successifs

La lecture canonique de Cousin est le produit de trois opérations principales, qui nous font retrouver les trois sens principaux de l'ombragement. Une protection, d'abord. Cousin ne propose pas d'introduction en nom propre à cette édition. Mais il donne le texte d'un autre : l'*Éloge de Descartes*, par Antoine-Léonard Thomas, qui remporta en 1765 le concours de l'Académie Française. Par là, il réinsère Descartes dans une tradition philosophique qui l'avait massivement exclu et que Destutt de Tracy avait tenté d'inverser au profit du sensualisme. C'est le geste symétrique et inverse de celui des Leçons sur Condillac. Une réorganisation, ensuite. L'ordre d'exposition choisi par Cousin met au jour des enjeux philosophiques relevant de l'appropriation spiritualiste du texte cartésien et créant des effets de focalisation. Comme il l'a fait pour Condillac, Cousin hiérarchise chez Descartes ce qui doit principalement être considéré. Mais alors que son interprétation de Condillac se fondait sur une tradition antérieure défigurant Condillac contre la lettre même du texte ; il s'agit ici de diffuser ce qui doit devenir l'interprétation de référence de la philosophie de Descartes, au nom de l'exigence de fidélité à cette lettre du texte. Un assombrissement, enfin. Au titre d'outil opposant une valeur à des contre-valeurs, l'*Éloge* de Thomas est coupé par endroits, au seul profit explicite de la « dignité » philosophique de Descartes. C'est dans de telles suppressions que se loge aussi la voix propre de Cousin et que se donne à voir la manière dont il procède afin de devenir à son tour la référence dominante.

Protéger

Contrairement à l'édition de Platon, à laquelle Cousin travaille de 1822 à 1840 [1], l'édition des *Œuvres complètes* de Descartes ne propose pas d'« Argument philosophique » pour accompagner chaque texte. Tout au plus quelques lignes d'« Avant-Propos » dans chaque tome. On n'y trouve pas non plus d'introduction générale, de conclusion, ou de présentation générale de la doctrine, comme ce sera le cas dans les éditions d'Adolphe Garnier ou de Louis Alexandre Foucher de Careil. Mais, en guise d'*incipit*, une dédicace à celui qui, avec Pierre Laromiguière, fut un de ses maîtres français, qui vulgarisa en France la psychologie écossaise et que Cousin remplaça en 1815 :

---

1. Sur le Platon de Cousin, *cf.* C. Mauve, M. Narcy, R. Ragghianti, P. Vermeren, *Victor Cousin, Platon*, Paris, Vrin, 2016.

À M. Royer-Collard, professeur de l'histoire de la philosophie moderne à la faculté des lettres de l'Université de Paris qui le premier, dans une chaire française, *combattit la philosophie des sens, et réhabilita Descartes.*

Puis le texte d'un autre : l'*Éloge de Descartes* par Thomas. Thomas y reprend l'essentiel de l'article « Cartésianisme » rédigé par Jean Pestré pour l'*Encyclopédie*[1]. Cet article se clôt sur la dénonciation de la persécution injuste dont Descartes fut victime de la part de Voetius, ce qui n'empêcha pas Descartes de combattre les préjugés et l'ignorance et devrait donc, conclut Pestré, consoler ceux de ses contemporains (il pense bien sûr aux Encyclopédistes) qui endurent des persécutions similaires. La réhabilitation de Descartes dans l'édition des *Œuvres complètes* se présente donc comme la rectification du récit sensualiste dominant excluant du XVIIIe siècle le Descartes du *cogito*. Contre un Destutt réinvestissant, pour l'Idéologie et par Regius, cela seul que Descartes était susceptible de partager avec le sensualisme de ce dernier, et travestissant le *cogito* en un : « douter ou seulement croire douter, c'est sentir, c'est penser quelque chose ; et penser ou sentir, c'est exister »[2] ; Cousin présente un Descartes à la fois reconnu par le XVIIIe siècle et réaffirmant, dans sa littérarité, la puissance philosophique du seul et unique philosophème fondateur : « Je pense, donc je suis ».

---

1. Comme le rappelle Josiane Boulad-Ayoub (« La figure de Descartes au XVIIIe siècle », *op. cit.*, p. 96), l'article de Pestré sera en outre repris *in extenso* en 1791, avec les addenda de d'Alembert mis entre crochets, dans le *Dictionnaire de philosophie ancienne et de philosophie moderne* de Naigeon. Concernant les jugements positifs portés sur Descartes par les Encyclopédistes, *cf.* M. Spallanzani, *L'Arbre et le labyrinthe*, *op. cit.*, p. 233-235.

2. Destutt de Tracy, *Essais philosophiques*, *op. cit.*, p. 307.

Mais ce retournement n'est possible qu'au prix du réinvestissement, pour le compte de la psychologie rationnelle nouvelle, de la même exigence de scientificité que celle qu'avaient cru conquérir les sensualistes, en en excluant les faits de conscience. Ce geste était amorcé dans le quatrième argument du cours sur la deuxième période de Condillac. Il est accompli dans la préface de 1826 aux *Fragments de philosophie*, qui se présente comme un véritable discours de la méthode spiritualiste [1]. Et il est explicité, la même année, dans le dernier volume de l'édition des *Œuvres complètes*, par ce qui ressemble fort à une épitaphe :

> Ce onzième volume est le dernier. Notre travail est terminé, et la France a enfin une édition française des Œuvres complètes de celui qui a tant fait pour sa gloire. Puisse ce monument, consacré à Descartes et à la France, servir à rappeler mes compatriotes à l'étude de la vraie philosophie, de cette philosophie dont Descartes a été, dans l'humanité, un des plus illustres interprètes, qui, sévère et hardie en même temps, sans sortir des limites de l'observation et de l'induction, atteint si haut et si loin, et qui partant de la conscience de l'homme, c'est-à-dire de la pensée, ne l'abandonne plus et la retrouve partout, dans la nature comme dans l'âme, et dans les moindres détails comme dans les plus grands phénomènes de l'existence universelle. *Je pense, donc je suis* [2].

1. J'en analyse les modalités dans « Experimental method and the spiritualist soul. The Case of Victor Cousin. », in *Perspectives on Science* 5, 2019, p. 680-703. Sur la dimension militante de ce texte, rédigé, comme les *Œuvres complètes* de Descartes donc, durant la période d'éviction de Cousin de ses fonctions d'enseignement en raison de ses idées libérales, *cf.* la préface de R. Ragghianti, P. Vermeren, *Victor Cousin. Philosophie morale (1820)*, Paris, Classiques Garnier, 2019.

2. Tome XI, Avant-Propos, p. VIII.

Si Descartes a été injustement traité par les sensualistes, c'est donc pour les mêmes raisons que les Encyclopédistes, ou ceux que les sensualistes eux-mêmes reconnaissent comme leurs maîtres, ont été injustement persécutés : sa philosophie entendait circonscrire les limites de la raison humaine, mais d'une autre manière que ces derniers. Le Descartes à protéger dans cette édition se voudra ainsi à la fois rationaliste et empiriste, mais en un sens différent de celui de Destutt : l'observation et l'induction serviront la préservation d'un innéisme psychologique venant à son tour requalifier le sens interne des Écossais. Comment Cousin procède-t-il à présent dans le corps de l'édition ?

Focaliser

Cousin repart de l'exemplaire de l'Institut (1724-1725), en soulignant le travail considérable, « fait en présence de beaucoup de pièces originales », accompli par les éditeurs. Le contenu des onze tomes se présente comme suit :

Tome I : *Éloge de Descartes ; Discours de la méthode ; Méditations Métaphysiques ; Objections* contre les *Méditations* avec les *Réponses* ;

Tome II : Suite des *Objections* contre les *Méditations* avec les *Réponses* ;

Tome III : *Principes de la philosophie* ;

Tome IV : Les *Passions de l'âme ; Le Monde*, ou *Traité de la Lumière ; L'Homme ; De la Formation du Fœtus ;*

Tome V : *Dioptrique ; Météores ; Géométrie ; Traité de la mécanique ; Abrégé de la musique* ;

Tomes VI à X : *Lettres* I, II, III, IV et V ;

Tome XI : Lettre de René Descartes à Gisbert Voet ; *Règles pour la direction de l'esprit ; Recherche de la vérité par la lumière naturelle ; Premières Pensées sur la Génération des Animaux* ; Extraits des Manuscrits de Descartes.

Je vais les examiner en partant de ceux que Cousin présente de la manière la plus « impartiale » possible pour progresser jusqu'à ceux à propos desquels il s'exprime davantage en son nom propre et en soulignant les points qui lui semblent importants. Les deux catégories sont évidemment poreuses : l'économie morale de l'impartialité porte toujours avec elle des valeurs désirables [1] et l'explicitation de ces dernières produit des effets qui, au cours de l'histoire, pourront à leur tour, alors qu'on en oubliera la genèse, être considérés comme objectifs. C'est dans un tel entretissage que se construit et se pérennise le canon, par effets successifs de focalisations. Et c'est une des « raisons » essentielles de l'« oubli », que nous recherchions en introduction avec Lemoine.

Concernant les *Principes de la philosophie*, Cousin choisit l'édition revue par Clerselier en 1681 et réimprimée in-12 en 1724, au motif qu'elle est la plus aboutie, après la traduction (approuvée par Descartes) et les publications de Picot (1647, 1651 et 1658). En outre, la distinction des chapitres et des titres marginaux qu'on y trouve figurait bien dans l'édition originale parue en latin à Amsterdam en 1644. À propos des *Passions de l'âme*, Cousin revient sur la genèse du texte, élaboré par Descartes à compter de 1646 en interaction avec les princesses Elisabeth puis Christine et, enfin, avec « ses amis », pour souligner que

---

1. Sur ce point, *cf.* les analyses de L. Daston, « Objectivity and Impartiality : Epistemic Virtues in the Humanities », *in* R. Bod, J. MaatJaap, T. Weststeijn (eds.), *The MAKING of the HUMANITIES*, vol. III. *The Modern Humanities*, Amsterdam University Press, 2014, p. 27-41.

l'état dans lequel Descartes « le donna au public » en 1650 est celui qui est reproduit ici. Dans ces deux premiers cas, Cousin se présente donc comme un historien de la philosophie inoffensif et soucieux de restituer le plus scrupuleusement possible aussi bien la genèse que la dernière version, validée par l'auteur lui-même, des textes considérés.

Avec *L'Homme*, on franchit un cap. Car il s'agit cette fois, explicitement, d'être plus et mieux historien de la philosophie que ne l'a été Clerselier. Ainsi, si Clerselier a eu raison, dans son édition de 1677, de rétablir « l'ordre véritable » ou « naturel » donné par Descartes dans la cinquième partie du *Discours de la méthode*, qui fait de *L'Homme* le chapitre XVIII du *Monde*[1], il a eu tort de prendre des libertés en y insérant, de son propre chef, des divisions en parties et articles qui ne sont pas de Descartes. Le rétablissement de l'ordre véritable revient alors à un retour au « premier état » du texte, « tel qu'il a été retrouvé dans les manuscrits de Descartes » et dont Cousin ne conteste pas que Clerselier ait pu détenir « l'original »[2].

---

1. « Nous avons rétabli l'ordre véritable. La première édition, dont se plaint Clerselier, parut à Paris, 1664, in 8°. Clerselier en corrigea depuis les fautes sur l'original, et le fit imprimer à Paris correctement, 1677, in 4°. On l'a en latin dans les *Opera posthuma* », (t. IV, Avant-Propos).

2. « Dans l'impossibilité de relever le point où s'arrêtait la division de parties et d'articles que Descartes avait commencée pour le *Traité de la Formation du Fœtus*, nous reproduisons l'arrangement de Clerselier. Mais pour L'Homme, puisque nous savons que l'auteur n'y avait fait encore aucune division, nous le rétablissons dans son premier état, et le donnons ici tel qu'il a été retrouvé dans les manuscrits de Descartes. Deux ans avant l'édition française il en avait paru une traduction latine sous ce titre : *Renatus Descartes de homine, figuris et latinitate donatus a Florentio Schuyl, inclytae philosophiae professore* ; Lugduni Batav., 1662 et 1664, in 4° : mauvaise traduction avec une bonne préface, que Clerselier a traduite et insérée dans son édition française in 4°, avec les remarques de La Forge. Cette édition a été réimprimée en 1677, in 4°, et 1729, in 12° » (t. IV, Avant-propos).

C'est donc une nouvelle fois au nom de l'exigence d'impartialité qui caractérise le travail de l'historien de la philosophie rigoureux, que Cousin rectifie Clerselier. Le purisme passe par une mise hors jeu de toute expression de la subjectivité, y compris lorsque celle-ci intervient au nom de l'auteur concerné. L'explicitation de cette précaution se matérialise encore dans la reproduction de la note de l'exemplaire Clerselier, au sujet de la planche VIII, figure 1. Il s'agit cette fois de justifier qu'on désigne les figures par des lettres et des chiffres (D pour Descartes, G pour Gutschoven et F pour La Forge). Mais cette justification porte en outre avec elle une information importante sur le devenir des figures :

> (…) puisque l'auteur désigne lui-même les figures par des lettres et par des chiffres, il fallait qu'il les eût présentes devant lui quand il en a parlé de la sorte, et il est à croire qu'elles sont entre les mains de quelqu'un qui l'ignore, ou qui, peut-être, s'en veut prévaloir.

La parole rapportée, mesurée ici, ouvre sur une histoire du texte que l'on pourrait être tenté de romancer [1]. Mais elle ne formule pas directement l'accusation de plagiat. L'administration de la preuve, dans le travail de l'historien de la philosophie, doit toujours procéder de la plus grande prudence.

L'effet de focale se manifeste d'abord par la place de choix occupée, au tout début de cette édition, par le *Discours de la méthode*, les *Méditations* et les *Objections* et *Réponses*. Tout se passe ainsi comme si le *Discours* constituait une introduction aux *Méditations*, elles-mêmes réinsérées dans

---

1. Sur la fonction éminemment pragmatique des paroles rapportées, *cf.* O. Ferret, « Paroles édifiantes : les Éloges d'Antoine-Léonard Thomas », *Cromohs* 13, 2008, p. 1-19.

leur structure controversiale donnant le dernier mot à
Descartes avec les *Réponses*. L'ordre choisi par Cousin
est bien chronologique. Mais seulement si on considère
les textes que Descartes a lui-même publiés de son vivant.
Si on la compare à celle de Clerselier, la décision éditoriale
de Cousin revient donc, aussi, à faire lire le *Discours* et
les *Méditations* avant *Le Monde* et *L'Homme*. Entre les
premiers et les seconds s'intercalent les *Principes de la
philosophie* et les *Passions de l'âme*. Le véritable Descartes
sera d'abord, celui de la métaphysique et de la méthode :
le Descartes radical des racines de l'arbre du savoir ; puis
celui de l'articulation des racines et du tronc dans l'arbre,
ou de la psychologie et de la physiologie en l'homme,
induisant des prolongements moraux (une des trois branches
de l'arbre) et, éventuellement ensuite, mais sans nécessité
absolue, celui de la science dans son ensemble [1]. L'ordre
apparemment chronologique de l'édition se confond ainsi
avec un ordre des raisons priorisant, dans la connaissance
du « vrai homme », la distinction substantielle sur l'union
et l'union sur l'explicitation du fonctionnement du corps.
Cette priorisation peut expliquer la curieuse liberté que se
donne Cousin dans l'édition du *Discours* : il dissocie
complètement le corps (les six parties) des Essais
scientifiques qui l'accompagnaient dans l'édition originale
de Descartes : la *Dioptrique*, les *Météores* et la *Géométrie*.
Cette dissociation avait certes partiellement commencé

1. On pourrait objecter que Cousin se montre cohérent avec le projet
de Descartes en reléguant en dernière place ce qui relève de la médecine
et de la mécanique, donc des deux autres branches de l'arbre de la
philosophie. Mais à supposer qu'elle fonctionne parfaitement pour
L'Homme, cette justification ne s'applique pas, ou alors de manière
seulement partielle, aux trois *Essais*. Le geste de Cousin est donc de bien
plus large portée ici.

avec l'édition de l'Institut, qui avait relégué la *Géométrie* à la suite des *Passions* et du *Monde*[1]. Mais le rétablissement de l'ordre original, en cohérence avec la démarche revendiquée à propos de *L'Homme*, pour corriger Clerselier, aurait voulu que Cousin restituât les trois Essais à leur statut initial d'applications indissociables de la méthode théorisée dans le *Discours*. Son geste consiste ici, contrairement à ceux qui l'ont précédé, à retrouver la cohérence de la publication, l'un à la suite de l'autre, des trois *Essais*. Mais cette restauration ne s'accompagne, ni du rattachement des *Essais* au *Discours*, ni de l'explicitation des raisons pour lesquelles Cousin ne le fait pas. Or cette présentation éditoriale, qui conditionne encore aujourd'hui l'accès à la philosophie de Descartes pour des générations de bacheliers et d'étudiants français, porte avec elle un choix philosophique majeur : une application non psychologique ou métaphysique de la méthode est philosophiquement secondaire voire non philosophique[2]. Le Descartes du canon sera focalisé sur le *Discours de la*

1. « Les trois Traités qui suivent, savoir la *Dioptrique*, les *Météores*, la *Géométrie*, parurent en français à la suite de la Méthode, à Leyde, 1638, in 4°, sans nom d'auteur. Étienne de Courcelles fit une traduction latine de la Dioptrique et des Météores, que Descartes revit, Amsterdam, 1644-1656. François de Schooten, ancien professeur de mathématiques à Leyde, traduisit du latin la Géométrie, avec des commentaires de sa façon, et des notes de M. de Beausse, 1649. On a réimprimé la Dioptrique et les Météores en français en 1724, 2 vol. in 12, à la suite de la Méthode ; et la Géométrie, 1728, à la suite des Passions et du Traité de la Lumière » (t. V, Avant-propos).

2. Je propose une analyse plus détaillée des relations entre physique et métaphysique dans l'arbre cartésien du savoir, chez les spiritualistes français, dans « To Replant and Uproot. Typology of the Cartesian Tree of Knowledge in 19th Century French Histories of Philosophy », *in* D. Antoine-Mahut, S. Roux (eds.), *Physics and Metaphysics in Descartes and his Reception*, New York-London, Routledge, 2019, p. 33-47.

méthode amputé des *Essais* et sur les *Méditations*. Et cette focalisation nous fera petit à petit oublier le reste.

En réponse aux incohérences mises au jour par Destutt, les lettres se trouvent quant à elles restituées à leur ordre chronologique. Cousin complète en outre l'édition de l'Institut [1]. Et le tome XI donne l'autographe d'une lettre de Descartes d'avril 1622, obtenue de « l'un des plus proches descendants » de Descartes, M. le Marquis de Château-Giron [2]. La trace authentique de la main de l'homme vient ainsi renforcer l'exigence puriste de l'historien de la philosophie. À la suite de Clerselier, Cousin fournit, au tome X et sous la désignation de Lettre 99, la traduction française des *Notae in programma*. Il ne fait aucune référence à la personne ni au texte de Regius et il ne réinscrit pas les *Notae* dans leur contexte polémique. Mais ses choix de traduction, y compris lorsqu'ils s'identifient à de simples reprises de ceux de Clerselier, manifestent des décisions philosophiques fortes. C'est le deuxième type de focale qui nous importe ici. Christiaan Peter Zijlstra souligne à ce titre l'importance de deux inversions successives dans l'histoire du courant spiritualiste. La première inversion

---

1. Dans leur présentation de l'exemplaire de l'Institut, J.-R. Armogathe et G. Belgioioso rappellent que sous la Révolution, les transferts de bibliothèques entraînèrent de nouveaux inventaires des manuscrits. Le recueil des lettres autographes que La Hire avait déposé à l'Académie des sciences fit l'objet de nouveaux classements par Dom Poirier, le dernier bibliothécaire de Saint Germain-des-Prés (mort en 1803). Cousin ne s'en servit pas pour son édition, et la collection fut dérobée et dispersée par Guglielmo Libri en 1841-1847. Sur ce dernier, *cf.* la note 19, p. XVI.

2. « Ce billet, en lui-même insignifiant, est pourtant la seule trace qui nous reste de l'écriture de Descartes ». Le Fonds Victor Cousin de la Bibliothèque de la Sorbonne montre que Cousin racheta un nombre important de lettres de Descartes.

provient de Laromiguière [1], soucieux de disculper Descartes
d'une conception « dure » de l'idée innée comprise comme
idée avec laquelle nous sommes nés et qui est littéralement
placée en nous par Dieu. Laromiguière citait ainsi les *Notae*
dans l'édition de l'Institut : « Car je n'ai jamais écrit, ni
jugé que l'esprit ait besoin d'idées naturelles, qui soient
quelque chose de différent de la faculté qu'il a de penser »,
en changeant « idées naturelles » [2] par « idées innées ». La
seconde inversion provient de Cousin. Il revient à la
traduction de *innatas* par idées « naturelles » [3], en retournant
donc à Clerselier contre Laromiguière. Deuxièmement,
s'agissant des notions communes « gravées » dans l'esprit,
dont Regius soutenait qu'elles avaient toutes leur origine
dans l'observation des choses ou la tradition, Cousin traduit
« *insculptae* » par « naturellement imprimées » et
« empreintes » [4]. Or, une idée « naturelle » peut aussi bien
désigner une idée née avec nous qu'une idée née en nous.
En revanche, une notion « naturellement imprimée » ou
« empreinte » en nous nous fait clairement basculer vers
le premier sens et vers une interprétation de l'inné comme
un « original », ne provenant d'aucune perception antérieure
et pouvant donc, aussi bien, désigner un principe *a priori*.

1. *The Rebirth of Descartes. op. cit.*, note 248, p. 94. Le texte de
Laromiguière auquel se réfère Zijlstra dans ce chapitre (6.2.) consacré
aux relations entre Laromiguière et Degérando sur la question des idées
innées, est celui des *Leçons de philosophie*, publiées entre 1815 et 1818
mais généralement citées dans la troisième édition de 1823.

2. *Notae*, volume 2, p. 463. Traduction de Clerselier.

3. R. Descartes, *Œuvres complètes*, éd. V. Cousin, Paris, F. G. Levrault,
X, p. 94.

4. P. Zijlstra, *The Rebirth of Descartes, op. cit.*, note 61, p. 34.
R. Descartes, *Œuvres complètes*, éd. V. Cousin, *op. cit.*, X, p. 94. Clerselier
disait quant à lui : « nées ou naturellement imprimées », *op. cit.*, t. 1,
p. 556-558.

Alors que la réponse de Descartes à Regius, dans les *Notae*, insistait sur le second sens afin d'élargir l'innéisme à l'ensemble de nos idées ; et que la traduction de Clerselier valorisait le premier dans le contexte des mises à l'index ; la traduction de Cousin consolide à son tour le premier sens, en englobant d'autres lectures spiritualistes comme celles de Laromiguière. Là où Laromiguière se montrait soucieux d'intégrer les critiques des Idéologues et de revenir à une interprétation souple de l'innéisme ; Cousin réintègre pour sa part ce que ces derniers avaient exclu : la légitimité d'une interprétation dure de cet innéisme. En ce sens, la traduction est bien, elle aussi, mise au service de la focalisation [1].

1. La longue note ajoutée par le fils de Degérando dans l'édition posthume de *L'Histoire comparée des systèmes de philosophie, considérés relativement aux principes des connaissances humaines. Deuxième partie. Histoire de la philosophie moderne. À partir de la renaissance des lettres jusqu'à la fin du dix-huitième siècle* (Paris, Ladrange, 1847, t. II, chap. XII, note E, p. 209-210), résume parfaitement le contexte et ses enjeux : « Laromiguière, dans un ouvrage plein de mérites, a cru pouvoir avancer, contre l'opinion universelle, que Descartes n'admet pas d'idées innées ; il se fonde sur les passages que nous venons d'indiquer et dans lesquels ce philosophe, expliquant ses propres expressions, réduit les idées innées à n'être en nous que la faculté même de penser (*Leçons de philosophie*, 3e éd., p. 253). Nous avions déjà signalé, dans la première édition du présent ouvrage, cette explication donnée par Descartes ; mais nous ne saurions en tirer la même conséquence. Il est bien certain que Descartes n'a pas entendu ses *idées innées* dans ce sens que de semblables idées soient *constamment et explicitement présentes* à l'esprit ; il n'eût pu l'avancer sans contredire la plus manifeste expérience. Mais il est certain aussi que Descartes a considéré les idées dont il s'agit comme n'étant ni venues du dehors et transmises par les objets extérieurs, ni formées par l'esprit lui-même ; car il en fait à diverses reprises, et d'une manière expresse, une troisième classe distincte des deux premières, et c'est sur cette distinction qu'il a fondé précisément toute sa philosophie. Il lui a fallu supposer que de telles idées dérivaient immédiatement de l'intelligence divine elle-même, qu'elles *avaient été créées en nous* : ce sont ses paroles.

Mais cela repose alors frontalement la question de Regius : comment distinguer le cartésianisme véritable d'une simple concession faite aux théologiens ? Cousin répond par la place qu'il accorde, au tout début du tome XI, à ce qui est cette fois la toute première traduction en français [1] de la lettre à Voetius. Cette place de choix conforte les décisions antérieures de Clerselier, de Pestré et de Thomas, de rendre publiques les accusations dont Descartes fut injustement la victime. Mais la présentation très lapidaire qu'en propose Cousin, dans les premières lignes de l'avant-propos, montre qu'il ne confère pas le même sens que ses prédécesseurs à cette polémique :

> Ce volume contient tous les ouvrages de Descartes qui n'avaient pas été traduits en français.
>
> Le premier de ces écrits est une lettre de Descartes à Voet, qui parut à Amsterdam, chez Elzevier, 1643, in 12. C'est une réfutation de deux libelles, l'un de Voet lui-même et l'autre d'un de ses écoliers, auquel Descartes ne daigna pas répondre, mais qu'il fit assigner et condamner par-devant un tribunal. Il n'y a rien là de fort important pour nous.

Les idées en question sont donc *données à l'esprit humain toutes formées*. C'est là précisément le caractère essentiel sur lequel roulent toutes les controverses, et d'où dépendent toutes les questions qui se sont élevées au sujet des idées innées. Qu'importe que Descartes vienne nous dire ensuite que ces idées n'existent en nous qu'en puissance, ne consistent que dans *la faculté de penser* ? Il ne fait que reculer la difficulté, sans la changer (…) il resterait à demander à Descartes une explication qu'il ne nous a point donnée ».

1. Sur l'importance décisive des traductions dans la réception d'une pensée et sur les enjeux d'une telle entreprise au dix-neuvième siècle en France, *cf.* P.-Fr. Moreau, « Traduire Spinoza : l'exemple d'Émile Saisset », *cf.* A. Tosel, P.-Fr. Moreau, J. Salem (éd.), *Spinoza au XIXᵉ siècle*, Actes des journées d'études organisées à la Sorbonne (9 et 16 mars, 23 et 30 novembre 1997), Paris, Éditions de la Sorbonne, 2008, p. 221-230.

On pourrait interpréter ce passage [1] comme la manifesta-
tion du dédain du véritable historien de la philosophie pour
ce dont Destutt de Tracy soulignait au contraire tout l'intérêt :
une anecdote historique traversée d'affects. De ce point de
vue, les attaques de Voetius et de Schoock, ici ravalé au
rang de simple « écolier », ne seraient que des agitations
insignifiantes. Il faut toutefois souligner deux autres points
importants. D'une part, la mention de la victoire de Descartes
sur le maître et l'écolier règle le problème avant même de
l'avoir posé. La justice impartiale consacre l'attaque comme
calomnieuse, ce qui justifie en retour qu'on considère cette
attaque comme non pertinente pour l'examen de ce qui
doit rester attaché au nom calomnié. L'accusation d'impiété,
notamment, ne pourra donc faire partie du canon. D'autre
part, donner la traduction intégrale de la réfutation conjointe
de Voetius et de Schoock, par Descartes, est une façon de
considérer les arguments adverses, réfractés dans leur
réponse. Ce qu'il y a de « fort important pour nous », chez
Voetius et chez Schoock, est alors ce que Descartes lui-
même choisit comme digne d'intérêt et comme susceptible
d'appeler un droit de réponse public et définitif. Les assauts
de Regius d'un côté et des théologiens de l'autre n'ont
suscité aucun trouble digne qu'on en parle, dans la
« véritable » philosophie de Descartes. La persécution

1. Dans sa préface à l'édition de *La Querelle d'Utrecht* par Theo
Verbeek (*op. cit.*, p. 7), J.-L. Marion commente ainsi ce passage de
Cousin : « Nous ignorons les motifs de son désintérêt, puisqu'il les tait.
Du moins faut-il reconnaître que les éditeurs postérieurs ont largement
partagé cette appréciation négative ». Tout en soulignant les effets objectifs
du jugement axiologique de Cousin, J.-L. Marion réinvestit la même
économie morale de l'impartialité que ce dernier. Il laisse ainsi de côté
l'interrogation sur les raisons et les effets philosophiques du jugement
de Cousin.

authentique viendra après Descartes, avec le spinozisme[1].
On voit par là que la restitution de la continuité cartésienne
que le XVIIIe siècle avait rompue portait avec elle une
exigence de continuité politique. Retourner la révolution
sensualiste, c'est restituer la paix et laver Descartes de tout
soupçon de troubler l'ordre public.

Les deux autres textes que Cousin choisit de traduire
reviennent sur ce qui, à l'intérieur cette fois des limites de
la philosophie véritable, doit être considéré comme le plus
important. Il s'agit des *Règles pour la direction de l'esprit*
et de la *Recherche de la vérité par la lumière naturelle*.
Cousin se positionne une nouvelle fois en historien de la
philosophie plus probe que Clerselier. Mais après avoir
souligné les excès de Clerselier dans les tomes précédents,
il en pointe à présent les défauts : pourquoi Clerselier, qui
a bien eu accès à ces documents, dont « assurément (l')
authenticité n'est pas plus douteuse que celle des
Méditations, car la main de Descartes y est empreinte à
chaque ligne »[2], a-t-il renoncé à les publier ? Prendre la

1. Cette description de Descartes est explicite dès les premières
lignes des *Fragments de philosophie cartésienne, op. cit.*, p. 297-298 :
« Descartes lui-même n'a jamais été persécuté. Il achevait une révolution
en la réglant, il ne la commençait pas (…). Réformateur en philosophie,
il n'entreprit de l'être ni en religion ni en politique. (…) Mais, après la
mort de Descartes, tout changea bientôt de face. Peu à peu, ses disciples
se compromirent. L'apparition du spinozisme réveilla partout l'autorité
religieuse ; l'avant-garde de cette autorité, la compagnie de Jésus, prit
décidément parti contre la philosophie nouvelle, et lui fit une guerre
implacable qui se termina par une persécution véritable ».

2. Le texte complet dit : « (…) ces deux monuments admirables
n'ont pas même été aperçus d'un seul historien de la philosophie, et
restaient ensevelis dans les *Opera pothuma Cartesii*, qui parurent à
Amsterdam en 1701, 50 ans après la mort de Descartes. Ils y sont en
latin, comme tout le reste. Mais était-ce là leur forme première ? De qui
les tient le libraire qui les a publiés ? Pourquoi M. Clerselier, qui se

décision contraire, de surcroît en les traduisant, revient alors réparer un préjudice philosophique et moral dont le principal éditeur antérieur, et tous les autres après lui, deviennent en partie responsables. C'est réintégrer, dans la philosophie envisagée, ce qui en avait été exclu par les partisans mêmes du cartésianisme, alors qu'il ne s'agissait pas de textes parmi d'autres, mais bien de deux des plus importants textes de Descartes.

Mais si Cousin est incontestablement le premier à éditer ces textes, il « omet » une précision importante, qui pourrait entacher cette paternité : il n'est pas le premier à en avoir parlé publiquement. On se souvient en effet qu'à la fin de son adresse aux Rédacteurs de la *Décade*, Destutt soulignait l'intérêt

> (…) d'un petit ouvrage de Descartes compris dans ses *Œuvres* posthumes. Ce sont ses Règles pour la conduite de notre esprit. Ce morceau, quoique très court et incomplet, suffirait seul, ce me semble, pour expliquer les grands et utiles effets qu'ont produit et que doivent produire les idées de Descartes. Jamais auparavant la raison n'avait parlé un langage si ferme, quoique, suivant moi, cela ne pénètre pas encore parfaitement jusqu'aux causes de la certitude de nos déductions. (*op. cit.*, p. 312)

chargea de mettre au jour les papiers de Descartes, et auquel on doit le *Traité de la lumière*, le traité de *Traité de l'Homme* et les *Lettres*, s'il trouva ces deux ouvrages dans les papiers que lui remit l'ambassadeur de France à Stockholm, ne les a-t-il pas publiés lui-même, ou du moins ne les a-t-il pas mentionnés quelque part ? Assurément leur authenticité n'est pas plus douteuse que celle des *Méditations*, et la main de Descartes y est empreinte à chaque ligne. Mais on aurait désiré plus de lumière et de détails positifs sur deux ouvrages aussi importants. Nous en sommes réduits à quelques mots de Baillet ; c'est la seule autorité qui cite l'éditeur hollandais, nous la rapportons textuellement », etc. (p. II et III).

Nous n'avons pas de preuve absolue que Cousin connaissait ce texte de Destutt. En revanche, nous savons qu'il avait lu l'*Histoire des systèmes comparés de philosophie* de Joseph-Marie Degérando[1]. Or, dans l'édition posthume de 1847 de *L'Histoire comparée,* publiée par le fils de Degérando, on trouve cette remarque, dont le ton mi-figue, mi-raisin, rappelle celui des échanges entre Clerselier et Regius. Elle concerne justement l'auto-attribution, par Cousin, de la paternité de la reconnaissance de l'intérêt philosophique de ces deux textes de Descartes :

> Dans l'avant-propos du tome II de la collection des œuvres de Descartes, publiée à Paris en 1826, le savant éditeur dit, en parlant des *règles pour la direction de l'esprit*, et de *la recherche de la vérité par les lumières naturelles*, de Descartes : « Cependant ces deux monuments admirables n'ont pas même été aperçus d'un seul historien de la philosophie ». Si l'éditeur avait lu le chapitre sur le cartésianisme dans la première édition de l'*Histoire comparée des systèmes de philosophie*, publiée à Paris en 1804, t. 2, il aurait vu cités ces écrits de Descartes[2].

Or dans l'édition de 1804, Degérando père se montrait critique à l'égard de Descartes. S'agissant des idées innées, il inclinait clairement vers Locke :

> Lorsque je dis que quelque idée est née avec nous ou qu'elle est naturellement empreinte en nos âmes, je n'entends pas seulement qu'elle se présente toujours à notre pensée, car ainsi il n'y en aurait aucune ; mais

---

1. J'étudie les relations entre les pratiques de Cousin et Degérando dans « Philosophizing with a Historiographical Figure. Descartes in Degérando's *Comparative History* (1804-1847) », in *British Journal of the History of Philosophy*, Vol. 8, 2020, Issue 3, p. 533-552.

2. *Histoire comparée des systèmes de philosophie*, 1847, *op. cit.*, note A, p. 204.

seulement, que nous avons en nous-mêmes la faculté de la reproduire » (Descartes, *MM*, III, Réponse à la 10 e Objection). On a accusé Locke d'avoir quelquefois exagéré l'opinion de Descartes, sur les idées innées, pour la combattre avec plus d'avantage ; ce passage prouve qu'un tel reproche n'est pas tout à fait sans fondement [1].

Et concernant la règle de l'évidence dans les *Regulae*, il affirmait que Descartes n'avait pas « su assez bien la définir » [2]. Par ces détours, on comprend mieux la nature du geste cousinien. Comme Destutt de Tracy et par certains aspects Laromiguière, Degérando, en « vieil Idéologue », ne s'était pas suffisamment dégagé de l'attrait des arguments sensualistes pour apprécier Descartes en un sens pleinement spiritualiste. La focalisation cousinienne aspire à lever ces indécisions et à éradiquer toute forme de doute.

Cousin présente ainsi *Les règles pour la direction de l'esprit* comme le texte de Descartes « le plus considérable » et sans doute aussi le plus « achevé », en ce qu'il « contient les Réponses pour conduire notre esprit dans la recherche de la vérité ». C'est à ce titre qu'il s'agit « de celui des manuscrits de M. Descartes à l'impression duquel il semble que le public ait le plus d'intérêt ». La réparation du curieux oubli de Clerselier et la focalisation sur les *Regulae* est donc solidaire de l'explicitation de deux jugements axiologiques emboîtés. Premièrement, ce qui, sur le plan philosophique, est le plus important, est ce qui traite de la méthode, s'applique à l'esprit et est écrit dans une langue suffisamment claire pour pouvoir profiter au « public ». Deuxièmement, l'intérêt public n'est jamais mieux servi

1. *Histoire comparée*, 1804, *op. cit.*, t. II, 1 re partie, chap. XIII, note 1, p. 17.

2. *Histoire comparée*, 1804, *op. cit.*, t. II, 1 re partie, chap XIII, p. 14.

que par une historiographie rigoureuse. Éditer les œuvres philosophiques de Descartes en priorisant la méthode, c'est travailler au bien public. *De la recherche de la vérité par la lumière naturelle* montre en outre que la lumière naturelle de ce public est celle de « l'honnête homme », qui chemine vers la vérité « toute pure et sans emprunter le secours de la religion ni de la philosophie ». Si l'on suit Descartes, la philosophie désigne ici celle des écoles, ou la philosophie dominante au moment considéré. Servir l'intérêt public, en éditant Descartes et en y priorisant l'explicitation des voies d'accès à la vérité pour l'honnête homme, c'est ainsi, du même geste, émanciper cet honnête homme de la double tutelle théologique et sensualiste.

Mais cela suppose, aussi et enfin, de rejeter ce qui, parmi ces documents et décisions éditoriales antérieures, n'exprime pas de manière suffisamment authentique ou satisfaisante cette philosophie. Cet assombrissement concerne non seulement les textes de Descartes, mais aussi celui de l'*Éloge* de Thomas.

Assombrir

Concernant les *Pensées sur la génération des animaux* tout d'abord, Cousin affirme :

> (…) nous n'hésitons pas à rejeter l'authenticité de ce fragment plus que médiocre, où les idées les plus communes et souvent les plus fausses se font à peine jour à travers un style sans clarté et sans grandeur. Le texte est corrompu en beaucoup d'endroits, et nos efforts pour en tirer un sens raisonnable ont presque tous échoué contre l'obscurité ou l'absurdité de l'original, tout à fait indigne d'être attribué à Descartes. (p. VI)

À l'inverse, donc, sera considéré comme authentiquement cartésien et comme servant l'intérêt public, un texte défendant des idées reconnues comme vraies, dans un style à la fois clair et grand. Ce qui prime est alors une exigence de cohérence voire de systématicité, esthétique y compris, au prisme de laquelle tout le reste sera jugé « indigne ». Et ce qui ne concorde pas avec ce que l'on juge être la version diffusable de sa philosophie « digne » doit être relégué dans l'ombre. Dans le cas présent, l'écrit à la fois donné et disqualifié est un texte de physiologie, qui engage le rapport de Descartes aux avancées scientifiques de son temps, donc aussi l'actualité de Descartes sur ce point. Une première interprétation possible consisterait ainsi à motiver l'éviction de ce texte par Cousin par le souci de ne pas alimenter les critiques, classiques du XVIIIe siècle, sur l'obsolescence scientifique des résultats de Descartes. Pourtant, Cousin n'hésite pas, par ailleurs, à corriger Descartes sur le plan scientifique. À propos du fragment d'algèbre qui clôt le volume, ainsi :

> (…) il n'y a pas plus de lumière que sur les écrits précédents, mais il a été trouvé authentique par des juges habiles. Bien des fautes le déparaient, que nous avons corrigées, sans en avertir, quand elles étaient évidentes ; nous en avons signalé quelques-unes quand elles étaient plus importantes ; nous en aurions découvert davantage, si nous eussions voulu vérifier avec le plus de scrupule tous les calculs de Descartes.

S'il est possible de reconnaître, du bout des lèvres, l'authenticité de ce texte, ce n'est donc pas seulement parce que d'autres l'ont fait avant soi. C'est, surtout, parce que dans le cas de l'algèbre, corriger Descartes ne revient ni à remettre sa philosophie en question, ni à faire intervenir la subjectivité de l'éditeur. Ce qui ne change pas, à savoir le contenu philosophique des écrits de Descartes, ne se trouve pas mis en cause[1]. Or il n'en va pas de même des *Pensées sur la génération des animaux*. Car celles-ci engagent en outre un contenu métaphysique, c'est-à-dire philosophique pour Cousin, lié à la question du commencement de la vie et au recours éventuel, pour en rendre raison, à ces principes excédant la physique que sont l'âme tout entière rationnelle et Dieu. Entreprendre, comme pour l'algèbre, l'éventuelle correction de ces *Pensées*, reviendrait ainsi à prendre personnellement position sur la question très controversée du temps même de Cousin : celle du principe vital. C'est parce que la physiologie comporte elle des enjeux métaphysiques bien plus lourds, pour le spiritualisme, que les autres questions scientifiques, que l'assombrissement est préférable à l'explicitation.

Mais ce mécanisme d'assombrissement ne se limite pas au texte de Descartes. Il s'étend aussi à celui de Thomas. Afin de mieux en comprendre les enjeux, repartons de la définition et de la fonction d'un éloge[2]. Comme le souligne Olivier Ferret, « (...) il ne s'agit pas tant de brosser le portrait au naturel d'un individu singulier que de promouvoir un système de valeurs dont le personnage, au

1. Pour un exemple de texte où Cousin distingue très méthodiquement ce qui relève de la philosophie et ce qui relève des mathématiques, *cf.* son écrit sur Roberval (*Fragments de philosophie cartésienne, op. cit.,* p. 229-261). On y voit à la fois la continuité avec Clerselier, puisqu'il s'agit de répudier Roberval philosophe par rapport à Descartes ; et la différence, puisque selon Clerselier et dans la continuité de Descartes, les questions mathématiques relevaient au sens plein de la philosophie.

2. Sur la contribution des éloges à la constitution d'un « panthéon de papier », *cf.* J.-C. Bonnet, *Naissance du panthéon : essai sur le culte des grands hommes*, Paris, Fayard, 1998, chapitre IV : « Enfin parut Thomas », p. 67-82.

terme d'un travail de sélection et de construction, devient symboliquement porteur ». Le discours est alors conçu comme « support de valeurs, de valeurs porteuses d'une charge idéologique, mais aussi de valeurs s'inscrivant contre de fausses valeurs qui deviennent alors objets de satire »[1]. Sous couvert d'impartialité, réinvestir la parole rapportée de Thomas revient alors, pour Cousin, à endosser pour lui-même ces valeurs et à dénoncer ces contre-valeurs. Or le succès de L'*Éloge* de Thomas ne s'est pas arrêté à son prix. Il a ensuite eu de nombreux lecteurs, au point de devenir dans certains cas une médiation incontournable voire la seule médiation pour lire Descartes. C'est la prédiction auto-réalisatrice de Voltaire : « aujourd'hui on ne lit plus Descartes : on lira désormais son éloge »[2]. En reliant le seul texte par lequel on accédait parfois à Descartes, aux textes de Descartes réunis dans son édition, ce n'est donc pas une seule gloire que Cousin récupère à son profit, mais deux.

Cousin y inscrit néanmoins son empreinte, sous la forme d'un assombrissement. Il explicite très rapidement ses critères dans une note qu'il ajoute aux notes de l'*Éloge* :

> Nous réimprimons ici les notes de l'Éloge de Descartes, *supprimant celles que remplit une philosophie commune et déclamatoire, et, dans presque toutes, les traits de*

1. « Paroles édifiantes : les Éloges d'Antoine-Léonard Thomas », *op. cit.*, notes 9 et 15.

2. Lettre à Thomas, 22 septembre 1765, in *Œuvres de M. Thomas de l'Académie Française*, A Paris, chez Moutard, 1773 (nouvelle édition), t. IV, p. 171. Bouilly, cité en exergue de cette troisième partie, est un exemple patent de réalisation de la prophétie de Voltaire : « (…) c'est dans les écrits de ce philosophe et principalement dans l'éloge qu'en a fait Thomas à l'Académie française que j'ai recueilli ses belles maximes, les particularités les plus remarquables de sa carrière » (« René Descartes ; Trait historique en deux actes et en prose », « Au lecteur »).

> *mauvais goût* qui s'y rencontrent fréquemment. Nous avons scrupuleusement conservé toute la partie biographique, propre à bien faire connaître le caractère, les habitudes et toute la carrière de Descartes[1].

L'auctorialité de l'historien de la philosophie s'affirme ainsi dans cette suppression, au nom d'un cartésianisme de bon goût évitant les pièges du « commun », d'un texte ayant souvent supplanté, auprès du public, le texte de Descartes, comme certaines préfaces supplantent parfois la lecture du corps de l'ouvrage auquel elles ont pour fonction d'introduire. Ce procédé se situe à l'exact opposé d'un texte matérialiste clandestin, dont l'auctorialité est produite par la compilation bigarrée et le plus souvent ironique d'extraits de textes d'autrui. Le copié-collé clandestin, qui pastiche lui-même la patristique et qu'on a retrouvé chez Malebranche sous la forme d'une incorporation, est remplacé ici par un collé-coupé.

Qu'est-ce que Cousin entend alors par « philosophie commune et déclamatoire » et « traits de mauvais goût » ? Et pour quel « caractère » de Descartes ?

Cousin signale parfois les coupures opérées par des points de suspension. Mais uniquement lorsque la coupure intervient dans le corps d'une note, et non lorsqu'il supprime une ou plusieurs notes intégralement. Seule une comparaison soigneuse des deux états du texte peut donc permettre de se repérer et d'en tirer d'éventuelles conclusions. Il est possible de recenser onze passages supprimés, qui représentent plus d'un quart de l'ensemble des notes (14 pages

---

1. Degérando, lui, n'avait pas hésité à rappeler que l'intérêt de l'*Éloge* de Thomas ne se limitait pas à « peindre l'esprit d'un grand homme » mais, aussi, à mettre en lumière ses erreurs (*Histoire comparée*, 1804, *op. cit.*, t. I, chap. XI, note 5, p. 374-375).

sur 40 dans l'édition originale). Les deux plus importants, sur le plan quantitatif du moins, se situent au début et à la fin des notes. Ils correspondent respectivement au « tableau court et rapide des opinions et des erreurs qui avant Descartes s'étaient élevées et écroulées successivement »[1] et à la description de la « source de ses erreurs, et comment un homme de génie si extraordinaire a pu s'égarer »[2]. Il s'agit donc de deux passages symétriques, répondant à l'objectif que se fixe Thomas : « placer (Descartes) entre tous les Philosophes qui l'ont précédé, et tous ceux qui l'ont suivi », afin de « mieux (le) juger »[3]. Ce que Thomas présente comme un acte de bonne foi, répondant aux critiques de ses contemporains, relève ainsi pour Cousin d'un « mauvais goût ». L'impartialité se définit au premier chef par le refus du péjoratif, qui ne trouve pas de corrélat dans une censure du laudatif.

Mais Cousin se concentre surtout sur l'épuration de ce qui, chez Thomas, demeure de la mauvaise philosophie. Afin de préserver le sens véritable du projet cartésien, il convient ainsi de supprimer, chez Thomas, la dénonciation de la métaphysique platonicienne « sublime, élevée au-dessus des sens et de la matière » et de l'égarement qui s'en est suivi parce que les sectes grecques ont recherché « la première essence des choses » au lieu d'« observer »[4] ; la survalorisation de la physique expérimentale de Bacon dont Descartes tiendrait tout ce qu'il a de bon[5] et la restitution, à Newton, du rôle décisif dans la modernité

1. P. 85 à 91 Je cite ici l'*Éloge* de Thomas dans son édition originale parue en 1765 chez les frères Perisse.
2. *Ibid.*, p. 111 à 116.
3. *Éloge*, p. 85.
4. *Ibid.*, p. 88.
5. *Ibid.*, p. 89-91.

scientifique européenne[1]; la dénonciation du doute de
Descartes concernant les sens et de la « confusion entre
les idées innées et les idées simples », au motif que « la
vraie métaphysique nous apprend que les idées simples
sont les premières qui résultent des sens et de la réflexion »[2];
ou bien encore, l'assignation de la véritable finalité de la
philosophie de Descartes au bonheur des Sociétés[3], une
fois compris le lien de fondation unissant l'histoire naturelle
et l'histoire de l'homme à la science morale[4]. Tout cela,
selon Cousin, est à expurger, comme relevant d'une
philosophie recherchant de façon maligne ce que Descartes
aurait de défaillant, c'est-à-dire d'insuffisamment empirique.
En ce sens, cette première salve de suppressions est en
elle-même une réponse à Destutt de Tracy et à ses partisans.

Mais Cousin se positionne également, à travers Thomas,
par rapport aux catholiques Ultras. La suppression de la
fin de la note 18[5] (p. 104-105), sur la limitation du doute
au domaine des vérités rationnelles, accentue l'importance
du début sur le respect et même la « soumission » de
Descartes à l'égard des vérités révélées. Or, dans le contexte
de l'Éloge, cette distinction du « Philosophe » et du
« Chrétien » était susceptible d'être critique voire ironique.
Supprimée par Cousin, elle peut, tout aussi bien, servir de
caution prudente face aux théologiens (dans la lignée de
Clerselier donc), que préserver la dimension subversive

1. « Descartes est parti du même point que Bacon, du doute général
ou du renversement de toutes les idées anciennes. Mais tous deux ont
pris des routes opposées ; l'un, celle des connaissances acquises par les
sens ; l'autre, celle des spéculations intellectuelles. Newton est venu, qui
averti par la logique de Descartes, a repris la route de Bacon ; et c'est
aujourd'hui celle que l'on suit dans toute l'Europe » (p. 112).

2. *Éloge*, p. 111.

3. *Ibid.*, p. 115.

4. *Ibid.*, p. 93 et 94.

5. *Ibid.*, p. 89-91.

que ces derniers voyaient à l'œuvre dans le doute cartésien. On retrouve la relation, mise au jour plus haut à propos des choix de traduction des *Notae*, entre une interprétation forte et une interprétation faible de l'innéisme. Mais on retrouve aussi l'inflexion théologique possible du projet métaphysique de Cousin, en raison même de son opposition aux « sensualistes ». Car un Descartes clamant trop haut et trop fort les vertus du doute et de la liberté d'esprit est tout autant à assombrir qu'un Descartes qui se corrigerait en les niant. C'est le sens le plus plausible de la suppression de la fin de la note 12 et de la note 13, page 101, sur les enjeux politiques de l'indépendance et de la liberté d'esprit que Descartes y revendique au style direct [1]. Le bonheur du peuple est un idéal révolutionnaire. Le Bien ne peut aller qu'avec le Vrai et le Beau, c'est-à-dire le bon goût philosophique [2]. Ce qui sert l'intérêt du

1. « L'indépendance dont il est ici question, est ce sentiment honnête et vertueux qui ne reconnaît d'autre assujettissement que celui des Lois ; qui pratique tous les devoirs de Citoyen et de Sujet, mais qui ne peut souffrir d'autre chaîne ; respecte les autres, mais n'estime que le mérite ; ne fait sa cour à personne, parce qu'il ne veut dépendre que de lui-même ; se conforme aux usages établis, mais se réserve la liberté de ses pensées. Une telle indépendance, loin d'être criminelle, est le propre du caractère de l'honnête homme ; car il n'y a point de vraie honnêteté sans élévation dans l'âme. Celui qui est trop soumis aux hommes, ne sera pas longtemps soumis aux Lois ; et pour être vertueux, il faut être libre. Il n'y a rien peut-être de plus beau dans Homère que cette idée, que du moment qu'un homme perd sa liberté, il perd la moitié de son âme. On retrouve ce sentiment en mille endroits des ouvrages de Descartes. *Je mets*, dit-il dans une de ses Lettres, *ma liberté en si haut prix, que tous les Rois du monde ne pourraient me l'acheter* ; ce sentiment influa sur la conduite de toute sa vie ».

2. Sur le rejet de la philosophie de la sensation qui réduit le beau à l'agréable, dans l'esthétique cousinienne de *Du Vrai, du Beau, du Bien* (1853), *cf.* P.-Fr. Moreau, « Victor Cousin et l'art classique », dans D. Antoine-Mahut, S. Zékian (éd.), *Les âges classiques du XIXᵉ siècle*, Paris, Éditions des Archives Contemporaines, 2018, p. 27-41.

peuple n'est pas le plus commun. C'est le plus classique, c'est-à-dire le plus rationnel et pour cette raison aussi le plus stable[1].

Que reste-t-il alors de Descartes dans le Descartes de Thomas assombri par Cousin ? Le créateur, sinon de la vraie philosophie, du moins de la vraie manière de philosopher : « cette méthode géométrique qui marche d'idée en idée, de preuve en preuve »[2]; celui de la philosophie rationnelle distinguée de la théologie mais ne remettant jamais en cause les vérités de cette dernière; celui du partage, au sein de la rationalité, entre la métaphysique (du « sens intime » et des preuves de l'existence de Dieu) et la physique; celui qui eut un ennemi essentiel : Voetius, et un « rival de gloire » : Gassendi[3].

Cependant, dans le corps lumineux de l'*Éloge*, il reste du Descartes de Thomas, que démentiront ensuite certains choix de Cousin. À propos de la publication du *Discours* avec les *Essais* scientifiques, Thomas écrit ainsi que « c'était donner le précepte et l'exemple à la fois »[4]. Et dans la note de la page 29, il ajoute que

---

1. À ce titre, tout ce qui ressortit de la spéculation sur ce qui aurait pu ou pourrait arriver est aussi retiré par Cousin : la fin de la note 34 p. 116 (Cousin n'en garde que les tout premiers mots sur Galilée) sur ce qui se serait passé si l'Inquisition avait atteint son but et que les ouvrages de Descartes n'avaient jamais vu le jour; la fin de la longue note 37, p. 118, sur la persécution de Descartes par Voetius et la question de savoir s'il est ou non du devoir d'un philosophe de « sacrifier son repos pour enseigner la vérité aux hommes »; la fin de la note 42 p. 125, qui demande jusqu'à quand la religion calomniera les hommes célèbres et manifestera son « esprit de fureur »; et la supputation ironique de Thomas sur les femmes de son temps, que Descartes aurait certainement trouvées à son goût, au début de la note 41 p. 120-121.

2. Je cite cette fois l'*Éloge* dans l'édition de Cousin (t. I), p. 41-42.

3. *Ibid.*, p. 25.

4. *Ibid.*, p. 28.

Le choix des sujets de ces trois Traités n'était pas indifférent. Le premier joignait la Physique aux Mathématiques ; le second était de pure Physique ; le troisième de Mathématiques pures. Leur réunion semblait prouver qu'il n'y avait point d'objets que la nouvelle méthode n'embrassât, et auxquels elle ne s'appliquât sans effort.

Cette note, conservée (Cousin l'aurait-il oubliée ?), fait en outre état de l'utilité des discussions que Descartes put avoir avec Fermat et Roberval. Et elle restitue la primauté de Gassendi sur Descartes dans l'explication des parhélies, dont il est question dans les *Météores*. L'affirmation de Thomas, selon laquelle « C'est DESCARTES qui *a fixé pour jamais les bornes, souvent confondues jusqu'à lui, de la Métaphysique et de la Physique* » [1], sera ainsi requalifiée par Cousin en dissociation de la métaphysique, c'est-à-dire de la philosophie, et de la physique, puis refocalisée sur la métaphysique. Et c'est relativement à ces déplacements que le statut de la physiologie posera de nouveau problème. La figure cousinienne de Descartes lègue donc à la postérité ce qui peut apparaître comme une nouvelle fin de non recevoir aux objections de Regius. Dans cette interprétation qui se veut officielle et prescriptive, un philosophe digne de ce nom, ou un « esprit bien fait », aura toujours une haute conscience du potentiel subversif de l'étude des phénomènes organiques. Cela ne signifie pas, bien sûr, qu'un tel philosophe devra rejeter les études de médecine. Du moins prendra-t-il toujours bien le soin de les laisser à leur place :

L'étude de la médecine suppose celle des sciences physiques et des sciences naturelles ; elle développe le goût et le talent de l'observation, et, sous ce rapport, on

1. Les majuscules sont de Thomas, p. 41.

peut dire que l'étude de la médecine est une excellente préparation à la métaphysique ; mais il faut ajouter pour un esprit bien fait, car quand on est continuellement en présence des phénomènes de la vie organique, il est facile, il est naturel de se laisser surprendre et entraîner par l'apparence, et de confondre avec ces phénomènes d'autres phénomènes qui en sont très différents ; et je vous prie de ne pas oublier qu'en effet, dans l'histoire des écoles philosophiques, nous avons vu le sensualisme et l'empirisme, ainsi que le scepticisme et l'athéisme même, sortir souvent des écoles des physiciens et des médecins[1].

CONCLUSION

1. On peut alors, pour conclure, revenir au « Descartes médecin » d'Albert Lemoine et aux raisons pour lesquelles nous avons fini par « croire que Descartes sépare profondément la vie de l'esprit et celle des organes » et que ses recherches physiologiques n'étaient qu'une « application malheureuse ou une distraction amusante d'un génie fait pour d'autres travaux » ; alors qu'en son temps, elles avaient le même succès que celui que rencontrent, au moment où écrit Lemoine, celles de François Magendie, Pierre Flourens ou Claude Bernard[2]. Cette « erreur historique »[3], partagée aussi bien par les héritiers de l'école écossaise comme Théodore Jouffroy et Adolphe Garnier, qui séparent la psychologie de la physiologie ; que par ceux de l'école germanique qui, comme Cousin, font de « la métaphysique à outrance »[4], s'est en effet trouvée renforcée par un tour de passe-passe politique. Car

1. Cousin, *Philosophie de Locke*, *op. cit.*, IIIe leçon, p. 46.
2. A. Lemoine, « Descartes médecin », p. 300.
3. *Ibid.*
4. *Ibid.*, p. 302.

d'un côté, Cousin a officiellement demandé « que l'on fut au moins bachelier ès sciences pour parler à la jeunesse française de l'âme et de Dieu »[1]. Mais de l'autre, il a concocté en sous-main « un programme réduit et un diplôme spécial », concentré dans un peu d'arithmétique, juste ce qu'il faut d'algèbre et de géométrie, une once de physique et de chimie et, surtout, sans « un iota » d'histoire naturelle et de physiologie. Le philosophe spiritualiste de la seconde moitié du XIXe siècle se retrouve ainsi dans la situation aberrante de devoir expliquer que nos idées ne viennent pas des sens, alors qu'il ignore tout du fonctionnement de ces derniers. S'il est plus que jamais urgent de revenir à « l'intelligence du vrai cartésianisme »[2], selon Lemoine, c'est ainsi parce que ce « nouveau chapitre » en quoi consiste le « Descartes médecin » donnera aux nouvelles générations les moyens théoriques de combattre plus efficacement le matérialisme[3]. Être « le vrai disciple et le vrai continuateur de Descartes », c'est « rappeler la philosophie spiritualiste à l'étude de la vie corporelle »[4].

2. Par là, Lemoine ré-articule très clairement les deux économies morales à l'œuvre dans les cours et le travail éditorial de Cousin. L'économie morale de l'impartialité, qui exige la rectification des « erreurs », des « lacunes » ou des « oublis » historiques, est mise au service d'une économie morale de l'actualisation dénonçant jusqu'au défaut de formation des philosophes contemporains. Une édition historiquement scrupuleuse des écrits de Descartes

1. *Ibid*, p. 303.
2. A. Lemoine, « Descartes médecin », p. 304.
3. De ce point de vue, l'article sur « Descartes médecin » est, dans le volume de Lemoine, symétrique de l'article « Broussais philosophe » (*L'âme et le corps, op. cit.*, p. 339-362).
4. A. Lemoine, « Descartes médecin », p. 333.

peut ainsi contribuer à rectifier la définition institutionnellement étriquée de la philosophie, solidaire de séparations disciplinaires de plus en plus marquées. Faire leur plein droit aux travaux scientifiques de Descartes et les placer sous les yeux du public, c'est expliciter les raisons pour lesquelles nous en sommes progressivement venus à oublier la définition et la vocation principales de la philosophie elle-même.

3. On peut à présent revenir sur les raisons de l'emprise encore très actuelle de Cousin dans l'institution. Comme l'a souligné Pierre-François Moreau[1], il est incontestable que si Cousin continue de nous hanter, c'est parce qu'il nous a légué des méthodes de travail[2]. En insistant sur le soin à apporter à la traduction, sur la nécessité de considérer les documents originaux, sur l'intérêt des comparaisons avec les autres versions éventuellement disponibles du même texte, ou bien encore, sur l'importance d'autres documents extraits du même contexte pour servir l'intelligence historique des extraits édités ; celui qui est aussi l'incarnation de l'autoritarisme et de la mauvaise foi

---

1. « Victor Cousin, la philosophie et son histoire », dans « Réformes de la philosophie et de l'Université : contextes français et latino-américain », Le *Télémaque* 54, 2018, p. 57-66.

2. L'introduction au premier tome des œuvres complètes de Descartes par Charles Adam et Paul Tannery (ce projet éditorial a été lancé en 1894 et présenté à l'exposition universelle en 1900) revient en ces termes sur le travail éditorial de Cousin : « (…) de fait, pendant ces trois quarts de siècle, c'est par l'édition Cousin que Descartes a été connu en France et à l'étranger ; c'est l'édition Cousin que citent tous les ouvrages des philosophes et des érudits. Enfin, à cette date de 1824-1826, elle pouvait passer pour une édition savante ; et avec les notes dont Cousin l'enrichit, grâce à l'exemplaire de l'Institut, elle parut bien supérieure, comme elle l'est en effet, à tout ce qu'on avait vu jusque-là » (C. Adam, « Introduction à la correspondance de Descartes », AT I, LXII).

a finalement contribué à faire triompher l'économie morale de l'impartialité sur celle de l'actualisation.

Mais il nous incite par là même à opérer une dernière distinction. Le type du « philosophe impartial », qui sépare l'authentique et l'inauthentique ; et celui du « philosophe actualisant », qui distingue l'utile et l'inutile ; nous ramènent en effet tous les deux au lien intrinsèque entre la philosophie et la valeur de vérité. L'hantologie cousinienne peut alors efficacement servir la critique contemporaine de ces « personnes d'étude » que nous sommes et dont Malebranche, en bon cartésien, expliquait déjà comment elles pouvaient se perdre en chemin :

> Il est ce me semble assez inutile à ceux qui vivent présentement de savoir s'il y a jamais eu un homme qui s'appelât Aristote, si cet homme a écrit des livres qui portent son nom, s'il entend une telle chose ou une autre dans tel endroit de ses ouvrages ; cela ne peut faire un homme ni plus sage, ni plus heureux ; mais il est très important de savoir si ce qu'il dit est vrai ou faux en soi [1].

En dénonçant l'« entêtement » des « personnes d'étude », qui travaillent à la gloire de « leur » auteur parce qu'elles pensent que cette dernière rejaillit proportionnellement sur la leur, Malebranche veut réorienter leur regard et l'estime d'elles-mêmes sur ce qui vaut seul, selon lui, d'être estimé : la recherche de la vérité. Ce curieux mélange de rationalité et d'affects, qui caractérise le travail des historiens de la philosophie, est peut-être la meilleure façon de répondre à la question de savoir pourquoi l'édition de Descartes par Cousin a triomphé, ou s'est imposée sur les autres. C'est sans doute parce que Cousin y a le moins

---

1. *RV*, II, II, V, OC I, p. 290.

possible adopté l'« air » et les « manières » d'un « entêté »,
qu'il a pu faire passer « son » Descartes pour le « vrai ».

CHAPITRE X

RÉINTÉGRER

Le jeune Renouvier, entendons par là, celui qui n'est pas encore devenu le « fondateur du néocriticisme »[1], du personnalisme, ou un des acteurs clefs du débat sur la laïcité républicaine que les philosophes connaissent généralement mieux, fut un des trois lauréats[2] du concours ouvert par l'académie des sciences morales et politiques, en 1838,

---

1. C'est ainsi que le désigne Martial Gueroult, dans « Renouvier et l'histoire de la philosophie », *Revue de théologie et de philosophie*, 1967, 17, p. 369, par référence essentielle à « son grand ouvrage en deux volumes paru de 1885 à 1886 dans la *Critique philosophique* et intitulé *Esquisse d'une classification systématique des doctrines philosophiques*, complété en 1901 par les *Dilemmes de la métaphysique pure* ». Selon Gueroult, le Renouvier des premiers textes, qui nous intéresse ici, « prescrivait (…) un éclectisme philosophique qui le rangeait en gros dans le même groupe de penseurs que Hegel et Victor Cousin » (p. 369-370). C'est ce « en gros » que je propose de discuter dans ce chapitre. Sur l'itinéraire intellectuel de Renouvier depuis le moment où il devint le condisciple de Félix Ravaisson au collège Rollin à Montpellier en 1829, en passant par son entrée à Polytechnique, jusqu'à son néo-kantisme de maturité, *cf.* L. Fedi, « Renouvier disciple et critique de Kant », dans *Kant, une passion française 1795-1940*, Hildesheim, Georg Olms Verlag, 2018, p. 141-149.

2. Le prix fut décerné conjointement en avril 1841 à Francisque Bouillier et à Jean-Baptiste Bordas-Demoulin. Renouvier obtint une « mention honorable », lui donnant droit à une publication.

sur l'histoire du cartésianisme. Il est alors âgé de vingt-cinq ans.

En demandant aux candidats d'exposer toutes les dimensions de l'œuvre de Descartes et de ses héritiers (Spinoza, Leibniz, Malebranche…)[1], le jury, présidé par Cousin et composé en outre de Jean-Philibert Damiron (rapporteur), Théodore Jouffroy, Joseph-Marie Degérando, Barthélémy Saint-Hilaire et William Frédéric Edwards, officialise l'importance accordée à la philosophie de Descartes dans la formation des nouvelles générations. Plus encore, il s'agit par là de contrôler le message potentiellement diffusé par ces discours. Car ne peuvent en toute rigueur être primés, donc sortir de l'anonymat puis être publiés, sous réserve d'intégration des corrections demandées par le jury, que les récits confortant ceux de la

---

1. L'intitulé complet était le suivant : « 1. Exposer l'état de la philosophie avant Descartes ; 2. Déterminer le caractère de la révolution philosophique dont Descartes est l'auteur ; faire connaître la méthode, les principes et le système entier de Descartes dans toutes les parties des connaissances humaines ; 3. Rechercher les conséquences et les développements de la philosophie de Descartes, non seulement dans ses disciples avoués, tels que Régis, Rohault, Delaforge, mais dans les hommes de génie qu'il a suscités : par exemple, Spinoza, Malebranche, Locke, Bayle et Leibniz ; 4. Apprécier particulièrement l'influence du système de Descartes sur celui de Spinoza et celui de Malebranche ; 5. Déterminer le rôle et la place de Leibnitz dans le mouvement cartésien ; 6. Apprécier la valeur intrinsèque de la révolution cartésienne, considérée dans l'ensemble de ses principes et de ses conséquences, et de la succession des grands hommes qu'elle embrasse, depuis l'apparition du discours de la MÉTHODE, en 1637, jusqu'au commencement du XVIIIe siècle et à la mort de Leibniz ; rechercher quelle est la part d'erreurs que renferme le cartésianisme et surtout quelle est la part de vérités qu'il a léguées à la postérité. ». *Cf.* le *Rapport* de Damiron dans les *Mémoires de l'Académie Royale des Sciences Morales et Politiques*, t. IV, 1844, p. 165-243.

parole autorisée ou, à tout le moins, ne l'invalidant pas.
L'enjeu pour les concurrents est ainsi le suivant : comment
mobiliser la figure de Descartes afin de produire du différent,
sans exacerber les différends? Comment proposer un
cartésianisme alternatif à celui de la philosophie dominante
sans tomber sous le coup de la censure des plus éminents
représentants de cette dernière? En des sens variés[1], ces
mémoires font droit aux écrits de Descartes ombragés par
Cousin : la correspondance, les traités de *L'Homme* et de
la *Formation du fœtus*, les *Essais* du *Discours*, les *Principes
de la philosophie* ou bien encore les *Passions de l'âme*.
Au nom de la démarche intégrative appelée par l'énoncé
du sujet et sous couvert de compléter la version orthodoxe,
ils peuvent ainsi corriger ce qu'ils identifient parfois à une
expurgation. La mise au travail de la figure de Descartes,
dans toutes ses dimensions, peut alors révéler, publiquement,
des choix philosophiques alternatifs[2].

Renouvier occupe de ce point de vue une place singulière.
La version publiée de son *Mémoire* sur le cartésianisme
paraît en 1842, sous le titre de *Manuel de philosophie*

---

1. J'ai respectivement traité des mémoires de Francisque Bouillier
et de Jean-André Rochoux dans « Reviving Spiritualism with Monads.
Francisque Bouillier's impossible mission (1839-1864) », *British Journal
for the History of Philosophy*, vol. 23, Issue 8, 2015, p. 1106-1127. (repr.
in *Monadologies*, J. Dunham, P. Phemiser (eds.),New York-London,
Routledge, 2018, p. 84-105) et dans « Cartésianisme dominant et
cartésianismes subversifs. Le cas du médecin de Bicêtre Jean-André
Rochoux », dans « La mer retentissante. Lectures de Descartes et Leibniz
au XIXe siècle », L. Rey ed., Paris, *Corpus* 68, 2016, p. 25-56.

2. Je compare les apports des différents mémoires, sur le cartésianisme
hollandais, dans « La fabrique du cartésianisme néerlandais dans les
histoires de la philosophie française au XIXe siècle », dans *Les Pays Bas
aux XVIIe et XVIIIe siècles*, C. Secretan, D. Antoine-Mahut (éd.), Paris,
Champion, 2015, p. 107-124.

moderne [1]. Elle présente un Descartes intégratif, c'est-à-dire un Descartes ouvrant la voie à deux filiations opposées mais qu'il est nécessaire de tenir ensemble : une filiation métaphysico-idéaliste et une filiation matérialiste médicale. Ce faisant, Renouvier met en lumière la seconde, ombragée par le discours officiel. Or, le chef de file de ce matérialisme médical issu de Descartes, se prolongeant dans La Mettrie et s'incarnant, au début du XIXe siècle, dans Cabanis, n'est autre que Regius. Renouvier propose ainsi une figure de Descartes qui se distingue à la fois de celle de Destutt de Tracy et de celle de Cousin. Il remet sur le chantier la question philosophique centrale : celle de la définition de la métaphysique, par une réflexion centrée non plus sur l'âme ou sur Dieu, mais sur la matière. Il fait du travail sur la métaphysique de la matière la condition de possibilité d'une nouvelle philosophie critique se distinguant à la fois d'un matérialisme et d'un idéalisme purs.

Dans le *Manuel*, son écriture reste contrainte par les directives officielles. Cela explique peut-être qu'on y trouve, comme l'a souligné Olivier Bloch, « certaines formules étranges, erronées ou énigmatiques » [2]. Nous reviendrons à ce sujet sur la partie du rapport de Damiron qui concerne son mémoire. Mais au même moment et alors qu'il vient de suivre une formation par ce même Damiron (1838) [3], l'occasion lui est donnée de s'exprimer autrement,

1. Olivier Bloch souligne à juste titre que ce premier ouvrage publié par Renouvier est « l'œuvre d'un néophyte, qui dira plus tard avoir lu Descartes, Spinoza, Leibniz, Malebranche, etc., à l'occasion du *Mémoire* » (« Marx, Renouvier et l'histoire du matérialisme », *Matière à histoires, op. cit.*, p. 417 et 419).

2. Dans « Marx, Renouvier et l'histoire du matérialisme », *ibid.*

3. Ce point est souligné par Louis Foucher dans *La jeunesse de Renouvier et sa première philosophie*, Paris, Vrin, 1927, p. 72-80. Foucher insiste particulièrement sur l'importance du cours de Damiron sur

dans une publication dirigée par des adversaires saint-simoniens de Cousin : l'*Encyclopédie nouvelle : Dictionnaire philosophique, scientifique, littéraire et industriel, offrant le tableau des connaissances humaines au XIXᵉ siècle*, de Pierre Leroux et Jean Reynaud (1833-1847). Dans cette *Encyclopédie*, Renouvier est précisément chargé de l'article « Descartes » [1], qui paraît en 1843, dans le tome IV [2]. Or, en promouvant un Descartes mathématicien et physicien avant d'être métaphysicien voire théologien ; un Descartes se révélant dans ses écrits plus « confidentiels » plutôt que dans ses écrits publiés et dans les *Principes de la philosophie* plutôt que dans les *Méditations métaphysiques* ; et un Descartes inapte en physiologie devant, pour cette raison principale, être congédié au profit d'un renouveau du kantisme ; cet article ne s'inscrit pas seulement dans les grandes lignes du programme positiviste [3]. Il se

---

l'induction, dans les *Discours prononcés à la Faculté des Lettres de Paris*, Paris, Hachette, 1839, p. 1-25.

1. Il y est aussi responsable des articles « Expérience », « Euler », « Fatalisme », « Fermat », « Ficin », « Force », « Panthéisme » et « Philosophie ». Concernant le mot d'ordre saint-simonien de « réhabiliter la matière » et son rapport au christianisme. *Cf.* P. Macherey, « Un chapitre de l'histoire du panthéisme : la religion saint-simonienne et la réhabilitation de la matière », dans *Études de philosophie « française » de Sieyès à Barni*, Paris, Publications de la Sorbonne, 2013, p. 219-232.

2. Il s'agit de l'article «Descartes», qui paraît en 1843 dans l'*Encyclopédie*, p 289-296, chez Ch. Gosselin.

3. Sur ce point, *cf.* Ph. Régnier, « Saint-Simon, les saint-simoniens et les siècles dits « classiques » », dans *Les âges classiques du XIXᵉ siècle*, *op. cit.*, p. 215-239. Renouvier se distinguera nettement du saint simonisme dans « De la philosophie du XIXᵉ siècle en France », dans *L'Année philosophique. Études critiques sur le mouvement des idées générales sans les divers ordres de connaissances*, par M. F. Fillon. Paris, Germer Baillière, Première année (1868), p. 1-108.

donne aussi à lire comme un anti-Cousin [1] et une explicitation potentielle de ce qui, dans le *Manuel*, restait énigmatique.

Ce chapitre étudie les principales variantes de l'argumentation philosophique de Renouvier. Je commencerai par le recodage officiel de son mémoire par Damiron. J'analyserai ensuite le cartésianisme intègre du *Manuel*, puis l'article « Descartes » de l'*Encyclopédie*. Je conclurai sur ce que j'identifierai comme trois effets du Mémoire de Renouvier, dans l'*Essai sur l'histoire de la philosophie en France au XVIIᵉ siècle* (1846) de Damiron, afin de montrer que la philosophie officielle elle-même fut irriguée par ses alternatives. Dans l'ombre d'un canon philosophique se trouve toujours son autre.

LE RECODAGE OFFICIEL DU MÉMOIRE DE RENOUVIER DANS LE RAPPORT DE DAMIRON (1839)

Le mémoire de Renouvier est le premier des mémoires primés à être examiné dans le *Rapport* de Damiron [2], suite aux trois qui ne sont pas retenus et avant les deux autres primés. Il occupe de ce point de vue une position charnière,

---

1. Olivier Bloch situe le Renouvier de cette période « au centre-gauche » et renvoie aux analyses de l'abbé Foucher (*La jeunesse de Renouvier*, *op. cit.*, p. 39), selon qui Renouvier devait s'inspirer de la *Réfutation de l'éclectisme* de Pierre Leroux (« Marx, Renouvier, et l'histoire du matérialisme », *op. cit.*, p. 419). Pour une expression directe et ultérieure, chez le Renouvier dit « de la maturité », de ses différends avec Cousin, *cf.* « De la philosophie du XIXᵉ siècle en France », *op. cit.* Renouvier y explique en quoi le spiritualisme éclectique ne peut pas désigner la philosophie recherchée. Les pages finales (102 et 103) donnent du crédit à la démarche de Paul Janet, mais dénoncent aussi le dogmatisme d'Emile Saisset, de Jules Simon et de François Guizot.

2. Damiron donne le texte intégral de ce rapport dans son *Essai sur l'histoire de la philosophie en France au XVIIᵉ siècle*, Paris, Hachette, 1846. Par là, il en officialise le message philosophique. C'est la pagination de cette édition que je cite.

comparable à celle d'un article qui, aujourd'hui soumis à une double ou triple expertise, n'est ni accepté ni rejeté de suite mais désigné comme « publiable sous réserve d'importantes modifications » ; modifications dont la liste est transmise à l'auteur avec l'évaluation anonymisée [1].

Renouvier est en effet à la limite de reproduire les défauts du mémoire précédent qui reportait, chez Descartes des tendances outrées qui n'éclatent en réalité que chez ses successeurs. Le rapporteur reconnaît que ces tendances peuvent être envisagées comme des greffes et des élagages successifs, à partir de Descartes. Mais il refuse qu'elles viennent entacher la pureté de la doctrine mère. Il faut exempter Descartes lui-même de telles outrances, tout en expliquant comment certains ont pu ensuite les développer, à partir de lui et parfois contre lui. De façon tout à fait remarquable, Damiron souligne ainsi ce qui, chez Renouvier, pose problème pour le spiritualisme officiel : l'identification, sans plus de spécification ou de hiérarchisation, d'une branche matérialiste médicale issue de Descartes. Or l'interprétation de cette tendance ne saurait être juste sans revenir au sens que Descartes lui-même a souhaité qu'on lui donne : il faut choisir le Descartes métaphysicien contre le Descartes physicien, afin d'innocenter Descartes de ce matérialisme. Renouvier se voit ainsi corrigé par une formulation très nette du mot d'ordre de l'école cousinienne, au nom de la lettre du texte cartésien :

> (...) il échappe à l'auteur des jugements qui ne sont pas toujours de la plus rigoureuse exactitude ; ainsi il affirme plusieurs fois que ce que Descartes a voulu faire, c'est

---

1. À ce détail décisif près : dans la configuration actuelle d'une revue internationale, quiconque soumet son article conserve la possibilité de discuter ces évaluations et de soumettre à nouveau sa contribution.

une philosophie naturelle. Or rien n'est certainement moins le dessein de Descartes, témoin ses *Méditations* et son *Discours de la méthode* ; et il y a même, à cet égard, des paroles de lui qui ne peuvent laisser aucun doute sur son véritable sentiment. C'est donc comme métaphysicien qu'il se considère avant tout ; le physicien et le géomètre ne viennent, à ses yeux, qu'en sous-ordre (p. 33-34).

Contrairement au troisième mémoire cependant, Renouvier montre bien que c'est l'« extension immodérée » de certaines thèses, bien présentes chez Descartes, qui a engendré les philosophies du camp adverse, justifiant ensuite qu'on ait besoin, comme le déclarait Cousin, de le réhabiliter. L'exemple choisi est celui de la physiologie. La lecture de Renouvier pousse ainsi les membres de l'Académie à reconnaître conjointement l'importance de la « doctrine de l'homme » pour l'école cartésienne et l'extraordinaire capacité de cette doctrine à engendrer le matérialisme, non plus contre Descartes mais à partir de lui :

> Quant à la physiologie, il remarque que si, comme dans la physique, il a le défaut de recourir trop facilement aux hypothèses, il ne faut pas oublier qu'outre le service qu'il rendit d'expliquer et de populariser la découverte de la circulation du sang, sa théorie de l'homme eut tant de crédit, qu'outre l'école cartésienne, dont elle fut la doctrine propre, elle devint aussi, *à quelques modifications près*, celle de l'école opposée, qui prenant de Descartes l'idée de son mécanisme organique, ne fit guère que changer la glande pinéale en centre cérébral, les esprits animaux en sensibilité, et *donner en outre à ces principes une extension immodérée*. (p. 37-38)

Renouvier fait ainsi encourir au spiritualisme officiel un risque majeur, qui est l'exact envers de son apport : celui de réintégrer, dans la lecture canonique, la dimension subversive que Cousin s'était efforcé d'ombrager. L'attribution à Descartes, par Renouvier, de l'intention de faire une philosophie naturelle, est de ce point de vue aussi tentante et risquée que le « goût (et) l'inclination pour Spinoza »[1]. Damiron qualifie ce morceau, d'« un des plus remarquables du mémoire ».

LE CARTÉSIANISME « INTÈGRE » DU *MANUEL DE PHILOSOPHIE MODERNE* (1842)

Le jugement de Damiron, qui vaut en même temps comme consigne de correction dans l'optique d'une publication, se traduit par deux déplacements essentiels dans la version publiée du *Mémoire* (1842).

Le premier déplacement revient sur l'importance fondamentale des sciences naturelles pour définir une métaphysique suceptible de se distinguer clairement de la théologie. Un spiritualisme bien fondé et prétendant au titre de science devra ainsi s'articuler aux sciences naturelles et non s'en dissocier radicalement sous prétexte de ne pas se confondre avec elles. Il devra en particulier produire une théorie épistémologique de la matière, distincte d'une réflexion abstraite sur les manières éventuelles de prouver son existence.

Le second déplacement revient sur la filiation Regius-La Mettrie-Cabanis[2]. Il s'agit cette fois de critiquer ce que la métaphysique cartésienne elle-même conserve d'insatisfaisant. Par un nouveau travail sur l'interaction entre Descartes et Regius, Renouvier propose une critique de Descartes salutaire pour un spiritualisme soucieux de

---

1. *Essai sur l'histoire de la philosophie en France au XVIIe siècle*, *op. cit.*, p 31.
2. Renouvier, *Manuel de philosophie moderne*, p. 242-243 et 343.

se démarquer de l'école de Joseph De Maistre (plusieurs fois cité) mais surtout, ici, de celle d'Auguste Comte. Car le positivisme identifie l'âge métaphysique comme celui qu'il convient impérativement de dépasser. En rejetant ces deux extrêmes, Renouvier entend proposer une troisième voie, qui ne s'identifie pas pour autant à celle de Cousin. Reprenons les principales étapes de son argumentation, à partir des deux déplacements que nous venons d'identifier.

Sciences naturelles, métaphysique et théologie

Dans la préface, Renouvier définit son approche comme une philosophie appliquée à ces sciences particulières que sont les sciences naturelles, ou comme une « philosophie naturelle » pensée à partir de la « physique cartésienne jusqu'ici méconnue »[1]. Il revient à son tour sur la relation unissant Descartes à Bacon, à partir du défaut de métaphysique caractérisant la démarche du second et corrigé par le premier[2]. Ses analyses reprennent les propos du

---

1. Renouvier, *Manuel, op. cit.*, p. 6.
2. Le texte le plus clair de Cousin sur ce point est sans doute cet extrait de l'avant-propos des *Fragments de philosophie cartésienne, op. cit.*, p. VII-VIII : « Quoiqu'en dise l'Angleterre, ce n'est pas Bacon, c'est Descartes qui est le père de la philosophie moderne. Bacon est assurément un très grand esprit ; mais c'est plutôt encore un incomparable amateur de métaphysique qu'un métaphysicien, à proprement parler. Il a proclamé dans un langage magnifique d'excellents préceptes un peu vagues, empruntés pour la plupart aux physiciens et aux naturalistes d'Italie, mais que lui-même n'a pas mis en pratique. Il n'a laissé aucune théorie générale ou particulière, aucune découverte, ni grande ni petite, à laquelle son nom demeure attaché. Descartes est l'auteur d'une méthode nette et précise, et il l'a appliquée à deux ou trois sciences qu'il a renouvelées ou créées. Essayez d'enlever Descartes à son temps : la trame du dix-septième siècle n'est pas seulement trouble, elle est déchirée. Hommes et choses, tout est remué et bouleversé de fond en comble. Il n'y a peut-être pas un seul fait intellectuel un peu considérable qui

rapport de Damiron, en y ajoutant un argument qui ne s'y trouvait pas mais qui circulait peut-être dans les cours des Cousiniens : ne pas traiter de la métaphysique de Descartes, c'est laisser à ses adversaires le soin de s'en charger[1]. Il réinsère ensuite cette métaphysique dans l'arbre du savoir de la Lettre-Préface aux *Principes de la philosophie*, qu'il oppose à la « pyramide » de la philosophie naturelle baconienne[2]. Mais c'est davantage pour insister sur la relation que les « pures notions » entretiennent avec la physique, que pour enraciner cette physique dans la métaphysique. Le point de vue est donc, davantage, celui des « sciences partielles », certes bien fondées, que celui des premiers principes ou de ce fondement.

Car Renouvier se donne pour principal objectif de réintégrer, dans la métaphysique elle-même, les questions portant sur la matière. Son Descartes devient alors celui qui fait de la matière la question scientifique ou véritablement métaphysique et qui, pour cette raison, initie une authentique révolution en philosophie. Le premier résultat majeur de Renouvier est ainsi l'inversion complète de la lecture que Damiron et, à travers lui, l'école cousinienne, prétendait enraciner dans les textes cartésiens. Ne pas prendre au sérieux les innovations de Descartes en philosophie naturelle, c'est retomber sous le coup des justes critiques

demeure entier, ni un grand esprit qui reste debout. Que deviennent Malebranche, Arnaud, Fénelon, Bossuet, Spinoza, Leibniz, Locke lui-même ? Tous ont reçu par quelque côté et portent visible l'empreinte de Descartes. Ôtez Bacon, rien n'est changé, il n'a exercé d'influence sur personne, pas même sur Locke qui le cite à peine (…). Osons dire la vérité : le dix-huitième siècle en France, si riche en grands hommes, n'en a pas produit un seul en philosophie, si du moins par philosophie on entend la métaphysique ».

1. Renouvier, *Manuel, op. cit.*,p. 40.
2. *Ibid.*, p. 137.

adressées par Bacon à la métaphysique, dans un contexte de renouveau du positivisme. Symétriquement, redonner à la matière sa place centrale en métaphysique, c'est restituer au spiritualisme sa juste place.

La filiation Regius-La Mettrie Cabanis et la critique de la métaphysique cartésienne

La première référence à Regius [1] souligne quatre points décisifs. Premièrement, c'est la correspondance de Descartes qui fournit les pièces principales du dossier (la correspondance entre Descartes et Regius bien sûr, mais aussi les épîtres à Vœtius et à Dinet). Deuxièmement, c'est bien lorsqu'il toucha « à quelques points de métaphysique, à propos de la physiologie », que Regius agita la fange des adversaires aristotéliciens auxquels il s'opposait alors conjointement avec Descartes. Troisièmement, être « le premier des matérialistes modernes » ne signifie pas reprendre telle ou telle doctrine de Descartes lui-même, mais en déduire le matérialisme en le présentant comme la vérité intégrale sur cette dernière. Enfin, cette conclusion fausse participa, plus que ne l'aurait fait une fidélité aveugle, à la progression des idées nouvelles aux Pays Bas. À tous ces titres, Regius peut parfaitement désigner « l'arrière-pensée » de Descartes, c'est-à-dire celle qui pouvait se déduire de ses textes non publics et connaître différentes extensions, immodérées y compris (rejoignant Spinoza), pour reprendre le mot de Damiron. Surtout, la référence à Regius permet d'établir un lien intrinsèque entre une juste définition de la métaphysique et une solide théorie de la

---

1. Livre IV, § 1, « Élèves immédiats de Descartes, introduction de sa doctrine en Hollande », 11, p. 232-233.

matière, particulièrement lorsqu'elle est appliquée au vivant.

Le second texte [1], qui propose la généalogie Regius, la Mettrie, d'Holbach et Cabanis, apporte quatre informations nouvelles. Premièrement, le projet philosophique de Regius se résume à une réduction des idées elles-mêmes au mécanisme. Il s'agit donc d'une forme d'absolutisation de ce mécanisme pur réservé par Descartes à l'explication du monde physique. Deuxièmement, cette réduction n'ignore pas la métaphysique mais se bat (ou se fait battre), au contraire, sur le terrain même de cette dernière. S'échiner à faire croire que le matérialisme ne serait pas lui aussi une métaphysique, c'est s'ôter tout moyen de le combattre efficacement. Troisièmement, il faut ajouter au dossier de la correspondance celui des *Notae* et de la Lettre-Préface aux *Principes de la philosophie*, qui connaissent une large diffusion, sous des formes différentes. Enfin, Renouvier semble être le premier à reprendre publiquement, dans l'historiographie française de la modernité philosophique, la rumeur d'un plagiat du traité de *L'Homme* par Regius. C'est sans doute parce que, selon Renouvier, les lettres et les réponses amènent Descartes à traiter certains sujets à contrecœur, qu'elles deviennent un excellent support d'observation pour évaluer ce qu'une réception permet de faire du texte original. Le premier effet de cette prise en compte des écrits « confidentiels » est de montrer que quand bien même Regius aurait été matérialiste ou athée, cela ne l'exclue pas pour autant de l'ensemble des métaphysiciens. Au contraire, il fait partie de ceux qui ont attaqué les questions métaphysiques sur leur propre terrain,

1. Livre V, § 2, « Métaphysiciens français du XVIIIe siècle », 8, p. 342-355.

parce qu'il appartient encore à une époque où, contrairement à ce qui se passe aujourd'hui, les physiologistes et les métaphysiciens ne se « dédaignaient » pas. En outre, si les lettres de Descartes affirment que Regius s'est fourvoyé sur l'ordre de prévalence entre métaphysique et physique, elles ne disent pas qu'il a abandonné la première. C'est même, au contraire, parce qu'il s'en est mêlé, à partir de problématiques physiologiques, que les autorités d'Utrecht, puis Descartes lui-même, ont fini par lui demander de rester à sa place, dans les « limites » imparties à sa « discipline ».

Le recoupement des deux textes mentionnant Regius permet ainsi d'interpréter sa relation polémique à la métaphysique de deux manières. Selon la période considérée : avant ou après la rupture avec Descartes, la métaphysique peut, aussi bien, désigner la « fange » des adversaires aristotéliciens, que celle des « pures notions » cartésiennes. Si on veut être un historien de la philosophie conséquent, on ne peut donc pas soutenir, d'un côté, que la physiologie de Regius inflige, avec Descartes, une défaite cuisante aux formes substantielles, c'est-à-dire à l'ancienne physique qui dégénérait dans une mauvaise métaphysique ; et, de l'autre côté, qu'elle reste étrangère à toute métaphysique. Il faut reconnaître l'existence d'une autre métaphysique possible, distincte de la métaphysique aristotélicienne, d'une part, et de la métaphysique officielle du cartésianisme, d'autre part. Cette subtilité du texte de Renouvier est renforcée par la suite de l'argumentation. La philosophie cartésienne et sa réception sont décrites comme un « dualisme » ou une séparation aisée de deux « moitiés » : la physique, qui se concentre « uniquement » sur la substance matérielle, et la métaphysique, non nommée comme telle, mais qui reprend l'interprétation dominante comme « système des idées purement intelligibles » se concentrant sur la substance spirituelle. Ce sont ces deux moitiés qui « représentent, dans son intégrité, l'esprit du philosophe ». Chez un non matérialiste comme Renouvier, la lecture matérialiste de Descartes se traduit logiquement par un sectarisme. Mais il faut ajouter que cela est vrai aussi de la lecture idéaliste. C'est pourquoi la solution ne consiste pas à proposer un mixte des deux, mais la coexistence complète des deux, au sein d'un système considéré, pour cette raison, comme le plus susceptible d'engendrer des descendances opposées. À la séparation drastique entre métaphysique et physique, reléguant la seconde et son potentiel matérialiste dans l'en-dehors d'une philosophie réduite à la première (c'était la solution de Cousin, réinvestie par Damiron dans son *Rapport*); Renouvier substitue ainsi une distinction entre un matérialisme sensualiste issu de Locke et un matérialisme mécaniste issu de Descartes[1]. Cette seconde forme de mécanisme manifeste une « fascination » pour la puissance créatrice de la matière. La matière est ainsi réintégrée au titre de question primordiale qu'il convient de régler si l'on veut statuer, sans confusion, sur les limites de la philosophie spiritualiste par rapport à la théologie et au sensualisme. Et dans cette réintégration, Regius joue un rôle essentiel. En quel sens?

---

1. Il est vraisemblable que Renouvier ait trouvé chez Maine de Biran l'identification de la « contribution » de Descartes au matérialisme. *Cf.* notamment les *Nouvelles considérations sur les rapports du physique et du moral de l'homme*, dans les *Œuvres philosophiques de Maine de Biran* éditées par Victor Cousin, I ʳᵉ partie : « De l'influence des systèmes de philosophie sur les doctrines physiologiques », 1.« Du cartésianisme et de son influence sur les doctrines physiologiques », Paris, Ladrange, 1834, puis 1841, p. 34-44.

La thèse de la puissance créatrice de la matière, qu'on ne peut « lire sans sourciller »[1] lorsqu'on se place dans une perspective cartésienne orthodoxe, mais à laquelle on peut malgré tout chercher un sens cartésien, pourrait d'abord se comprendre comme un renvoi à la physique des *Fundamenta Physices*, qui aurait accentué voire isolé une thèse de Descartes dont par ailleurs l'extrait du *Manuel* ne dit rien. Il y aurait alors une façon cartésienne de soutenir la thèse de la puissance créatrice de la matière, qui éviterait les écueils de l'hylémorphisme. Elle consisterait à exploiter la définition mécanique du mouvement et l'affirmation de la possibilité, pour la matière, de prendre toutes les formes[2], en valorisant une forme d'autonomisation des modes par rapport à la substance, comme sut d'ailleurs le faire un certain dix-huitième siècle. C'est cet aspect précis de la théorie cartésienne de la matière qui engendrerait le matérialisme. La fin du texte, consacrée à Cabanis et à Maine de Biran, vient toutefois nuancer cette première lecture. En un sens, la physiologie du Cabanis des *Rapports du physique et du moral* présente bien un mécanisme « pur ». Mais l'évolution ultérieure de Cabanis dans la direction des causes finales[3] atteste de l'insuffisance voire

---

1. C'est l'expression d'Olivier Bloch, qui fait de cette thèse l'exemple type des étrangetés du *Manuel* (*op. cit.*, p. 386). À propos de la reprise, par Marx et dans *La Sainte Famille* (1844), de cette formule de Renouvier, O. Bloch souligne qu'« elle n'est que l'amplification hasardeuse (peut-être par référence plus ou moins vague à une philosophie comme celle de Boehme à laquelle Marx se réfère explicitement plus loin – M 155 – à propos de Bacon) d'une formule déjà hasardeuse de Renouvier qui, à propos de la physique cartésienne, avait parlé de « la puissance créatrice dont Descartes lui-même douait la matière » – R. 342 – ».

2. *Principes de la philosophie*, III, 47.

3. C'est ce Cabanis-là, celui de la Lettre à Bérard, qui intéresse Damiron dans son *Essai sur l'histoire de la philosophie en France au XIXᵉ siècle*, *op. cit.*, p. 10-13, afin de montrer que les plus évidemment

des contradictions internes d'un tel point de vue. La virtuosité de la lecture de Renouvier consiste ainsi à montrer qu'un réinvestissement du dualisme, du seul point de vue de la substance corporelle (sans « intégrité », donc), entraîne le retour à une forme bâtarde de métaphysique scolastique animant la matière de propriétés occultes. La « spéciosité » devient interne à la physiologie cartésienne elle-même, qui ne se donne pas les moyens de penser autrement que comme un retour aux formes combattues (alors nommées « élasticité » ou « attraction »), ce qu'elle se donne pourtant pour principal objectif d'expliquer sans elles. Pour montrer comment le cerveau secrète la pensée, Cabanis a bien senti « qu'il fallait aborder nécessairement la métaphysique ».

Que la puissance créatrice de la matière puisse et même doive se penser chez Descartes lui-même signifie ainsi deux choses, pour le jeune Renouvier. Cela signifie, d'une part, qu'à compter de Regius, une forme d'autonomisation des modes par rapport à la substance a rendu une telle activité pensable, d'une façon non assimilable à celle d'Aristote, ou comme un nouvel éclectisme réfractant cet aristotélisme dans un mécanisme « pur », cartésien seulement par « moitié ». L'apport métaphysique essentiel du cartésianisme résiderait ainsi dans une nouvelle ontologie permettant de penser l'activité de la matière sans pour autant la spiritualiser. Mais le risque est alors très clairement de fonder une métaphysique matérialiste. Ce que montre, d'autre part, l'exemple polémique de Cabanis, c'est que chez le plus « pur » des mécanistes cartésiens contemporains lui-même, l'affirmation de la puissance créatrice de la matière vitale doit, à un moment donné, se poser dans des

---

sensualistes de ses contemporains se sont en réalité, le plus souvent, découverts spiritualistes. Dans ce texte, il ne mentionne (évidemment) pas Regius, mais situe Cabanis dans la lignée de Locke et de Condillac.

termes métaphysiques clairs, sous peine d'en rester au stade de l'hypothèse « gratuite ».

Destutt [1] avait poussé ses contemporains à reconsidérer l'apport de Regius pour la nouvelle métaphysique promue par les Idéologues, dans la lignée de Condillac. C'était une façon d'annexer le cartésianisme en le retournant contre lui-même. Renouvier souligne que le travail sur la question de l'âme doit impérativement être complété par un travail sur la matière. Le problème à considérer n'est alors plus, comme cela était le cas chez Destutt, l'impossibilité du vide, qui éloigna Regius de la vérité newtonienne. Il devient celui de la possibilité, pour la physique, de rendre raison des effets de la matière dans toute leur diversité. De ce point de vue, la métaphysique de Regius peut rejoindre la physique de Newton et ouvrir la voie à Boscovitch ou à Bonnet.

Dans l'article « Descartes » de l'*Encyclopédie*, Renouvier revient sur ces mêmes thèses. Mais il s'y affirme cette fois, de manière beaucoup plus directe, comme un anti-Cousin. On suivra ici les trois étapes essentielles de son argumentation : la priorisation du projet cartésien de mathématisation de la nature, par rapport à la métaphysique ; la qualification de la définition de l'étendue comme grandeur principale de Descartes manquant toutefois la spécificité du vivant ; et la désignation de l'échec physiologique de Descartes comme un échec métaphysique.

---

1. Marx était un lecteur de Destutt, mais plutôt des textes économiques. Le CD des *Œuvres complètes* (Digitale Bibliothek Band 11 : Marx/Engels), indique deux références à Destutt dans les *Manuscrits de 1844*, une dans la *Sainte Famille*, quatre dans l'*Idéologie allemande*, une dizaine dans le livre I du *Capital*, et une section lui est consacrée dans le deuxième livre du *Capital*. Enfin, une section lui est consacrée dans *Théories sur la plus-value*, tome I, et une référence dans le tome III. Il ne fait donc pas de doute que Marx l'a lu tôt (probablement avant *La Sainte Famille*), et il est vraisemblable qu'il l'ait relu durant la préparation du *Capital*.

L'ARTICLE « DESCARTES » DE
L'*ENCYCLOPÉDIE* (1843) :
UN ANTI-COUSIN

Dans cet article, le projet de mathématisation de la nature est défini comme la « source » du projet de métaphysique [1], qui en devient en retour le prétexte. Car « à peine l'existence de Dieu démontrée », Descartes n'a d'autre préoccupation que celle de « bâtir un monde » [2]. C'est la « malheureuse scission » actuelle entre les mathématiques et la philosophie » [3], qui empêche de voir que ce projet est conforme à la lettre des textes de Descartes, à condition de prendre aussi en compte ses écrits plus « confidentiels ». En mobilisant un extrait des *Regulae* dans l'édition Cousin, Renouvier montre ainsi que Cousin en a inversé l'interprétation et a perpétré une erreur historique aux lourdes conséquences philosophiques :

> Nous ne citerons qu'un passage, mais il est catégorique : « Je n'embrasse ici rien moins que les mathématiques ordinaires, dit Descartes, mais j'expose une méthode dont elles sont plutôt l'enveloppe que le fond. En effet, elle doit contenir les premiers rudiments de la raison humaine, et aider à faire sortir de tout sujet les vérités qu'il renferme ; et, pour parler librement, je suis persuadé qu'elle est supérieure à tout autre moyen humain de connaître, parce qu'elle est l'origine et la source de toutes les vérités » (*Règles pour la direction de l'esprit*, p. 218).
> Ajoutons encore que Descartes dit et répète à satiété dans ses ouvrages que, jusqu'à lui, les mathématiciens seuls ont réussi à fonder quelque chose. (note p. 290-291)

1. Article « Descartes » du *Manuel*, p. 291.
2. *Ibid.*, p. 292.
3. *Ibid.*, p. 291.

Deuxièmement, Renouvier justifie « la grandeur » et l'« impact » de Descartes par sa définition de l'étendue figurée comme base nécessaire de tout ce que nous concevons d'extérieurement réalisé dans la nature et non par son seul projet psychologique. Par là, il réhabilite un Descartes qui « ne rêvait qu'expérience et application » ; un Descartes qui, en ce sens, « rendit pleine justice aux idées de Bacon » ; un Descartes qui mourut en rêvant d'« achever la physique et de fonder la médecine » [1]. Comme dans l'*Éloge* d'Antoine Léonard Thomas, ce qui fait la « grandeur » de Descartes est ainsi plus une impulsion, qu'une réalisation.

Car ce que Descartes a manqué est un travail de fond sur la question métaphysique de la matière. Il s'est montré trop « exclusif », en se « réduisant » à la « physique pure », donc en n'embrassant qu'une « moitié du monde » [2]. Lorsqu'on tente d'appliquer au monde vivant ce qui vaut pour l'univers inanimé, son entreprise mécaniste apparaît alors comme une « immense erreur » :

> Il est très beau, sans doute, de considérer la nature comme un enchaînement nécessaire de mouvements dans le temps et dans l'espace, d'envisager les forces comme des masses douées de vitesse, et les êtres comme des agrégats variables de parties indéfiniment divisibles de l'étendue ; il est beau même et à moitié vrai de considérer un animal, disons plus, un homme, comme l'un de ces agrégats dont toutes les modifications sont réglées d'avance et dépendent des modifications extérieures qui leur sont corrélatives. C'est là l'idée de Descartes, c'est là l'idée mal comprise et mal combattue des animaux machines ; c'est la physique mécanique poussée jusqu'à la physiologie, expliquant le

1. Article « Descartes » du *Manuel*, p. 294.
2. *Ibid.*

monde mort dans toutes ses ramifications de l'étendue, mais échouée bien que glorieusement aux portes de la vie. C'est le mouvement qui a trouvé son levier et qui fait le monde ; il va même jusqu'à le faire vivre, mais en apparence. C'est la création d'un monde automate. (p. 294)

Troisièmement ainsi, Descartes a manqué la question de la force ou du dynamisme matériel[1] dont on a pourtant absolument besoin pour penser les phénomènes vitaux. Cet échec en physiologie est un échec métaphysique, qui requiert l'abandon de Descartes et un retour à Leibniz, puis à Newton, Boscovitch et Bonnet, qui en furent « les grands successeurs »[2]. La perte du lien avec Regius, dont le nom n'apparaît pas dans l'article, s'accompagne de la perte de Descartes lui-même et de la fuite, hors de France, de la figure permettant de fonder ce que Renouvier désigne désormais comme un nouvel « idéalisme ». Car là où la France ne donne que le spectacle d'une « révolution politique », l'Allemagne, elle, montre une véritable « évolution philosophique »[3] : « un nouveau Descartes

---

1. Dans l'article « Force », inachevé et qui clôt le tome V, Renouvier explique que, « contre son intention » telle qu'elle est formulée dans les Lettres, le Descartes du système général des *Principes de la philosophie* a dû reconnaître une force à l'étendue : la force de repos. Si cette force d'inertie est distincte d'une activité réelle (p. 312), elle permet aussi, rétrospectivement, de donner un sens à l'expression étrange du *Manuel*, sur la puissance de la matière. Cet article est particulièrement précieux pour thématiser les enjeux d'un traitement rigoureux de la notion de force, pour les relations entre nature humaine et nature divine, pour le panthéisme, le vitalisme et le vitalisme d'un côté, et la liberté, la causalité et la religion de l'autre. Renouvier y reviendra de manière détaillée et actualisée dans son article « La Physique de Descartes », *La critique philosophique, politique, scientifique, littéraire*, 3ᵉ année, N°1, 5 février 1874.

2. Article « Descartes » du *Manuel*, p. 293.

3. Article « Descartes » du *Manuel*, p. 293.

parut ; ce fut cette fois à Koenigsberg, et il se nomma
Kant » [1]. On peut alors retracer le lien qui l'unit à Jacobi
et à la prévalence donnée par ce dernier au concept d'amour,
là où les « disciples de Descartes, ou les « purs cartésiens,
ont cautionné l'étroitesse du maître et développé, soit
l'occasionalisme, soit le panthéisme :

> Tandis que les *purs cartésiens*, tels que Rohault,
> delaforge et Régis [2], s'attachaient généralement
> aux détails de sa physique et de sa physiologie, et,
> comme métaphysiciens, se bornaient à un système
> étroit d'occasionalisme, d'après lequel, à la série des
> modifications matérielles de l'univers, Dieu aurait
> fait arbitrairement correspondre certaines passions de
> l'âme, ou inversement, lorsque l'âme est active, Spinoza
> dégagea avec une admirable puissance *le vrai sens* de la
> doctrine cartésienne (…)
> Il est vraiment admirable de sonder les rapports intimes
> de cette doctrine avec celle de Descartes, et de les trouver
> rigoureusement logiques. Cette idée peut sembler
> effrayante à quelques-uns ; mais sans cela le panthéisme
> existerait-il ? Pour nous, il nous suffira de rappeler que
> Descartes était resté religieux, et cela non seulement dans
> la religion, mais aussi dans la philosophie (p. 294-295).

En distinguant les « purs » cartésiens du « vrai sens » de
la philosophie de Descartes, Renouvier fait basculer
Descartes lui-même du côté de Spinoza, plutôt que d'un
La Forge ou d'un Régis, envisagés comme des penseurs
de la passivité. Seule la croyance en la liberté, ou en une
certaine forme d'activité de l'âme, a permis à « Descartes,
vivant encore », d'« échapper au spinozisme » [3]. Dans la

---

1. *Ibid.*, p. 296.

2. Il s'agit de Pierre-Sylvain Régis, à ne pas confondre avec
Regius donc.

3. Dans le *Manuel*, dans un chapitre qui n'était pas explicitement
consacré à Descartes mais à la philosophie de la Renaissance, Renouvier

généalogie de Renouvier, Descartes ne se dissocie donc de Spinoza que par ce qui le distingue aussi de la famille des occasionnalistes et le rapproche finalement de Leibniz : une certaine pensée de l'activité de la volonté, ou de la liberté. Mais ce n'est pas ce qui est exploité ici par Renouvier.

En revanche, l'*Essai sur l'histoire de la philosophie en France au dix-septième siècle*, de Damiron, saura s'en souvenir.

LES TROIS « EFFETS RENOUVIER » DANS L'*ESSAI SUR L'HISTOIRE DE LA PHILOSOPHIE EN FRANCE AU XVII e SIÈCLE* DE DAMIRON (1846)

Il faut bien comprendre ce que signifie, pour Damiron, en 1846, publier un *Essai sur l'histoire de la philosophie en France au XVII e siècle*. Qu'il s'agisse, tout d'abord, d'un « essai », signifie que la dimension non impartiale d'une telle entreprise est pleinement assumée. L'éclectisme, recodé en « spiritualisme rationnel » depuis les différentes éditions de l'*Essai sur l'histoire de la philosophie en France au XIX e* (1828), s'affirme dans sa dimension évaluatrice, par démarcations avec le spiritualisme théologique et le sensualisme.

Que cet essai porte sur la philosophie française du XVII e siècle signifie en outre que l'affirmation de cette identité philosophique passe par la production d'un récit fondateur mobilisant d'une manière adaptée les figures de la modernité et prioritairement, ici, la figure de Descartes.

---

avait désigné la « plus grande gloire de Descartes, fondateur de la philosophie moderne » comme celle qui consista, en partant de « la considération de l'homme », à « poser l'âme comme la pensée même » et à « faire de l'activité sa première vertu ». Il citait à l'appui les Lettres, t. 2, lettre 16 ; Obj. 5, réponses 1, 4. Meditations 2, art. 7 (*Manuel*, I re partie, livre I, § II « Philosophie de la Renaissance », § 8).

Enfin, dans le contexte de publication des différents mémoires primés au concours de 1838, d'une nouvelle édition des *Œuvres complètes* de Maine de Biran (celle de Cousin en quatre volumes en 1841); des *Fragments de philosophie cartésienne* de Cousin (1845) et de la préparation de la seconde édition, posthume et consacrée à l'histoire de la philosophie moderne, de l'*Histoire comparée des systèmes de philosophie* de Joseph-Marie Degérando (1847); l'enjeu, pour Damiron, est de rendre public un récit fondateur et identitaire[1] qui puisse à la fois intégrer les critiques adressées à Cousin et, ce faisant, renforcer le spiritualisme rationnel. Il s'agit en somme de réaffirmer une autorité philosophique, en tentant de déplacer le curseur de la domination vers la légitimité.

Je propose d'analyser la réaffirmation de cette autorité en identifiant, dans l'*Essai*, trois « effets Renouvier » emboîtés. Il s'agit tout d'abord de la production d'une cartographie des cartésiens fidèles et des cartésiens déserteurs, classant Regius dans le camp des seconds. Il s'agit ensuite d'un travail de fond sur l'articulation entre physique et métaphysique. Il s'agit enfin du remplacement de la référence à Regius par un retour à l'autorité de La Forge. Renouvier ne peut donc ici être corrigé et dépassé que par une intégration de ses arguments, et non par leur ignorance ou leur simple éviction.

Le premier « effet Renouvier » : une cartographie des cartésiens fidèles et des cartésiens déserteurs.

---

1. Sur ce point, *cf.* F. Barancy, « Politiques de l'éclectisme en situation de crise : Damiron promoteur d'une école philosophique », dans *L'éclectisme de Victor Cousin, une arme philosophique*, D. Antoine-Mahut et D. Whistler (éd.), Paris, Éditions des Archives contemporaines, 2018, p. 81-92.

En revenant sur la polémique des *Notae in programma*, Damiron propose une nouvelle généalogie du cartésianisme. Il s'agit de remplacer le lien de Descartes à Regius par un lien à Tobias Andreae, afin de distinguer plus clairement les « vrais » cartésiens des « faux ». Par là, Damiron ne corrige pas seulement l'auteur du *Manuel*. Il balaye avec ce dernier les éventuelles tentatives d'annexion, au nom d'un cartésianisme bien compris, de la métaphysique de Regius par Destutt :

> Tobias Andreae, professeur ordinaire d'histoire et de langue grecque à l'université de Groningue, l'ami de Clauberg, et non pas précisément son maître, mais son initiateur à la philosophie de Descartes, est l'auteur d'un volume publié à Amsterdam, en 1653[1], dans lequel, après avoir rapporté, à côté de chaque article du placard, les *remarques* de Descartes qui y répondent, et les *explications* de Le Roy au sujet de ces remarques, y ajouta ce qu'il appelle une *replicatio*.
>
> L'intention d'Andreae dans cette espèce de réplique ou de défense est de *rétablir contre les interprétations d'Henri Le Roy le vrai sens de la philosophie cartésienne qu'il méconnaissait*, et par suite de repousser les attaques perfides de ceux qui, comme Révius, un des adhérents de Voet, prenaient occasion des écarts du disciple pour tourner leurs attaques contre le maître. *La tactique de Révius et des autres était de prêter ainsi à Descartes des opinions qui n'étaient pas les siennes*, et de le poursuivre de leurs objections et de leurs railleries ; Andreae entreprend de la déjouer, et il le fait en montrant que *si Le Roy, pour la physique, reste assez fidèlement attaché au sentiment de Descartes, dans la philosophie première, et dans toutes les questions qui touchent aux choses spirituelles, à l'âme humaine et à*

1. Il s'agit de la *Brevis Replicatio, op. cit.*

> *Dieu*, il est « *manifestus cartesianarum sententiarum desertor, demonstrationumque ejus oppugnator* »; car, au fond, *sur toutes ces questions, il est plus épicurien que cartésien*, et c'est ce qui plaît même si fort à Voët, heureux de voir le disciple en révolte contre son maître, mendiant même le suffrage de l'un contre l'autre, « *contra praeceptorem suffragium emendicans, ipsum ad dicendum contra magistrum testimonium, eumque damnadum excitans.* (Préface).
>
> C'est donc dans *Henri Le Roy, le faux cartésien*, que Andreae vient dénoncer et réfuter [1].

Dans cet extrait, Andreae sert de témoignage contextualisé de la nécessité d'en passer par une répudiation du Regius des *Notae* pour faire advenir le « vrai » Descartes et discriminer les interprétations fidèles et les mauvaises lectures. Et dans ce processus de répudiation, les autres témoignages (Révius et Voët) et autres qualificatifs (« épicurien ») servent à imputer au seul Regius, et non à d'éventuelles insuffisances de la philosophie de Descartes lui-même, la cause du courroux des théologiens scolastiques. Les idées de Dieu et de l'âme, telles qu'on les trouve chez Descartes, sont lavées de tout soupçon d'hétérodoxie. La « désertion » de l'orthodoxie cartésienne passe tout entière du côté de Regius et, avec lui, de ceux qui, en se faisant passer pour de « bons » cartésiens ou de « bons » spiritualistes, prendraient un peu trop au sérieux les questions de philosophie naturelle et de médecine et en oublieraient les nécessaires fondations métaphysiques. Damiron reprend en outre la dissociation entre philosophie première (âme et Dieu) et physique, pour faire passer le couperet de la *repugnatio* du seul côté métaphysique. On comprend alors

---

1. Damiron, *Essai sur l'histoire de la philosophie en France au XVIIe siècle*, *op. cit.*, p. 102-108.

que Regius puisse rester cartésien quand même sur les questions de physique, mais devenir « faux » si l'on considère aussi ses thèses de philosophie première. Tout en prenant acte des deux chemins cartésiens possibles distingués par Renouvier, Damiron situe donc le « vrai » du côté de la philosophie première. Dans la continuité de son *Rapport*, la physique reste seconde, au double sens de dérivée et de secondaire. Mais elle sort de l'ombre où Cousin l'avait placée.

Le second « effet Renouvier » : l'articulation entre métaphysique et physique.

L'étude des relations entre Descartes et Bacon, au début du chapitre I du livre II, est un appel à reconsidérer l'ancienne question de l'intégration des sciences physiques et naturelles dans la philosophie. Car leurs progrès sont « à compter parmi les causes de la philosophie moderne, si toutefois ce n'était pas déjà une partie d'elle-même ». Ces progrès remarquables, à la fin du XVI e et au début du XVII e siècles,

> (…) attestent d'un esprit si libre et si sûr à la fois de recherche et d'examen : en effet, les observations et les inductions si variées, qui font à cette époque révolution dans le système du monde, qui fixent les lois des astres, qui expliquent le vide, qui donnent le baromètre et le télescope, et amènent à la découverte de la circulation du sang, paraîtraient avec raison l'introduction ou le commentaire du *Novum Organum* et du *Discours de la méthode* ; mais je le répète, alors surtout ces sciences étaient de la philosophie ; et Copernic, Kepler, Harvey et Galilée étaient animés du même esprit que Bacon et Descartes (p. 87).

Par là, Damiron infléchit considérablement la ligne directrice cousinienne. Il réhabilite le Descartes savant dans la continuité du Bacon savant, au lieu d'opposer le Descartes métaphysicien au Bacon qui ne l'était pas, ou mal. Mais la référence à Bacon joue aussi un autre rôle. Car en s'attaquant à la présentation passionnelle et tronquée de la philosophie du chancelier par De Maistre [1], Damiron ne montre pas seulement que le spiritualisme « bien fondé », c'est-à-dire distinct des « doctrines spiritualistes d'un catholicisme excessif », doit conserver l'inspiration scientifique de Bacon pour promouvoir une psychologie digne de ce nom. Il problématise en outre les modalités et les enjeux de l'intégration de la démarche expérimentale de Bacon dans le cartésianisme lui-même, afin de déjouer les risques sensualistes qui, sans cela, seraient justement imputables à cette philosophie. Plutôt qu'ignorés voire niés, les arguments opposés doivent être considérés et intégrés, pour pouvoir être dépassés [2].

Damiron travaille alors sur les « adversaires » de Descartes, particulièrement sur les dissensions physiologico-métaphysiques opposant ce dernier à Regius et à Gassendi. Au sujet de Regius, Damiron souligne qu'il oblige Descartes à s'« expliquer », là où Gassendi l'incite seulement à se « défendre » [3]. Mais l'un comme l'autre met au jour l'échec d'une tentative de « greffe » du sensualisme sur le spiritualisme, lorsque cette greffe octroie « trop » à la

---

1. J. de Maistre, L'*Examen de la philosophie de Bacon, où l'on traite de différentes questions de philosophie rationnelle* (Paris, Rodolphe De Maistre, 1836, 2 volumes), connaît un très grand succès et plusieurs rééditions tout au long du siècle.

2. De ce point de vue, l'attitude de Damiron rappelle celle de La Forge.

3. Chap. IX, p. 194.

substance matérielle. Ce que Damiron estime être le principal enjeu en 1846, pour une histoire spiritualiste rationnelle du cartésianisme, se résume donc à cette question : comment intégrer le point de vue physiologique dans la philosophie de Descartes, sans faire de Descartes un matérialiste plus ou moins dissimulé ? Peut-on compenser les « côtés faibles » de la psychologie et de la physiologie cartésiennes sans faire du spinozisme le « vrai sens », comme le disait Renouvier, de la philosophie de Descartes ?

Le troisième « effet Renouvier » : l'identification d'une nouvelle médiation essentielle, celle de Louis de La Forge, qui fut le physiologiste de l'école cartésienne comme Cabanis fut celui de l'école des Idéologues.

La référence à La Forge permet de montrer ce sur quoi Descartes s'est montré insuffisamment précis, notamment dans ses réponses à Regius. Car la formation médicale de La Forge lui donne les moyens de répondre, sur le terrain même de Regius, donc d'intégrer dans le cartésianisme officiel ce qui lui manquait pour endiguer le risque spinoziste. Les arguments principaux se situent dans le chapitre II du livre IV du tome II. Ils concernent la définition matérielle de l'idée, la conception de l'innéisme et le rôle octroyé à la volonté. On retrouve les principaux thèmes structurant les prises de position de La Forge par rapport à Clerselier puis les réactions de Malebranche. En maintenant la conception matérielle de l'idée dans *L'Homme*, sans la clarifier par rapport à la théorie des espèces, voire la supprimer au seul profit de l'idée psychologique définie dans les *Méditations*, Descartes a donné le bâton pour se faire battre. Il faut savoir gré à La Forge d'avoir explicité les deux distinctions dans son *Traité de l'esprit de l'homme*, *de ses facultés et de ses fonctions* (1666) et de s'être sur ce point montré un devancier de Reid. Ce que le chapitre sur la Forge apporte à la discussion des réponses de Descartes à Regius, c'est ainsi une définition de l'idée matérielle mettant Descartes à l'abri d'une interprétation matérialiste de ses écrits, notamment de *L'Homme*. Si la physiologie peut renforcer le spiritualisme et non seulement le menacer, c'est parce qu'elle montre ce qui peut être retenu des travaux des médecins pour faire progresser une connaissance lucide des différentes déterminations des facultés psychologiques. Mais le travail doit aussi être poursuivi sur les idées innées. Or l'analogie permettant de déconstruire la conception caricaturale d'une naturalité excluant toute forme d'acquisition est précisément l'analogie physiologique avec certaines maladies familiales, que Descartes mobilisait dans les *Notae* pour répondre à l'article 12 du placard attribué à Regius et que La Forge commentait à son tour dans le *TEH*. Le dynamisme physiologique vient ainsi en renfort d'une conception trop statique ou passive de l'innéisme, lorsqu'on l'envisage de façon « purement » métaphysique. Il permet de dépasser une conception de l'esprit qui se calquerait sur la passivité du morceau de cire et le nivellerait sur l'expérience qu'on en fait dans les léthargies, les extases et autres ravissements tout aussi problématiques :

> Avant que je finisse ce chapitre, il faut que je dise un mot de cette célèbre question, à savoir, si les idées de l'esprit sont innées avec lui (sic) ou si elles sont acquises. Je réponds qu'elles sont l'un et l'autre ; elles sont nées avec lui, non seulement parce qu'il ne les a jamais reçues des sens, mais encore parce qu'il est créé avec la faculté de penser et de les former, laquelle en est la prochaine et principale cause ; de la même façon que l'on dit que la

goutte et la gravelle sont naturelles à certaines familles...
Mais les idées sont acquises si, par ce mot, on entend
qu'elles sont dans la substance de l'âme, comme dans un
réservoir, à la manière dont on dispose les tableaux dans
une galerie pour les considérer quand on veut ; car il n'y
a aucune d'elles en particulier qui exige d'être actuellement
présente à notre esprit, puisque étant une substance qui
pense, il ne peut rien avoir actuellement présent, dont il
n'ait conscience. C'est pourquoi elles ne sont contenues
dans l'esprit qu'en puissance et non en acte, à peu près à
la manière dont les figures sont contenues dans un morceau
de cire ; en quoi il y a cette différence à remarquer que
dans la cire cette puissance est seulement passive, au lieu
que dans l'esprit elle est aussi active (p. 41).

Si La Forge a pu retrouver dans certaines expériences
physiologiques des supports pour vivifier les théories
métaphysiques, c'est parce que, dans la continuité de
Descartes mais de façon beaucoup moins équivoque que
lui, il a su valoriser l'activité de la volonté. En sortant La
Forge de l'ensemble occasionaliste dans lequel Renouvier
l'avait trop rapidement inclu et en valorisant le critère par
lequel Renouvier exceptait Descartes du panthéisme : celui
de la liberté, Damiron parvient ainsi à dissocier Descartes
à la fois de Malebranche et de Spinoza. Il peut alors refaire
la généalogie du spiritualisme rationnel, depuis Descartes
et La Forge jusqu'au plus éminent représentant contemporain
du fait primitif volontaire, qui n'est pas Cousin mais Maine
de Biran.

Conclusion

1. Ce trajet intégratif et interactif, de la réponse de Renouvier à Damiron puis de la réponse de Damiron à Renouvier, nous a permis de constater la réhabilitation progressive d'un Descartes savant par rapport à un Descartes seulement métaphysicien. Il a montré comment la figure de Descartes met au travail un spiritualisme différent de celui de Cousin, soucieux de combattre plus efficacement le positivisme en allant aussi le chercher sur son propre terrain.

2. Le cas du jeune Renouvier, qui n'est pas encore devenu le néo-kantien que nous connaissons en général mieux, est de ce ce point de vue apparu comme doublement exemplaire. D'une part, il met au jour le travail des spiritualistes français sur le concept de matière et les solidarités étroites entre ce travail et la fondation de la nouvelle psychologie. D'autre part, il identifie la physiologie comme le point de rencontre privilégié de ces enjeux. Car c'est exemplairement lorsqu'il s'agit d'expliquer le vivant et la particularité de l'homme en tant que vivant, que l'entremêlement des questions physiques et métaphysiques est le plus étroit.

3. Loin de proposer une perspective exclusive, restreignant la philosophie à une métaphysique « pure » incapable de fonder expérimentalement la psychologie nouvelle, Renouvier nous montre du même coup en quoi Descartes ne peut être considéré comme un bon métaphysicien que parce qu'il fut, aussi voire avant tout, un grand savant, soucieux de fonder une nouvelle science de l'homme ancré dans son corps et dans le monde.

L'AUTORITÉ DU CANON

> « M. Descartes était homme comme nous. »
> Malebranche, *De la recherche de la vérité*, VI
> (« De la méthode »), II, IX.

Une étude de la genèse philosophique d'un canon ne peut pas se donner pour unique objectif de remonter dans le passé. Car si les normes de ce canon ne sont pas complètement relatives à des individus ou à des circonstances de temps et de lieu; si elles ne se réduisent pas, non plus, à l'expression d'un dogme; alors la vitalité de ce canon doit aussi se renouveler au présent et s'ouvrir sur le futur. En guise d'épilogue, il reste ainsi à se demander en quoi Descartes-Glaucus peut nous fournir des matériaux pour réfléchir au type d'histoire de la philosophie qui peut être défendue au XXIe siècle. La particulière propension du canon à faire des histoires apparaît de ce point de vue comme un moyen privilégié d'expliquer des histoires possibles et de façonner des futurs.

FAIRE DES HISTOIRES

Le cas de Descartes est heuristique pour répondre au problème de Glaucus en ce qu'il permet de montrer comment s'y articulent les éléments conjoncturels et les arguments pérennes. À partir d'une indétermination initiale entre un chemin rationaliste et dualiste, d'une part, et une voie plus empiriste, d'autre part, on peut ainsi distinguer des figures parfois opposées les unes aux autres : celles d'un Descartes matérialiste ou d'un Descartes onto-théologien, d'un Descartes défenseur d'une union étroite entre l'âme et le corps ou d'un Descartes croyant au « fantôme dans la machine », ou bien encore, d'un Descartes mathématicien ou d'un Descartes métaphysicien, etc. Et dans cette galerie de figures, on peut particulièrement braquer le projecteur sur celles qui sont restées dans l'ombre mais n'ont jamais cessé d'être présentes, là, sous nos yeux. Exhiber la capacité d'une figure philosophique canonique à faire encore et toujours des histoires revient en ce sens à proposer une analyse rhétorique [1] des textes philosophiques et de leur historiographie, de leur fonctionnement selon les circonstances et en deçà de toute interprétation, afin d'œuvrer en retour à la construction du sens littéral le plus intègre possible du tout premier Glaucus.

EXPLIQUER DES HISTOIRES POSSIBLES

On peut alors reconstituer la chaîne suivante. Les textes font des histoires. L'histoire se fait en légitimant certains textes et en en passant d'autres à la « lessiveuse mémorielle » [2]. Ces querelles ouvrent rétroactivement à des histoires possibles de l'œuvre et de l'auteur, c'est-à-dire

---

1. C. Noille-Clauzade, « Le commentaire rhétorique classique : un modèle de microlecture non herméneutique », *Fabula-LhT*, « Complications de texte : les microlectures », n°3, 2007, http://www.fabula.org/lht/3/noille.html.

2. S. Zékian, « *Rouvrir le passé*. Note sur l'histoire de la mémoire comme archéologie disciplinaire », *Les Lettres romanes*, t. 68, 3/4, 2014, p. 415.

à différentes façons de s'y rapporter et de se les réapproprier, qui prétendent toutes à une légitimité voire à l'exclusivité.

Mais il faut alors, aussi, être en mesure d'identifier des histoires impossibles. La tâche est délicate. Car sous peine de fermer *a priori* la capacité de la figure canonique à faire de nouvelles histoires, on ne peut confondre ces histoires impossibles, ni avec les histoires « infidèles » traquées par l'« essentialiste » de notre introduction, ni avec des histoires de possibles non encore actualisés [1]. En revanche, on peut avancer que s'il y a bien des histoires impossibles, il doit s'agir d'histoires ayant perdu tout ancrage avec le Glaucus originel. Des histoires de Glaucus tellement défigurés, qu'on ne peut plus du tout reconnaître les traits du modèle. Des histoires de Glaucus de part en part inventés, en somme. Mais alors l'autre point délicat consiste à déterminer ce qui, dans le travail de mise au jour de ces mécanismes d'« invention », est bel et bien désigné comme étranger au premier Glaucus. Nous espérons avoir montré, de ce point de vue, que des Descartes aussi éloignés l'un de l'autre que ceux du Curé Meslier/Étienne Guillaume ou de Jean-Philibert Damiron, ne relèvent pas pour autant d'histoires impossibles.

Façonner des futurs

Une des leçons à retenir du XIXe siècle, auquel notre enquête s'est ici arrêtée, est l'explicitation du lien entre le façonnage d'une figure tutélaire dont on récupère à son profit l'autorité symbolique, d'une part, et l'ancrage dans le présent pour bâtir le futur, d'autre part. Cette dimension

---

1. S. Zékian, « Portrait de l'historien en aiguilleur du temps », *Critique*, n°839, 4, 2017, p. 334-348.

politique au sens large[1] de l'histoire de la philosophie s'ancre en particulier dans un programme de contrôle de l'enseignement et de la formation des futurs citoyens, que l'on peut à bon droit dénoncer comme une « philosophie d'État » et dont les différentes formes de rejet ont produit des philosophies alernatives. D'un autre côté, un enseignement dogmatique des « Classiques », se recommandant d'une économie morale de la « neutralité »[2], engendre visiblement des formes de dégoût auprès des étudiantes et des étudiants :

> Dans un récent sondage auprès des lycéens, *Madame Bovary* et *Le Cid* viennent (…) en tête des titres qu'ils ont détestés. La raison en est toute simple. C'est que ces deux titres viennent aussi en tête des livres qu'on leur a fait étudier : tristement, la corrélation est stricte, et elle confirme qu'étudier un livre, ce n'est pas le lire, ou en tout cas ce n'est pas l'aimer[3].

C'est le moment de rappeler qu'un des gestes philosophiques fondateurs de Descartes, dans le *Discours de la méthode*[4], fut bien de dénoncer cette « philosophie spéculative qu'on enseigne dans les écoles » et d'en proposer une « toute pratique », qui stimule en chacune et chacun l'esprit d'invention (son *ingenium*) et se montre propre à

1. Au sens défini par C. König-Pralong dans *Médiévisme philosophique et raison moderne de Pierre Bayle à Ernest Renan*, Paris, Vrin, 2016, p. 12.

2. F. Châtelet décrit de ce point de vue l'éclectisme dont il est le contemporain comme moins solide et moins franc que celui de Cousin. Il en conclut que « l'histoire de la philosophie ainsi comprise n'est plus qu'une couverture » (*La philosophie des professeurs*, Paris, Grasset, 1970, p. 177).

3. « Le Classique », Leçon d'Antoine Compagnon au Collège de France, https://www.college-de-france.fr/media/antoine-compagnon/ UPL18803_12_A.Compagnon_Le_Classique.pdf

4. VIe partie, AT VI, 61-62.

différents « usages ». L'enjeu politique, en ce sens précis, de la philosophie, se traduit ainsi par une focalisation sur la méthode (ce qu'a parfaitement identifié Cousin) et par une attention apportée aux fruits de l'arbre plutôt qu'à ses racines[1]. Ce Descartes-là, qui « ne rêvait qu'expérience et application » et rendit « pleine justice aux idées de Bacon »[2], pour reprendre les mots de Renouvier[3], est un Descartes que ses « neveux » peuvent à la fois prolonger, en s'appropriant sa méthode, et complètement transformer, en l'appliquant autrement et à d'autres sciences et arts, pour retrouver le projet de l'*Encyclopédie* de Diderot et d'Alembert. C'est le Descartes que La Forge peut défendre alors même que les données expérimentales ont changé, et dont Thomas peut affirmer que ses erreurs mêmes nous servent. De ce point de vue, il n'est pas étonnant que la physiologie, à laquelle Descartes accordait un rôle essentiel pour permettre aux hommes de devenir « plus sages et plus habiles qu'ils n'ont été jusques ici »[4], soit un fil rouge

---

1. La capacité de la vraie philosophie à apporter la paix est thématisée dans le même texte où Descartes forge l'arbre canonique de la philosophie : la Lettre-Préface aux *Principes*.

2. *Cf.* V. Keller sur la distinction entre un « programme », qui reprendrait le plus littéralement possible les termes du projet épistémologique et politique que Bacon s'assignait à lui-même et assignait à ses successeurs ; et des « desiderata », consistant à conférer à un terme clairement identifié comme baconien, des significations « dont Bacon n'avait même jamais rêvé » (« Deprogramming Baconianism. The Meaning of '*Desiderata*' in the Eighteenth Century », *Notes and Records : the Royal Society Journal of the History of Science* 72 (2), 2018, p. 119-137).

3. Article « Descartes », *op. cit.*, p. 294.

4. « (…) car « même l'esprit dépend si fort du tempérament, et de la disposition des organes du corps, que s'il est possible de trouver quelque moyen, qui rende communément les hommes plus sages et plus habiles qu'ils n'ont été jusques ici, je crois que c'est dans la Médecine qu'on doit le chercher » (AT VI, 62).

permanent dans la fabrique du canon. En questionnant les limites de la philosophie elle-même et en l'articulant au souci de progresser, les discussions physiologiques nous rappellent que désirer, c'est tenter de combler ce qui nous manque et travailler au futur que nous allons bâtir, avec des ponts ou avec des murs. C'est « regarde(r) toujours l'avenir » (Descartes, *Passions de l'âme*, article 57).

Remerciements

Mes recherches ont trouvé leur cadre privilégié d'élaboration et de développement au sein de l'IHRIM (Institut d'Histoire des Représentations et des Idées dans les Modernités, UMR 5317), dirigé par Marina Mestre Zaragozà et Olivier Bara et du LabEx COMOD (Constitution et Origines de la Modernité), dirigé par Pierre Girard. Elles ont été soutenues, à l'ENS de Lyon, par un projet ELAN ERC (ANR-16-IDEX-0005). J'ai pu en tester et en discuter certaines hypothèses dans les séminaires que je co-dirige avec Samuel Lézé à l'ENS de Lyon et dans de nombreux séminaires, journées d'études et colloques en France et à l'étranger. Je tiens en particulier à remercier :

Raphaële Andrault, Roger Ariew, François Azouvi, Mike Beaney, Federico Boccaccini, Desmond Clarke, François Duchesneau, Antonella Del Prete, Frédéric Gabriel, Angela Ferraro, Daniel Garber, Gary Hatfield, Catherine König-Pralong, Jacqueline Lagrée, Christian Leduc, Silvia Manzo, Martine Pécharman, Mogens Laerke, Antony McKenna, Pierre-François Moreau, Mitia Rioux-Beaulne, Catherine Secretan, John Schuster, Susana Seguin, Mark Sinclair, Stéphane Vandamme, Theo Verbeek, Patrice Vermeren, Gerald Wildgruber et Stéphane Zékian.

Last but not least : aux mastérants, doctorants et post-doctorants qui m'accordent leur confiance et dont l'investissement et les résultats me donnent, comme le disait Malebranche dans un autre contexte, du mouvement pour aller plus loin.

À Samuel Lézé, derechef.

TABLE DES MATIERES

TROISIÈME PARTIE
RETENTISSEMENTS DU CANON :
DESTUTT DE TRACY, COUSIN, RENOUVIER

Achevé d'imprimer en août 2021 par La Manufacture - Imprimeur – 52200
Langres N° 210800 – Imprimé en France – Dépôt légal : sept. 2021